Ik (Ali)
Met een document

jacob arian wildschut
amsterdam 1 sept. '89.

Günter Wallraff

Ik (Ali)

Met een documentatie van de gevolgen

Van Gennep Amsterdam 1989

Eerste druk november 1985
Drieëntwintigste, uitgebreide druk april 1989

Foto's Pan-foto / Günter Zint; Ursula Michels
Oorspronkelijke titel en uitgave: *Ganz unten,* 1985; *Ganz unten. Mit einer Dokumentation der Folgen,* Kiepenheuer & Witsch, Keulen 1985, 1988

Vertaling: Irene Eichholtz en Tinke Davids; Jos Perry
Omslagontwerp: Jacques Janssen
Foto achterkant omslag: Paul van Riel
Zetwerk: Park Press grafisch bedrijf bv, Naarden
Druk: Drukkerij C. Haasbeek bv, Alphen aan den Rijn
Bindwerk: Kramer Boekbinders bv, Apeldoorn

CIP-gegevens Koninklijke Bibliotheek, Den Haag
Wallraff, Günter
Ik (Ali): met een documentatie van de gevolgen / Günter Wallraff ; [vert. uit het Duits door Irene Eichholtz ... et al. ; foto's: Günter Zint ... et al.]. - Amsterdam : Van Gennep. - Ill., foto's
Vert. van: Ganz unten : mit einer Dokumentation der folgen. - Keulen : Kiepenheuer & Witsch, 1988. - Oorspronkelijke uitg.: 1985. - 1e dr. Nederlandse uitg.: 1985.
SISO 317.1 UDC 331.56(430.1) NUGI 664
Trefw. arbeidsomstandigheden ; buitenlandse werknemers ; Bondsrepubliek Duitsland
ISBN 90-6012-809-5

Inhoud

Ik dank alle vrienden en medewerkers die bij het totstandkomen van dit boek geholpen hebben:

Levent Direkoglu en Levent (Ali) Sinirlioglu, *die mij hun naam leenden;*

Mathias Altenburg, Frank Berger, Anna Bödeker, Emine Erdem, Hüseyin Erdem, Sükrü Eren, Paul Esser, Jörg Gfrörer, Uwe Herzog, Bekir Karadeniz, Röza Krug, Klaus Liebe-Harkort, Barbara Munsch, Hans-Peter Martin, Werner Merz, Heinrich Pachl, Franz Pelster, Dorlies Pollmann, Frank Reglin, Ilse Rilke, Harry Rosina, Ayetel Sayin, Klaus Schmidt, Hinrich Schulze, Günter Zint

Bijzondere dank ook aan Arnim Klümper *uit Freiburg, die mij met zijn medische zorgen 'een steun in de rug' gaf, zodat ik ook het zwaarste werk ondanks blessures kon volhouden.*

Bovendien dank ik de advokaten Heinrich Senfft en Joachim Kersten (Hamburg), Lothar Böhm (Düsseldorf), Alfred Bongard (Keulen), Hans Schmitt-Lermann (München), Dieter Hawerkamp (Dortmund), Rolf Oetter (Duisburg), Heinrich Hanover (Bremen), *die mij in talrijke processen, in het bijzonder tegen het Thyssen- en het McDonaldsconcern, bijstonden en aan wie ik het te danken heb dat pogingen tot censuur op* Ik (Ali) *werden verhinderd.*

Opgedragen aan
Cemal Kemal Altun
Semra Ertam
Selcuk Sevinc
en alle anderen

De metamorfose

Tien jaar lang heb ik deze rol voor me uitgeschoven. Ik had er een vermoeden van wat me te wachten zou staan en ik was doodgewoon bang.

Uit de verhalen van vrienden en uit vele publikaties kon ik me een beeld vormen van het leven van een buitenlander in de Bondsrepubliek. Ik wist dat goed de helft van de buitenlandse jongeren psychische schade heeft opgelopen. Ze kunnen de ontelbare eisen waaraan ze moeten voldoen, eenvoudig niet meer aan. Op de arbeidsmarkt maken ze nauwelijks een kans. Er is voor hen, die hier zijn opgegroeid, geen reëel terug naar hun land van oorsprong. Ze zijn zonder vaderland. De verscherping van het asielrecht, de vreemdelingenhaat, de toenemende gettovorming — ik wist het allemaal maar ik had het nooit aan den lijve ervaren.

In maart 1983 plaatste ik in verschillende kranten de volgende annonce:

Buitenlander, sterk, zoekt werk, onverschillig wat, ook zwaar en vuil werk, ook voor weinig geld. Aanbiedingen onder nummer ...

Er was niet veel voor nodig om buiten spel te raken, om tot een uitgestoten minderheid te behoren, om helemaal onderaan te zitten.

Ik liet door een specialist twee dunne, zeer donker gekleurde contactlenzen maken, die ik dag en nacht zou kunnen dragen. 'Nou hebt u echt zo'n stekende, zuidelijke blik,' zei de opticien. Normaal verlangen zijn klanten blauwe ogen.

Een zwart haarstukje paste ik in tussen mijn eigen, inmiddels spaarzaam geworden haar. Ik zag er daardoor verschillende jaren jonger uit. Zo ging ik door voor iemand tegen de dertig. Ik kreeg baantjes en bezigheden waar ik niet aan te pas gekomen zou zijn als ik mijn werkelijke leeftijd — ik ben intussen 43 — genoemd had. Zo kon ik mijn rol jeugdiger, onbespied en met meer mogelijkheden spelen. Maar ik bleef een buitenstaander, tot het bittere eind. Het gastarbeiderduits dat ik gedurende mijn vermomming gebruikte, was weinig geraffineerd en onbeholpen. Ieder die de moeite genomen had, een hier levende Turk of Griek serieus te beluisteren, had eigenlijk meteen

moeten merken dat er iets niet klopte. Ik liet alleen maar een paar laatste lettergrepen weg, gooide de zinsbouw een beetje om, of sprak soms alleen maar een beetje licht gebroken Keuls. Des te verbluffender was het effect: niemand werd wantrouwig.
Deze paar kleinigheden waren voldoende. Mijn aanpassing had als resultaat dat men mij direct en eerlijk liet blijken wat men van mij vond. Mijn gespeelde onnozelheid maakte me slimmer, verschafte me een blik op de geborneerdheid en de ijzige kou van een samenleving die van zichzelf het idee heeft, zo wijs, souverein, superieur en rechtvaardig te zijn. Ik was de nar aan wie men zonder gêne de onverhulde waarheid zegt.
Ik was inderdaad niet écht een Turk. Maar men moet zich verkleden om de maatschappij te ontmaskeren, men moet misleiden en zich vermommen om achter de waarheid te komen. Ik weet ook nu nog bij lange na niet hóe een buitenlander de dagelijkse vernederingen, de vijandigheden en de haat verwerkt. Maar ik weet nu wel wát hij te verdragen heeft en hoe ver de verachting voor mensen in dit land kan gaan. Apartheid bestaat ook in ons midden, alle democratie ten spijt.
Wat ik beleefd heb, heeft al mijn verwachtingen overtroffen. In negatieve zin. Ik heb midden in de Bondsrepubliek toestanden meegemaakt die je eigenlijk alleen beschreven vindt in geschiedenisboeken over de negentiende eeuw.
Hoe smerig, afmattend en tot op het bot uitputtend het werk ook was, hoezeer de mensenverachting en vernederingen ook voelbaar waren, het heeft me meer dan alleen maar pijn gedaan. Het heeft me in een ander opzicht ook psychisch gesterkt. In de fabrieken en op de bouwplaatsen heb ik — anders dan tijdens het werk op de redactie van 'Bild' — vrienden gevonden en solidariteit ervaren. Vrienden aan wie ik uit voorzorg mijn identiteit niet kon prijsgeven. Nu, kort voor het verschijnen van dit boek, heb ik enkele van hen in vertrouwen genomen. Er was niemand die mij vanwege mijn camouflage verwijten heeft gemaakt. In tegendeel. Ze hadden begrip voor wat ik deed en voelde de provocatie die mijn rol bevatte als een bevrijdende daad. Om hen te beschermen heb ik voor het grootste deel de namen van mijn collega's in dit boek veranderd.

Günter Wallraff
Keulen, 17 oktober 1985

De generale repetitie

Om uit te proberen of mijn vermomming ook bestand zou zijn tegen kritische blikken, bezocht ik een paar café's waar ik anders ook wel kwam. Niemand herkende me. Toch, om 'aan het werk' te gaan, ontbrak het mij aan de uiteindelijke zekerheid. Ik was nog steeds bang, op een beslissend moment ontmaskerd te worden.
Toen op de avond van de 6de maart 1983 de resultaten van de verkiezingen bekend werden en de top van de CDU haar overwinning vierde in het Konrad Adenauer Haus in Bonn, maakte ik gebruik van de gelegenheid om een generale repetitie uit te voeren. Om niet meteen al bij de ingang verdenking op te wekken, voorzag ik me van een gietijzeren handlamp, sloot me aan bij een televisieteam en kwam zo het gebouw binnen. De zaak was tot de laatste plaats bezet en tot in de verste hoeken met felle schijnwerpers verlicht. Ik stond middenin, met mijn enige donkere pak aan dat al vijftien jaar oud was, en lichtte mijn armzalige lampje op deze of gene prominent.
Een paar functionarissen vonden het vreemd; ze vroegen naar mijn nationaliteit, waarschijnlijk om zich er van te vergewissen dat ik geen aanslag van plan was, zoals er een was aangekondigd door Iraniërs. Een vrouw in elegante avondkledij vroeg, uit de hoogte: 'Wat heeft die hier nou te zoeken?' En een oudere man van het type ambtenaar: 'Het is hier echt internationaal. Zelfs de Kaukasus feest mee.' Ik kon het uitstekend vinden met de prominenten. Aan Kurt Biedenkopf stelde ik me voor als afgezant van Türkes, een voorafstaand Turks fascistisch politicus. Opgewekt babbelden we over de overwinning van de Unie. Arbeidsminister Norbert Blum riep iets over begrip tussen de volkeren en haakte spontaan bij me in om deinend en luidkeels mee te zingen: So ein Tag, so wunderschön wie heute.
Toen Kohl zijn overwinningsrede hield, kon ik vlakbij zijn podium komen. Nadat hij zichzelf en zijn medestanders genoeg bejubeld had en van het podium af wilde komen, was ik er al opgeklommen. Ik stond op het punt hem mijn schouder aan te bieden en hem als zegevierende overwinnaar door de zaal te dragen. Om niet ineen te

storten onder het gewicht van deze kanselier, zag ik toch maar van mijn voornemen af.

De talrijke veiligheidsagenten, erop getraind te ontmaskeren, hadden niet door mijn vermomming heengekeken. Nu ik deze proef doorstaan had, was mijn angst voor de moeilijkheden die ik voor de boeg had, iets minder geworden. Ik voelde me nu zekerder en hoefde voortaan niet meer te vrezen dat iemand van al degenen die ik zou ontmoeten, mij zou identificeren.

Een Turk in Duitsland

De eerste stappen

Inderdaad kreeg ik op mijn annonce een paar baantjes aangeboden. Vrijwel zonder uitzondering miserabel werk voor uurlonen tussen de 5 en de 8 mark. Geen van deze baantjes was voor langere tijd. Een paar heb ik uitgeprobeerd, waarmee ik tegelijk mijn rol kon uitproberen.
Het ging bijvoorbeeld om de renovering van een stal voor rijpaarden in een villawijk van Keulen. Voor 7 mark per uur werd ik bij het 'boven het hoofd'-werk ingedeeld, dat betekende dat ik balancerend op een stelling de zoldering moest verven. Mijn andere collega's daar waren Polen, uitsluitend illegale arbeiders. We konden ons onder elkaar niet verstaanbaar maken, of ze wilden eenvoudig niet met me praten. Ik werd volstrekt genegeerd. Ook de bazin, die naast dit werk ook nog een antiquiteitenwinkel dreef, vermeed elk contact met me. Het ging niet verder dan korte werkbevelen: 'Doe dit, doe dat, hup hup, schiet op.' Natuurlijk moest ik ook in m'n eentje eten, gescheiden van de anderen. Met een geit die in de stal rondscharrelde, had ik meer contact dan met de arbeiders. Die geit knabbelde tenminste nog aan mijn plastic tas en vrat van mijn boterhammen.
Het was vanzelfsprekend de schuld van die Turk toen op een dag de alarminstallatie uitviel. Ook de recherche die na een langdurig onderzoek werd ingeschakeld, verdacht mij. Het negeren sloeg om in openlijke vijandigheid. Na een paar weken nam ik ontslag.
Mijn volgende stap bracht me op een boerderij in Nedersaksen, in de buurt van de kerncentrale Grohnde. De boerin en haar dochter, vluchtelingen uit Oost-Duitsland, beheerden de boerderij met z'n tweeën en zochten weer een mannelijke kracht. Ze hadden vroeger al eens een Turkse knecht in dienst gehad en wisten dus hoe je met zo iemand praat: 'Het kan ons niet schelen wat je uitgespookt hebt. Ook al zou je iemand vermoord hebben, dan willen wij dat nog niet weten. Hoofdzaak is dat je je werk doet. Daarvoor kun je bij ons

wonen en eten, en krijg je ook nog zakgeld.'
Op dat zakgeld heb ik vergeefs gewacht. Daarvoor moest ik elke dag tien uur brandnetels rooien en greppels vol rottende troep schoonmaken. Wat de woning betreft, die mocht ik nota bene zelf uitzoeken. De boerin bood me een oude roestige wagen aan die voor het huis stond, en een verlaten stinkende stal die ik zou moeten delen met een kat. Ik accepteerde de derde keus: een vervallen bouwsel waarvan de grond met puin was bedekt en dat nog niet eens een deur had die je af kon sluiten. In het boerenhuis zelf stonden enkele warme en schone kamers leeg.
Voor de buren werd ik verborgen gehouden. Niemand mocht de boerderij voor een Turkenhoeve kunnen uitmaken. Het dorp was taboe voor me, ik mocht me noch in de winkel, noch in de kroeg laten zien. Ik werd gehouden als een lastdier, maar voor de boerin was het kennelijk een daad van christelijke naastenliefde. In haar begrip voor mijn 'mohammedaanse minderheid' ging ze zelfs zo ver, me een paar kuikens te beloven. Die moest ik maar opkweken voor eigen gebruik, want ik mocht immers geen varkensvlees eten. Voor zoveel barmhartigheid ben ik weer snel op de vlucht geslagen.
Zowat een jaar lang had ik op die manier geprobeerd, met verschillende baantjes het hoofd boven water te houden. Als ik werkelijk alleen maar Ali was geweest, had ik ternauwernood kunnen overleven. Terwijl ik toch bereid was, letterlijk elk werk aan te nemen. Voor een bezitter van horeca-gelegenheden en een bioscoopketen uit Wuppertal sleepte ik met stoelen en knapte zijn bars op. In een visfabriek in Husum schepte ik vismeel. In het Beierse Straubing probeerde ik mezelf uit als orgelman. Uren achter elkaar heb ik voor niets staan draaien.
Verrast heeft het me niet. De alledaagse vreemdelingenhaat heeft geen nieuwswaarde meer. Het viel zelfs weer op als iemand eens een keer geen vijandigheid uitstraalde. Vooral kinderen waren erg aardig tegen die rare draaiorgel-oom. Tot ze door hun ouders weer van me vandaan werden getrokken. En dan was er nog het goochelaarsduo dat op de markt van Straubing tegenover me stond geposteerd. Ze hadden er ook een draaiorgeltje bij. Ze nodigden mij (Ali, hun concurrent) uit in hun circuswagen. Het werd een prachtige avond. Vaak ging het een stuk minder genoeglijk toe, zoals op die carnavalsdag in Regensburg. Geen enkel café in Duitsland hoeft een bord aan de deur te hangen met 'Buitenlanders niet gewenst'. Als ik (Ali) een

café binnenging, werd ik meestal straal genegeerd. Ik kon zelfs niets bestellen. Het was dan ook een hele verrassing voor me toen ik in dit Regenburgse café vol christelijke narren met een luid 'Hallo' werd begroet. 'Jij geeft een rondje voor ons!' riep een van de gasten. 'Nee,' antwoordde ik (Ali), 'jullie voor mij. Ik ben werkloos. Ik heb ook voor jullie meegewerkt, heb ook premies voor jullie betaald.' De man tegenover me liep rood aan en blies zich op als een kikker (zoals Strauss dat vaak doet) en stortte zich in een waanzinnige woede op me. De cafébaas wilde zijn meubilair redden en redde daar mogelijk ook mijn leven mee. In ieder geval werd de onberekenbare Beier door verschillende gasten het café uitgesleept. Een van de gasten, die later een belangrijk iemand uit de plaatselijke politiek bleek te zijn, zat ondertussen rustig en schijnbaar peinzend aan de tafel. De situatie was nauwelijks geregeld of hij trok een mes en stootte dat met kracht in het hout van de bar. Dat 'smerige Turkse varken' moest eindelijk eens verdwijnen, barstte deze goed gesitueerde heer uit.
Toch — dergelijke woede heb ik zelden meegemaakt. Erger was ook eigenlijk de kille verachting die dagelijks op me af kwam. Het doet pijn als in een overvolle bus de plaats naast je leeg blijft.
Als de veelbezworen integratie in het openbaar vervoer al niet lukt, wilde ik het toch eens proberen met een Turkse stamtafel in een Duits café. Onder een zelf geproduceerde wimpel met in twee talen de uitnodiging 'Serefe! Proost!' wilden we elkaar in een of ander café regelmatig op een geschikt tijdstip treffen. We zouden veel verteren, verzekerden we de cafébaas. We vroegen het aan tientallen, maar geen van hen had een tafel vrij.
Mijn 27-jarige collega Orhan Oztürk doet zulke ervaringen al 15 jaar lang op. Als twaalfjarige kwam hij in de Bondsrepubliek. Hij spreekt immers vrijwel accentloos Duits. Hij ziet er goed uit en om zijn afkomst te verbergen, heeft hij zelfs zijn haar geblondeerd. Maar in al die jaren is het hem niet gelukt een Duits meisje te leren kennen. Als hij zijn naam noemt is het uit.
Buitenlanders worden in de regel niet bespot. In ieder geval niet zo dat ze het horen. Achter hun rug wordt er echter gretig over die zogenaamde knoflooklucht geklaagd. Duitse fijnproevers eten ondertussen veel meer knoflook dan het merendeel van de Turken die het hoogstens in het weekend nog wel eens eten. Ze verloochenen zichzelf om geaccepteerd te worden. Maar het contact blijft geblokkeerd.
Toch komt het ook in Duitse café's wel voor dat buitenlanders voor-

komend worden bediend. Ik maakte dat mee in Gürzenich, in Keulen. Bij een feestelijke carnavalsbijeenkomst. Dat ik er als Turk werd binnengelaten, had me al buitengewoon verbaasd. En toen ik door Joegoslavische kellners bijzonder vriendelijk behandeld werd, maakte me dat bijna gelukkig. Tot het moment dat men begon te zingen en te deinen. Ik zat als een stuk rots tussen de pret en het gehos. Niemand wilde bij me inhaken.

Van tijd tot tijd breekt de vreemdelingenhaat echter naar buiten. Vrijwel altijd bij de voetbal-interlands. Weken voor de wedstrijd Duitsland-Turkije in 1983 in het Westberlijnse Olympiastadion was men al op het ergste voorbereid. Haast smekend richtte Richard von Weizsäcker zich via de televisie tot de bevolking: 'Wij willen deze Turks-Duitse voetbalwedstrijd tot een teken maken van het goed en vreedzaam samenleven van Duitsers en Turken in onze stad. Wij willen het als een bewijs zien van het begrip tussen de volkeren.' Daarvoor werd ook een politiemacht van ongekende omvang op de been gebracht.
Ook ik (Ali) wil de wedstrijd zien en ik bemachtig een kaartje voor het Duitse vak. Ik wilde me daar eigenlijk als Turk niet wegschminken en heb zelfs een Turkse muts met halve maan en een kwastje meegenomen. Ik heb hem snel laten verdwijnen. Ik kwam in een vak met jonge neo-nazi's terecht. Wat houdt dat in, neo-nazi? Elk van hen op zich is misschien een aardige vent, de meeste hebben open, sympathieke gezichten. Maar in deze menigte waren het opgezweepte maskers geworden. Voor het eerst heb ik me bij die gelegenheid trillend als Turk verloochend. Ik liet mijn stuntelige idioom vallen en heb met de fanatieke fans Hoogduits gesproken. Maar ze bleven me toch voor een buitenlander aanzien, gooiden peuken in mijn haar en goten bier over mijn hoofd. Nooit eerder in mijn leven koesterde ik zulke vriendelijke gevoelens jegens politie-agenten. Ik had in de verste verte niet gedacht hen ooit nog eens als echte ordebewakers te zien. Er werd Sieg Heil gebruld, Rotfront verrecke en ononderbroken werden er spreekkoren aangeheven met 'Turken ons land uit. Duitsland voor de Duitser!' Maar er vloeide geen bloed en er waren nauwelijks meer gewonden dan bij 'normale' interlands. Je moet er niet aan denken wat er gebeurd zou zijn als het Duitse elftal verloren had. Ik ben allesbehalve een voetbal-fan. Maar toen in het Olympiastadion heb ik het Duitse team aangevuurd. Uit angst.

Geest als grondstof

Als Ali bij het Aswoensdag-spektakel in Passau, met CSU-leider Strauss... Ik weet niet of een jood die in de jaren twintig een nazi-manifestatie in de Münchener Bürger-bierkelder bezocht had, zich erg veel anders had gevoeld.
's Ochtends 9 uur in Passau. Ik hoef niet te zoeken naar de Nibelungenhal. Uit alle straten stromen Strauss-fans, waaronder uitgesproken veel mensen van buiten Beieren, in de richting van het complex. Om 11 uur wil Strauss zijn 'politieke Aswoensdag openen', maar al twee uur daarvoor zijn de banken aan de lange tafels geheel bezet. Nu al staat de ruimte van de reusachtige hal vol rook. Twee of drie pullen bier heeft vrijwel iedereen hier al achter de kiezen. In grote hoeveelheden worden vis en kaas besteld. Het begin van de vastentijd.
Ik (Ali) steven op een van de weinige vrije plaatsen af. Voordat ik mij net nog op het uiteinde van een bank kan wringen, maakt mijn tafelgenoot zich extra breed. En zo word ik door hem begroet: 'Zeg hé, wat krijgen we nou? Waar ben ik nou terechtgekomen. Ook hier

word je niet met rust gelaten door die stinkende ezeldrijvers. Weet je niet waar je thuishoort?'
Van alle kanten word ik aangestaard door rood aangelopen ogen. De politiek geëngageerde staatsburger links van me loopt het bier uit de mondhoeken — die zit dus al behoorlijk vol. Ik (Ali) probeer het opgewekt te houden: 'Ik ben grote vriend van uw Strauss. Is een goede man.' Bulderend gelach als antwoord. 'Zeg, rot op, kan je niet luisteren? Dat wil een vriend van Strauss zijn! Die is goed!' Pas als er een struise serveerster langskomt, wendt men zich van me af. Haar diepgesneden dirndl-jurk en het bier dat ze brengt zijn interessanter.
Een slok bier zou me op het moment ook niet slecht uitkomen. Maar ik krijg niets want de bediening negeert me. Ik ga dus zelf naar de tap. Maar ook daar krijg ik mijn bestelling niet geplaatst. Na mijn derde poging sist de ober me toe: 'Ga weg, druk je, een beetje rap!'
Onder een enorm kabaal is Strauss intussen, onder het gehoempa van de Beierse defileermars, de hal binnengekomen. Tussen een woelende erehaag vechten ordewachten voor hem een pad vrij naar het podium. Vooral de niet-Beierse volgelingen houden brullend hun spandoeken omhoog ('Pein voor de 7de keer present'). De eerste woorden van de CSU-leider gaan nog onder in het lawaai. De rede duurt drie uur. Het is haast onmogelijk, hem temidden van de zwetende massa te volgen. Ook de logica van de argumenten maakt het niet bepaald gemakkelijk bij te blijven. 'Wij zijn een partij van intelligente mensen, wij hebben een intelligent kiezerscorps en daarom hebben we in dit land ook de meerderheid. Als onze kiezers niet zo intelligent waren, hadden we beslist geen meerderheid.' Gejuich, gestamp, bijval. De zaal kookt.
De toiletten kunnen de belangstelling niet meer verwerken. Op de gangen wordt de vloer nat van de urine. Zelfs in de zaal laat hier en daar iemand het door zijn broekspijp lopen.
De grote man vooraan heeft het veel over de geest: 'We moeten een beter gebruik maken van de grondstof geest die we godzijdank bezitten, en dat ondanks het gewauwel van al die bureaucraten die alles maar gelijk willen maken.'
Sommigen in de zaal kunnen op het moment geen gehoor aan deze oproep geven: zij worden door de EHBO-ers als bierlijken weggesleept.
Op de tafels ligt informatie-materiaal: 'Wij en onze partij'. Daarin worden CSU-aanhangers in de vorm van zelfportretten voorgesteld. Bijvoorbeeld een nogal gezette handelaar in levensmiddelen: 'Com-

plexen omdat ik rechts ben, daar heb ik nog nooit last van gehad. Ik ken geen partij die me meer op het lijf geschreven staat dan de CSU. Die ligt me nu eenmaal, zoals Strauss me ook ligt. Ik mag hem ook al vanwege zijn figuur, daar stemmen we in overeen. En als er al iets is dat me uit mijn evenwicht brengt, behalve dan misschien voetbal, dan zijn het wel de belastingen.' Of misschien ook een Turk die in de blauw-witte Nibelungenhal dorst krijgt. Ik (Ali) moet mijn bier vrijwel wegslepen. Als de ober aan de tap even weg kijkt, pak ik een pul en leg vijf mark neer. Strauss warmt de verhitte stemming nog verder op: 'Er moet bij ons weer aan de normale burger, aan de normale vrouw, aan de normale man gedacht worden en niet aan buitenbeentjes.' En als hij het later over de 'mengelmoes van anonieme mensenmassa's' heeft, en over de 'nationale identiteit' die hij 'behoeden wil', dan weet ik (Ali) dat hij mij niet op het oog heeft met zijn gezwets over 'vrijheid en waardigheid voor alle mensen in Duitsland'. Ik wil weer gaan zitten en vindt nog twee vrije stoelen. De plaats naast me blijft vrij, ook als het gedrang ondraaglijk wordt. 'Die gast stinkt naar knoflook,' 'Turk, jij?'
De 'gelukkige Beier' (Strauss over Strauss) komt eindelijk aan het

slot van zijn tirade. Hij wordt hermetisch van zijn fans afgegrendeld. Ook verzoeken om een handtekening kunnen niet worden ingewilligd. Tenminste niet ter plekke. Wie een handtekening wil hebben, kan een daartoe bestemd strookje in een van de manden werpen die in de zaal worden doorgegeven. Desalniettemin vind ik mijn weg naar de leider van Beieren. Heel simpel.

Ik (Ali) geef me uit voor een afgezant en congreswaarnemer van de Turkse fascistenleider Türkes, van de Grijze Wolven. Deze Türkes, een enthousiaste vereerder van Hitler, heeft enkele jaren geleden al eens in het geheim een ontmoeting met Strauss gehad. Daarbij verzekerde de CSU-voorzitter hem volgens Türkes zelf, 'dat er in de toekomst via goed gerichte propaganda een politiek gunstig klimaat in de Bondsrepubliek geschapen zal worden voor de MHP (een neo-fascistische Turkse organisatie, GW) en voor de Grijze Wolven'. Türkes' strijdkreet: 'Dood aan alle smerige joden, communistische hoerenzonen en Griekse honden!'

Als zijn afgezant nu word ik bij Strauss voorgeleid. Hij begroet me hartelijk en slaat me op de schouders, zoals een machtige peet bij een arme verwant uit de provincie doet. Hij voorziet de feestuitgave 'Franz Josef Strauss — een groot plaatwerk' met een persoonlijke opdracht: 'Voor Ali met hartelijk groet — F.J. Strauss'. De verzamelde fotografen laten zich dit tafereel niet ontgaan.

In het voorwoord van deze prachtuitgave heet het dat Strauss 'politicus is geworden om aan een instinctief begrepen plicht te voldoen' (de voorzienigheid?). Ik dacht er anders over tijdens deze lijfelijke ontmoeting met een van de meest brutale, van macht bezeten en anti- democratische politici van na de oorlog, die me trouwens al verschillende malen voor de rechter had gesleept.

Ruim tien jaar geleden heb ik hem voor het eerst persoonlijk ontmoet: bij een forum van de Katholieke Academie in München (thema: 'Journalist of agitator') zat ik tussen hem en de SPD-politicus Wischnewski. Strauss was in een zondagse bui en wilde mooi weer spelen bij het nogal liberale publiek en kennelijk ook bij mij: 'Nu heb ik eindelijk eens de gelegenheid u te vragen of u soms familie bent van de jezuiet pater Josef Wallraff?' Ik wilde hem niet de kans geven, met zulke vertrouwelijkheden zijn vijandschap voor mensen als ik voor het publiek te verbergen. 'Ja,' zei ik tegen hem, 'ik ben zijn onecht kind, maar vertel dat alsjeblieft niet verder.' Voor de rest van de discussie bleef Strauss zichzelf verder trouw.

Franz Josef Strauß

GROSSER BILDBAND

von

Helmut Wald-Wagenburg

BIOGRAPHIE

von

Hans Klein

Für Ali mit herzlichen Gruß
F. J. Strauß

De doop

'Ik ben een vreemdeling geweest en gij hebt Mij gehuisvest (...) Voorwaar, Ik zeg U, in zoverre gij dit aan één van deze mijn minste broeders hebt gedaan, hebt gij het Mij gedaan.'
(Matthéüs 25: 35-40)

Ali beproeft zijn geluk bij de katholieke kerk. Hij heeft gehoord dat ook Jezus uit zijn woonplaats verdreven werd, dat hij met de vreemdelingen en vervolgden van zijn tijd samenleefde en zich zelf daardoor aan zware beschuldigingen en heftige vervolging blootstelde. Toch klopt Ali (wat voor de hand zou liggen) niet als bedelaar aan. Hij vraagt geen onderdak of materiële hulp. Hij wil niet te veel vergen van de dienaren Gods of deze in verzoeking brengen. Hij wil alleen maar gedoopt worden!

a. Omdat hij bij de Kerk wil horen. Niet uit opportunisme maar omdat hij leven en werk van Christus al geruime tijd heeft leren kennen en overtuigend vindt.

b. Het moet snel gebeuren, want hij kan alleen maar met zijn katholieke vriendin trouwen als hij deel uitmaakt van de geloofsgemeenschap van de katholieken. Dat eisen haar ouders.

c. Hij hoopt op deze manier zijn mogelijk ophanden zijnde uitwijzing te kunnen verhinderen.

(De pastoors en hoogwaardigheidsbekleders die hij heeft opgezocht, blijven anoniem. De gesprekken met de kerkelijke functionarissen zijn authentiek.)

Ali is duidelijk als arbeider te herkennen. Zijn kleding is armoedig. Uit zijn schoudertas steekt een thermosfles.

Ruppert macht schöne
Mode preiswert.
STREIFEN SIE SICH MAL WAS SCHICKES ÜBER.
11 Jahr Deutschland
will Hirbleiben
Dank
kl
ruppert

Eerste gesprek. Een pastoor in een betere woonwijk. Een parkachtig aangelegde tuin.
Een priester met de tamelijk hoge rang van deken, ongeveer 60 jaar, opent de met smeedijzeren tralies versierde eiken deur van de pastorie op een kier en kijkt uitgesproken gereserveerd naar Ali.
Pastoor: 'Hier valt niets te halen, ga maar naar de bijstand.'
Daar heb ik niet op gerekend. De deken merkt mijn verwarring en nog vóór ik mijn verzoek kan uitspreken, herhaalt hij op niet mis te verstane toon: 'Er zijn er zó veel die mij willen plukken. Daarom valt hier principieel niets te halen. Wij zijn een pastorie en geen...'
Ik val hem in de rede: 'Ik geen geld wil, alleen doop.' De deur gaat een stukje verder open. Hij neemt me nieuwsgierig-kritisch op en zegt: 'Ja, ziet u, er komen hier zo veel arbeidsschuwe mensen die op kosten van anderen willen leven... Waar woont u eigenlijk? Hoe oud is het kind en wanneer moet het gedoopt worden?'
Ik geef hem mijn adres op en omdat het zo'n sjieke straat is, waar Ali zoals hij daar staat, nog geen week de huur zou kunnen opbrengen, voeg ik er aan toe: 'Ik in kelder wonen.' En verder: 'Geen kind dopen. Ik ben Turk, tot nu toe bij Mohammed. Ik wil zelf doop, want Christus beter zijn. Moet snel gebeuren, want...'
Sprakeloos en ongelovig staart hij me aan, alsof ik hem niet om het heilige sacrement van het doopsel maar om mijn eigen besnijdenis verzocht had. Hij doet de deur weer dicht tot op een kier: 'Zo snel gaat dat nu ook weer niet! Dat is niet zo eenvoudig. Eerst moet aan een groot aantal voorwaarden worden voldaan...'
En met een geringschattende blik op mijn haveloze uiterlijk: 'Wij nemen ook niet zo maar iedereen in onze parochie op.'
Als ik de urgentie van mijn verzoek met het oog op de dreigende uitwijzing nog eens extra onderstreep, is hij totaal niet onder de indruk: 'Niet zo'n joodse drukte. Ik zal het toch eerst met het kerkbestuur moeten overleggen. Laat u mij eerst maar de papieren zien, dat u zich bij de vreemdelingenpolitie heeft aangemeld.'
Als ik het waag om te antwoorden: 'Christus ook geen vaste woon- en verblijfplaats had,' vat hij dit waarschijnlijk als godslastering op, want ineens smijt hij, zonder verdere uitleg de deur dicht. Als ik daarna als een gek blijf bellen om te bewijzen hoe serieus mijn besluit is een volwaardig lid van de gemeenschap der gelovigen te worden, rukt hij de deur weer open en kapittelt: 'Wij zijn hier geen asiel. Als u mij niet onmiddellijk met rust laat, haal ik de politie.'

Ik probeer hem nog een keer aan zijn geweten als christen en aan zijn taak als priester te herinneren door neer te knielen en met gevouwen handen te smeken: 'In naam van Christus, doop!' In plaats van te antwoorden knalt hij de deur met een dreun in het slot.
Daar heeft Ali niet op gerekend. Hij is kennelijk bij het verkeerde adres terechtgekomen. Overal zijn zwarte schapen. En in deze villabuurt waar de rijken geen vreemde eend in de bijt willen, is Ali duidelijk niet op zijn plaats.
Ali geeft het niet op. Hij gaat naar de volgende pastoor van de aangrenzende parochie. Daar liggen de villa's niet verborgen achter hoge muren, strekken zich geen tuinen uit achter de huizen. Vóór de huizen zijn kleine, rechthoekige tuintjes, voor iedereen toegankelijk, vaak niet groter dan een woonkamer. Hier woont de middenstand en in sommige woonblokken wonen ook arbeiders.
Voorzichtig en onzeker geworden na zó vijandig te zijn afgepoeierd, vraagt Ali zijn Turkse collega Abdullah hem als getuige te begeleiden en te beschermen.

's Middags, 17 uur.
De kerk is verlaten. Geen levende ziel. De klokken luiden (geheel automatisch bediend) voor het lof. Maar niet één gelovige is komen opdagen om de kerkdienst bij te wonen. Misschien vinden ze het te koud. De kerk is niet verwarmd. Door de felle kou is het wijwater tot op de bodem van het bekken bevroren. Als we plechtstatig en een tikje verlegen op het altaar afgaan, krijgt de eenzame pastoor ons in de gaten. Waarschijnlijk had hij zich al ingesteld op een vrije avond, want hij probeert er snel tussenuit te knijpen naar de sacristie. Maar ik ben hem voor. 'Pardon,' versper ik hem de weg, 'één vraag. Ik ben Turk, wil doop hebben en christen worden.'
Hij staart ons wezenloos aan: 'Nee, onmogelijk. Dat kan ik niet. Dat gaat niet.'
Hij praat op fluisterende toon, kijkt ons niet aan maar over ons heen, slaat, beter gezegd, zijn ogen op ten hemel alsof zijn opperste baas hem de zegen kan geven over zijn onchristelijke gedrag.
'Waarom niet?' wil ik weten.
'Dat gaat niet. Daar is een paar jaar godsdienstonderricht voor nodig,' fluistert hij.
'Maar ik ken Christusboek goed, steeds maar lezen en lezen...'
'Nee, ik kan het niet. Zonder toestemming van de kardinaal mag ik

dat niet.'
'Niet iedere pastoor dopen kan?'
'Nee, beslist niet.'
'Niet mogen?'
'Nee, nee, nee. Officieel zou het doopsel opname in de katholieke kerk betekenen.'
'O, u ben geen pastoor?' zeg ik provocerend.
Hij is duidelijk onaangenaam getroffen, in zijn ijdelheid gekwetst.
'Jazeker,' antwoordt hij op vaste, zelfbewuste toon.
'Baas van kerk hier?' blijf ik aandringen.
'Ja,' zegt hij nadrukkelijk.
'Dan u mag toch ook dopen,' houd ik vol.
'Nou ja, kinderdoop,' geeft hij toe. 'Maar om volwassenen te dopen heb ik toestemming nodig van de aartsbisschop in Keulen. Bovendien zijn er dan godsdienstlessen verplicht van minstens...,' hij aarzelt, schijnt begrepen te hebben dat ik niet helemaal achterlijk ben — 'van op z'n minst een jaar.'
'Zo lang? Op minst een jaar?'
Mijn bezorgde vraag geeft hem niet zonder voldoening nieuwe moed om de zaak af te poeieren: 'Het kan ook nog langer duren. Het vereist een langzame inwijding, in fasen...'
Ik wijs op de doopvont en geef een demonstratie van mijn kennis van zaken: 'Daar ik dan gedoopt word. Moet helemaal in of alleen gezicht?' Ik ben in zijn ogen waarschijnlijk de laatste wilde. Met een zuinig 'nee' negeert hij mijn schennende opmerking.
'Maar misschien kan baas, de aarts, goed woordje doen?'
Hij laat me geen enkele illusie: 'Dat denk ik niet. Dat denk ik niet!'
Ik begrijp het nog steeds niet en zoek een verklaring voor zijn weigering: 'Zijn zó veel mensen, die nieuw in kerk willen?'
Dat schijnt niet het geval te zijn: 'Dat niet, dat nu ook weer niet, maar...'
Zijn 'maar' blijft in de ijzige koude kerk hangen. Er volgt geen nadere verklaring.
Omdat hem geen bovennatuurlijke argumenten te binnen schieten, help ik hem een handje met een praktische tip: ik wijs op de laag ijs in de wijwaterbak: 'Beetje antivries in doen en weer kruis kunnen maken.'
Maar ook dit opbouwende voorstel laat hem koud. Hij loopt de kerk uit. Wij wijken niet van zijn zijde. Nog vóór hem bereik ik de pastorie

die naast de kerk ligt en bel aan. Er gaat een luikje open (net als bij een apotheek die nachtdienst heeft) en een al wat oudere huishoudster gluurt naar buiten. Als de pastoor merkt dat we ons niet zo maar laten afpoeieren en dat ik vastbesloten ben het heilige sacrament van het doopsel te ontvangen laat hij ons binnen in zijn werkkamer.
'Ik zal snel een adres opzoeken waar u naar toe kunt gaan. Dan laat u mij misschien met rust. Maar zoals ik al zei: maakt u zich geen illusies. Het kost tijd.'
Zwaarwichtig verschanst hij zich achter een kolossaal bureau en bladert uitgebreid in een kerkelijk adresboek. Hij is in de vijftig, ziet er gezond en uitgerust uit, niet iemand, die een hekel aan mensen heeft, niet zo agressief als zijn collega van de aangrenzende parochie.
Hij komt goedmoedig maar wel gemakzuchtig over. Hij straalt de zelfvoldaanheid van een ambtenaar op leeftijd uit, die achter het loket zijn tijd uitzit hoewel de postzegels al jaren zijn uitverkocht (niemand vraagt meer om een speciaal stempel en het bordje 'tijdelijk gesloten' hangt er voor de zekerheid om de laatste verdwaalde klanten terecht te wijzen).
Ik wil niet dat hij zo gemakkelijk onder zijn verantwoordelijkheid uitkomt, vooral omdat hij op mijn verzoek reageert alsof we hem vragen een huwelijk tussen twee mannen in te zegenen.

'Als ik nog kind was, gaat dan sneller?' *dring ik aan.*
PASTOOR: 'Ja, als u nog een baby was op de arm van uw moeder, dan wel. Maar ook niet heel snel! Dan moet eerst nog de katholieke opvoeding gegarandeerd zijn.'
IK (ALI): 'Hoewel tegenwoordig veel doop is en ouders helemaal niet echt katholiek!'
PASTOOR *(met gefronst voorhoofd, streng):* 'Hier niet, bij ons niet.'
IK (ALI): 'Ik heb collega's op werk die gedoopt zijn maar helemaal niet echt katholiek. Zij lachen omdat ik geloof in Christus en praat over boeken van Christus. Wij allemaal toch één God hebben.'
PASTOOR *(laat zich niet uit het lood slaan, vormelijk):* 'Om volwassenen te dopen heb ik dus toestemming nodig van de aartsbisschop van Keulen, kardinaal Höffner.'
IK (ALI): 'En die is goed?'
PASTOOR: 'Hij geeft alleen toestemming als..., laten we zeggen, als er godsdienstonderricht... in fasen... dat duurt minstens een jaar...'
IK (ALI) *(blij):* 'Hij zelf dan ook doopsel geven?'

PASTOOR *(nadrukkelijk):* 'Nee.'
IK (ALI): 'Ik heb gehoord dat iedereen kan dopen...'
PASTOOR *(terwijl hij al bladerend verder zoekt naar het adres):* 'Ja, ja, dat klopt, maar...'
IK (ALI): 'Bij mij ook niet makkelijk. Ik wil trouwen, maar ouders laten meisje niet met Mohammed... En als ik met meisje getrouwd ben, ik kan hier blijven... anders moet ik weg, uitwijzen naar Turkije.'
Mijn collega ABDULLAH *komt mij te hulp en maakt nadrukkelijk het probleem nog eens duidelijk:* 'Hij moet de gevangenis in als ze hem terugsturen naar Turkije.'
DE PASTOOR *doet net alsof hij de constatering van dit voor hem lastige feit niet gehoord heeft, zoekt onbewogen en doodgemoedereerd in het kerkelijke adresboek verder:* 'Hè, waar staat die Fides nou?'
ABDULLAH: 'Daarom moet hij heel gauw gedoopt worden.'
IK (ALI): 'Het beste meteen. Ik kom morgenavond, na werk.'
PASTOOR: 'Onmogelijk, dat gaat niet.'
IK (ALI): 'Kan ook betalen.'
PASTOOR: 'Nee, het kost niks. Dopen kost niks. Sacramenten kosten geen geld.'

IK (ALI): 'Maar als ik geld geef voor heidenkindjes, dan gaat sneller?'
PASTOOR: 'Nee, echt niet. Op die manier valt er niets te regelen, helemaal niets.'
ABDULLAH: 'Hij wil niet in militaire dienst.'
IK (ALI): 'Ik wil niet schieten, kan geen mensen doden. In Turkije is nu een beetje zoals vroeger Duitsland onder Hitler. Turkije is dictatuur.'
PASTOOR: 'Dat heeft met het doopsel niets te maken. Dat zijn uiterlijke motieven die met de innerlijke gezindheid niets hebben uit te staan.'
IK (ALI): 'Als doop is, is dan ook groot feest? Met veel mensen van kerk en zo...?'
PASTOOR *(stelt hem in zijn verwachtingen teleur):* 'Nee.'
IK (ALI): 'Ik bedoel, is groot feest met dansen en zo?'
PASTOOR: 'Nee, nee. Bij ons niet... Hier heb ik het!'
IK (ALI): 'Omdat... Ik weet alles. Ik heb bijbel gelezen, voor, achter, achter naar voor...'
PASTOOR: 'Dat denken ze allemaal, dat ze alles al weten...'
IK (ALI): 'Dan vraag mij. Zo maar iets!'
PASTOOR: 'Nee, het is geen kwestie van weten... Het is een kwestie van overtuiging.'
IK (ALI): 'Christus voor iedereen. Toen Christus vervolgd is, hij was altijd oké.'
PASTOOR *(overdonderd):* 'Jaaa.'
IK (ALI) *(tegen de huishoudster):* 'U een vraag stellen. Ik weet.'
HUISHOUDSTER: 'Daar ben ik te dom voor.'
IK (ALI): 'U ook gedoopt?'
HUISHOUDSTER: 'Ja natuurlijk.'
PASTOOR: 'Normale katholieken zijn gedoopt, weet u. Als baby.'
IK (ALI): 'Ook zonder vragen.'
ABDULLAH: 'Baby is ook niet overtuigd?'
PASTOOR: 'Zijn ouders zijn overtuigd. En de peetouders natuurlijk. Eh, twee ouders, twee peetouders. En... hun overtuiging staat in voor de overtuiging van het kind.'
IK (ALI): 'U mij een vraag stellen. Kijken of ik... Dan kan ik later examen doen...'
PASTOOR: 'Examen, examen... het zijn een soort lessen die u moet volgen...'
IK (ALI): 'Zoals voor rijbewijs... Maar u mij een vraag stellen...'

PASTOOR: 'Kalm aan! Laat ik eerst even opschrijven... Fides... Weet u waar de dom is?'
IK (ALI): 'Ja, ik was in dom, ook óp dom. Kan je de hele stad zien.'
PASTOOR: 'Ik schrijf het telefoonnummer op. Dan kunt u opbellen en een afspraak maken. Goed, telefoon...'
IK (ALI): 'Dat is man die iedereen dopen kan?'
PASTOOR: 'Het heeft met dopen niets te maken. Het gaat eerst om dooponderricht.'
IK (ALI): 'Heb ik niet nodig. Ik weet alles wat in bijbel staat.'
Bij het zien van het ongelovige, sceptische gezicht van de pastoor: 'Vraag mij. Zo maar iets.'
PASTOOR: 'Wat moet ik dan vragen?'
IK (ALI): 'Iets van Christus.'
PASTOOR *(alsof ik een hoogst merkwaardig thema aansnijd):* 'Over Christus?'
IK (ALI): 'Over zijn leven en zo...'
PASTOOR *(alsof Christus nooit geleefd heeft):* 'Zijn leven? Ja,... hm... wacht even.. ja...' *(als een pijl uit de boog):* 'Hoe heeft hij de kerk gegrondvest?'
IK (ALI) *(zonder lang nadenken):* 'Christus heeft tegen Petrus gewoon gezegd: jij doet nu voor mij kerk.'
PASTOOR: 'Hm, ja, zo zou je het kunnen zeggen.'
IK (ALI): 'En nog een vraag, meer moeilijk!'
PASTOOR: 'Nee, dat helpt niet. Dat helpt niets. Ik geef u dan alleen maar ijdele hoop.'
IK (ALI): 'Alsjeblieft. Eén vraag nog!'
PASTOOR *(het kost hem veel zelfoverwinning):* 'Tja... goed: waarom zijn er tegenwoordig verschillende kerken die zich alle op Christus beroepen?'
IK (ALI): 'Omdat Luther was de ander, heeft revolutie gemaakt... heeft niet meer geloofd in paus. Dan komen veel kerken, die goed zijn. Willen als Christus leven maar weten te weinig. Willen eigen kerk maken... Maar ze hebben geen goede leider... hebben herder verloren...'
PASTOOR *(verbaasd):* 'Dat is inderdaad zo.'
IK (ALI): 'Ik heb alles gelezen. Ook nog ander boek: de katte... hoe heet het?'
PASTOOR: 'Catechismus. Het klopt wel. Ik geloof u ook zo wel. Maar het helpt allemaal niet omdat ik toestemming van de aartbisschop

moet hebben om volwassenen te mogen dopen.'
IK (ALI): 'Maar als ik nu... hartaanval... als hart niet meer klopt en ik zeg: alsjeblieft, mij nu dopen?'
PASTOOR: 'In geval van overlijden, dán wel. Bij onmiddellijk levensgevaar...'
IK (ALI): 'Als ik plotseling pijn heb, dan is toch mogelijk... Hart bij mij is niet goed.'
PASTOOR: 'Is uw hart niet goed, hm?'
IK (ALI): 'Houdt altijd op als ik hard werk, zie ik alleen zwart voor ogen. Ik was ook in ziekenhuis. Hoe heet het: intens ker...'
PASTOOR *(verbetert):* 'Intensive care, hm. Maar dat is nog geen reden om het onderricht te verkorten. Pas tijdens het godsdienstonderricht blijkt in hoeverre u thuis bent in het christelijke geloof en of u er werkelijk bij hoort.'
IK (ALI): 'Maar wat helpt, als ik eerder weggaan moet? Als ik met meisje niet kan trouwen word ik naar Turkije teruggestuurd. Dan moet ik misschien sterven zonder doop en ben niet bij Christus in hemel.'
PASTOOR *(kreunend):* 'Dat hoeft niet direct. Er zijn uitzonderingen.'
IK (ALI) *(blij):* 'Dus toch snel doop?!'
PASTOOR *(enigszins vertwijfeld over mijn traagheid van begrip):* 'Nee, mijn God. Ook als u ongedoopt sterft, hoeft dat niet altijd te betekenen dat u voor alle eeuwigheid verdoemd bent. In bepaalde omstandigheden geldt dan de onbewuste doop. In zijn onmetelijke goedheid heeft Christus ook heidenen en andersdenkenden die in zijn geest leven, een kans gegeven...'
IK (ALI): 'Is niet zeker genoeg. Beter toch meteen dopen. Kom. Hart bij mij nu niet goed.'
PASTOOR *(veeleer onverschillig):* 'Ja, nee, dat gaat niet zo maar.'
HUISHOUDSTER: 'En als het een nooddoop is, moet er later toch opnieuw gedoopt worden.'
IK (ALI): 'Maar ik ben katholiek met stempel.'
PASTOOR: 'Niks geen stempel.'
IK (ALI): 'Geen stempel?'
PASTOOR: 'Nee, met een nooddoop krijgt u geen stempel. Het onderwijs moet worden ingehaald, in alle fasen... Dan pas krijgt u een bewijs.'
IK (ALI): 'Hoofdzaak, ik ben dan al katholiek.'
PASTOOR *(vertwijfeld):* 'Dat is wel waar, maar het geldt niet. U heeft

geen stempel. Nee, nee en nogmaals nee, want ik weet dat u mij probeert te provoceren.'
IK (ALI): 'Is echt waar. U kunt dokter halen.'
PASTOOR: 'Nee, onmogelijk. Misschien maak ik me zelfs nog strafbaar.'
IK (ALI): 'Bij Mohammed is heel eenvoudig. Wie mohammedaan wil worden, moet eerst ja zeggen.'
PASTOOR *(niet zonder minachting):* 'Mohammed heeft het jullie wel erg gemakkelijk gemaakt.'
IK (ALI): 'Hij was veel meer tolerant.'
PASTOOR *negeert mijn verwijt en zwijgt.*
IK (ALI): 'Maar vroeger, toen missionaar met veroveraar naar vreemd land kwam, heeft gezegd: jij katholiek, jij katholiek! Of ze willen of niet. Waarom duurt nu zo lang?'
PASTOOR: 'Katholiek ja, maar vraag niet hoe! Vroeger deed men die dingen... eh... hoe zal ik zeggen... heel mechanisch. Karel de Grote zei gewoon tegen de Saksen: dopen of kop eraf!' *(lacht smakelijk).*
IK (ALI): 'Alles hop, hop?'
PASTOOR: 'Dat was 800 na Christus.'
IK (ALI): 'Indianen moesten ook hop gedoopt. Wisten niet eens hoe het kwam.'
PASTOOR: 'Daar is ook niets van terecht gekomen! Nee, naderhand koesterden ze alleen maar machteloze haatgevoelens tegen alle christenen.'
IK (ALI): 'Hebben zelf toen *(maakt kop-af gebaar)* bij christenen gedaan?'
PASTOOR: 'Jaa.'
IK (ALI): 'En paus heeft daarvoor zegen gegeven.'
PASTOOR: 'Zegen? Daarvoor hoeft hij zijn zegen niet te geven. Kop eraf gaat ook zonder zegen.' *De anders goedmoedige uitdrukking op zijn gezicht maakt plaats voor een infantiel inquisitoire grijns.*
IK (ALI): 'Maar paus heeft oké gezegd...'
PASTOOR: 'Dat weet ik niet. Ik ken het standpunt van de pausen in die tijd niet. Ze wisten immers niet wat de missionarissen in Amerika deden.' *De pastoor brengt het gesprek op iets anders en komt terug op mijn oorspronkelijke verzoek:* 'Wie wil u uit Duitsland uitwijzen?'
IK (ALI): 'Vreemdelingenpolitie hier.'
PASTOOR *(diep onder de indruk):* 'Aha, de vreemdelingenpolitie.'
IK (ALI): 'Die kijken ook als wij met Duits vrouw trouwen. Komen

in slaapkamer en kijken of wij samen liggen.'
PASTOOR: 'We hebben hier veel Turken op school. Ze hebben altijd deelgenomen aan mijn godsdienstonderwijs, maar ze wilden beslist niet... Ze wisten niet eens wat katholiek zijn eigenlijk betekent.'
IK (ALI): 'Maar nu weten ze en willen ook doop?'
PASTOOR *(geschrokken):* 'Nee, integendeel, niemand...'
IK (ALI): 'Moet ik ook veel leren? Gebed, zingen en zo?'
PASTOOR: 'U moet innerlijk, van binnen leren, niet van buiten. Innerlijk, van binnen.'
IK (ALI) *begin het 'Onze Vader' op te zeggen. Als ik eindig met de woorden:* 'En verlos ons van het kwade', *onderbreekt hij mij (Ali) en beledigt mij opnieuw:* 'Als mohammedaan bent u gewend als een kind lange gebeden af te raffelen, steeds opnieuw, zonder te begrijpen wat u zegt. Zo, nu is het afgelopen!' *Hij staat op en om eindelijk van mij af te komen drukt mij een papiertje in de hand:* 'Hier is het adres van het consultatiebureau in geloofszaken, FIDES. Daar beslissen ze verder.'

Het hoofd van het katholieke consultatiebureau FIDES (= trouw) is een al wat oudere, slanke, rijzige priester. In zijn optreden is hij afstandelijk en voornaam als een aristocraat. Hij doet me een beetje denken aan El Greco's portret van de grootinquisiteur.
Ik heb niet de indruk dat deze kerkelijke instantie bijzonder vaak bezocht wordt door bekeerlingen die zich willen laten dopen. Ik zit als enige in de wachtkamer en uit de aanblik van de verlaten zalen met indrukwekkende, oude meubelen valt niet bepaald op te maken dat hier veel werk aan de winkel is.
Ali voelt zich hier in zijn versleten arbeidsplunje nogal armoedig en misplaatst. Na nadrukkelijk maar tamelijk hulpeloos zijn specifieke geval te hebben uitgelegd, doet hij op grond van de noodsituatie waarin hij verkeert een beroep op de priester om snel en onbureaucratisch een beslissing te nemen.

IK (ALI): '...Alsjeblieft, daarom moet ik heel snel gedoopt.'
PRIESTER *(neemt Ali's verzoek niet serieus, reageert lichtelijk spottend):* 'Zo? En hoe snel had u dan wel gedacht? Over een uurtje of zo?'
IK (ALI) *(heel blij):* 'Ja, als gaat meteen. Dank u wel. Anders over paar weken, want ik anders in Turkije in gevangenis kom. Wanneer is doop?'

PRIESTER *(kortaf en formeel):* 'Dat kan ik nog niet zeggen. Ik ben specialist.'
IK (ALI): 'Ja, dan vraag mij. Ik heb alle uitspraak van Christus gelezen. Vind ik goed.'
PRIESTER *(niet in het minst onder de indruk):* 'Wie heeft u eigenlijk hier naar toe gestuurd?'
IK (ALI) *(noem de naam van de pastoor die, om van me af te komen, dit adres heeft opgezocht):* 'Hij heeft gezegd, hij kan zelf niet doen. Ik moet hier vragen en stempel krijgen.'
PRIESTER: 'Hoe lang bent u al in Duitsland?'
IK (ALI): 'Tien jaar en ik wil hier blijven. Ik ben Koerde en in Turkije moet ik in gevangenis, want ik heb politiek gewerkt tegen dictatuur.'
PRIESTER: 'Als u toch in Duitsland blijft, hoeft u ook niet naar Turkije!'
IK (ALI): 'Ik moet weg want ik heb geen werk meer en alleen stempel voor drie maanden. Maar ook zo vind ik Christus beter als Mohammed... is niet zo veel verboden. Christus ook meer voor vervolgden.'
PRIESTER *(gaat kennelijk van een andere opvatting van Christus uit):* 'Aha, ja. Kent u behalve uw verloofde nog andere christenen?'
IK (ALI): 'Ja, collega's op werk waren ook gedoopt maar hebben altijd gelacht als ik over Christus vertelde. Hebben altijd Bild-Zeitung gelezen in pauze als ik heb bijbel gelezen.'
PRIESTER *(doet net alsof hij dit niet gehoord heeft):* 'Het komt vooral op goede contacten met andere christenen aan. Het gaat niet om het leren maar om het doen! Het gaat om het beleven, niet om het leren.'
IK (ALI): 'Ik wil graag doen en beleven. Wat moet ik doen dat ik erbij ben?'
PRIESTER: 'Met de kerk leven.'
IK (ALI) *(trots):* 'Doe ik. Ik ga zondag altijd naar kerk.' *(Om het geloofwaardig te maken noem ik de naam van de parochie en van de kerk.)*
PRIESTER: 'Wel, wel.'
IK (ALI): 'Ik kan ook al bidden, en zingen kan ik goed.'
PRIESTER: 'Hoe vaak gaat u naar de kerk?'
IK (ALI): 'Een keer op zondag.'
PRIESTER: 'En hoe lang al in de afgelopen twee jaar?'
IK (ALI): 'Vier maanden al, altijd, ieder zondag.'
PRIESTER *(minachtend):* 'Vier maal vier is zestien.'
IK (ALI): 'Vroeger ook al. Maar ik vaak moeten werken op zondag.

Dienst in kerk vind ik mooi. En Christus is echt vriend.'
PRIESTER *(schijnt zelf in tamelijk afstandelijke, niet erg vriendschappelijke relatie tot zijn Heer te staan):* 'Het valt niet mee in Christus te geloven.'
IK (ALI) *(met volle overtuiging):* 'Dat is niet waar!'
PRIESTER *(ongelovig):* 'Nee?'
IK (ALI): 'Hij heeft zelf voorgedaan en laten zien wat we moeten doen. Staat niet alleen in boek. Hij heeft zelf gedaan. Hij heeft niet alleen gezegd maar zelf geleerd voor ons. Vraag nu of ik goed weet...'
PRIESTER: 'Het gaat hier niet zoals op school. Alleen door bij elkaar te komen en met elkaar te leven en te praten kunnen we de kandidaat leren kennen...' *(met een licht verwijt):* 'Als u tien jaar geleden was gekomen, was nu alles in orde geweest.'
IK (ALI): 'U mij vraag stellen, dat u ziet ik alles weet?'
PRIESTER: 'Het probleem is niet het leren. Je kunt een plant met kunstmest niet sneller laten groeien. Alles heeft z'n tijd nodig.'
IK (ALI): 'Toen eerste christenen in nieuwe land kwamen, hebben ze heel snel doop gegeven... Vaak zonder dat de mensen wilden.'
PRIESTER: 'Ja, dat is waar. Maar toen lag de kracht en het inzicht van de kerk heel ergens anders. Tegenwoordig komt het alleen er op aan hoe het contact is, het contact met andere christenen.'
IK (ALI): 'Wij hebben niet veel contact, want Duitsers willen niet met Turken samenleven.'
PRIESTER: 'Het is voorschrift van de bisschop. Er moet nu eenmaal discipline zijn.'
ALI *onderneemt vertwijfeld een laatste poging om de priester ertoe te brengen niet bureaucratisch te handelen:* 'Kan ik niet stempel al hebben? Anders vreemdelingenpolitie mij arresteert en uitwijst. En in Turkije moet ik in gevangenis en misschien martelen.'
PRIESTER: 'Ik kan werkelijk onder een dergelijke druk, in een dergelijke politieke noodsituatie het doopsel niet toedienen! Dat zou onverantwoordelijk zijn. Geen bisschop kan dat verantwoorden!'
IK (ALI): 'Als ik zelf bisschop vraag?'
PRIESTER: 'U wordt bij de bisschop niet toegelaten.'
IK (ALI): 'Maar bisschop woont ook hier!'
PRIESTER: 'Maar u wordt niet toegelaten bij de bisschop.'
IK (ALI): 'Als ik opbel en bisschop zelf vraag?'
PRIESTER *(minachtend):* 'Iemand als u komt daar niet binnen. De bisschop zit niet thuis te lanterfanten en uit verveling te wachten of

er misschien iemand opbelt. Hij heeft meer dan een miljoen katholieken in het bisdom onder zich en houdt net als de minister-president een agenda bij voor zijn afspraken. Een bisschop is ongeveer even hoog als de minister-president.'
Ik (Ali): 'Maar hij kan dopen als hij wil?'
Priester *(op de tenen getrapt):* 'Natuurlijk. Een bisschop kan altijd dopen.'
Ik (Ali): 'Als hij wandelt en ik vraag hem?'
Priester: 'Dat lukt ook niet. U kunt hem tijdens een wandeling niet te pakken krijgen. Hij wordt altijd omgeven door politie.'
Ik (Ali): 'U nu vragen of ik Christus goed begrijp...?'
Priester *(kreunend, denkt een tijdje na, vraagt dan):* 'Is Jezus God?'
Ik (Ali): 'Hij is God en een mens geweest en met hem de Heilige Geest. Drie personen in één...'
Priester *(verbouwereerd):* 'Ja, dat is goed, het antwoord is goed. Op zich is het antwoord goed.'
Ik (Ali) *geef het niet op:* 'Christus zegt, hij houdt van alle mensen, ook van mensen die niet bij kerk zijn. Ook van vijanden moeten christenen houden, zij alleen niet doen met Turken... Ik zeg dat Christus is voor de vervolgden. De Koerden bij ons komen in gevangenis net als vroeger de christenen, omdat ze zeggen dat ze hebben eigen cultuur en Christus ook voor Koerden is.'
Priester *(afgemeten, staat stijf en formeel op):* 'Goed, goed, we moeten het gesprek nu afbreken. Wilt u zo vriendelijk zijn om naar de wachtkamer terug te gaan...? Mijn secretaresse zal u dan uitgeleide doen...'

De 'hogepriester' smijt mij er op gedistingeerde, aristocratische wijze uit, heel anders dan de ongelikte beer van het eerste gesprek. Ook hier is Ali niet gewenst. Hoewel hij beslist een uitzondering is (er is praktisch geen enkele Turk die tot het katholieke geloof wil overgaan — geen wonder ook bij de openlijke en bedekte vijandigheden en de vernederingen die de dienaren Gods hun aandoen), wil men hem op geen enkele voorwaarde in de gemeenschap van de zelfgenoegzame christenen van de bureaucratische kerk toelaten. Het is al erg genoeg dat we hen op onze scholen, op de stations en in de voorsteden moeten dulden. Onze kerken, al zijn ze nog zo leeg, moeten verschoond blijven van Turken.

De volgende pastoor die Ali opzoekt, heeft iedere verdieping van de pastorie van een aantal autospiegels voorzien. Er is een tiental ramen en naast ieder raam is een spiegel gemonteerd, waarin de bezoeker bij de ingang van tevoren gemonsterd kan worden.
Omdat de deur niet wordt open gedaan nadat hij gebeld heeft, probeert Ali het een half uur later nog een keer. Daarbij klemt hij zich, na gebeld te hebben, meteen aan de huisdeur vast zodat hij in de dode hoek van de spiegel niet te zien is.
De deur gaat open en op de eerste etage heeft de pastoor zich verschanst, een man van middelbare leeftijd. Ongeïnteresseerd, zonder enige emotie hoort hij Ali's verzoek aan maar vraagt hem niet binnen te komen.
PASTOOR: 'Dat is een idee-fixe. Wie heeft u eigenlijk op het idee gebracht?!'
IK (ALI) *(in de stijl van heiligenverhalen voor kinderen):* 'Christus heeft mij geroepen. Ik wil hem volgen.'
PASTOOR: 'U probeert alleen maar uw werkelijke bedoeling te verdoezelen, om gemakkelijker een verblijfsvergunning te krijgen. Geef toe dat u uit politieke overwegingen om opname in onze kerk verzoekt. U jaagt alleen uw persoonlijk voordeel na.'
IK (ALI): 'Christus helpt ook politiek vervolgden.'
PASTOOR: 'Als u zich verzet tegen de wet wordt u overal vervolgd. Dat is ook in Duitsland zo.'
IK (ALI): 'Turkije niet democratie, Turkije dictatuur.'
PASTOOR: 'Dat zijn toch alleen maar loze kreten. Ieder volk heeft de staatsvorm die het verdient. Er zijn volken die nog niet rijp zijn voor de parlementaire democratie.' *(Hij denkt na).* 'Wat wilt u eigenlijk. U heeft in Turkije toch een gekozen parlement.'
IK (ALI): 'Door militair ingesteld, marionet. Democratische partijen verboden en vervolgd.'
PASTOOR *(politiseert verder):* 'Dat was niet zonder reden, alleen op die manier kon paal en perk worden gesteld aan de openlijke terreur en de opstand.'
IK (ALI): 'Politie en militair maken terreur en folteren politiek gevangenen.'
PRIESTER: 'Geeft u maar toe dat u communist bent en ons als dekmantel wilt gebruiken... Wij beoefenen zielzorg in de gevangenissen en staan de grootste zondaar bij, als hij maar berouw heeft. Maar voor gewetenloze elementen hebben wij geen plaats... Gaat u liever

terug naar waar u vandaan komt!'
Ik kijk hem verbijsterd aan.
PASTOOR *(bindt in):* 'Mocht ik mij vergist hebben in u dan kunt u na Pasen nog eens contact met mij opnemen. Ik zal dan alle tijd nemen om u wat nader aan de tand te voelen en uw houding tegenover Christus zorgvuldig na te gaan.'
ALI *neemt het voor kennisgeving aan. Hij heeft er genoeg van. Nóg een gesprek lijkt hem zinloos. Bovendien lijkt hem wel duidelijk hoe deze pastoor het christendom opvat.* 'Groeten aan Heer Christus, als u hem ziet,' *zegt* ALI *ten afscheid. Dan bezint hij zich en zegt meer tegen zichzelf:* 'Nee, die is hier al lang dood.' *Hij laat de pastoor verward achter en loopt, zijn lievelingslied fluitend, de trap af:* 'Grote God, wij loven u...'

Toch geeft Ali het nog niet op. Ergens moet toch een priester te vinden zijn die zijn taak als christen serieus neemt en het vanzelfsprekend acht om snel en niet bureaucratisch het doopsel toe te dienen. Niet uit gemakzucht, maar omdat hij geen vooroordelen en geen sluimerende haat tegen vreemdelingen kent.
Maar ook de volgende twee priesters die Ali opzoekt, zien de urgentie van de noodsituatie waarin hij verkeert, niet in. Een nog jonge kapelaan poeiert hem af met de woorden: 'We hebben geen behoefte aan mensen die katholiek willen worden omdat anderen dat willen of omdat het toevallig gunstig uitkomt. We zijn hier geen verzekeringsmaatschappij, weet u.'
Een andere, al wat oudere priester die als zieleherder van de hoogste maatschappelijke milieus in een paleis van een pastorie resideert, laat Ali het 'Onze Vader' en het 'Wees Gegroet Maria' voorbidden en vraagt hem ook nog een kerkelijk lied te zingen. Ali kiest voor een lied van Christof von Schmid: '...Heen ging hij om te sterven, met liefde in zijn hart, het heil ons te verwerven, tot eigen dood en smart...', om tenslotte toch nog afgewezen te worden.
Hij brengt mij bovendien nog in verlegenheid als hij wil weten wat misdienaar in het Turks is. 'Gurul, gurul,' verzin ik gauw. Diep onder de indruk herhaalt hij: 'Gurul, gurul.'

PASTOOR: 'Waar woont u?'
ALI *geeft een adres op en zegt erbij:* 'In kelder bij familie Sonne. Mag niemand weten, want ze mogen kelder niet verhuren: geen ramen en

niet droog.'
PASTOOR: 'Hebt u zich eigenlijk bij de politie gemeld?'
IK (ALI) *(aarzelend):* 'Nee, wil familie Sonne niet. Mensen verhuren geen echt woning aan Turk.'
PASTOOR *(streng):* 'Dan kan ik u onder geen beding in de lessen opnemen. Zorgt u eerst maar voor een reglementair bewijs van aanmelding. En dan zal de voorbereiding nog minstens een jaar duren. U zult zelf wel merken dat het onderwijs goed voor u is. Daardoor raak je werkelijk thuis in het christelijke geloof en weet je dat je er echt bij hoort.'
IK (ALI) *(bezwaar makend):* 'Wat helpt, als ik dan al ben in gevangenis in Turkije.'
PASTOOR *(dat laat hem koud):* 'Dat zijn secundaire, politieke redenen die ons niet mogen beïnvloeden bij onze beslissingen.'
ALI *wil het al opgeven, maar dan schiet hem een woord uit de bijbel te binnen:* 'Het is gemakkelijker, dat een kameel gaat door het oog van een naald dan een rijke het Koninkrijk Gods binnengaat.' *En hij vindt dat dit net zo goed op katholieke priesters van toepassing is.*

Tot nu toe heeft Ali willekeurige pastorieën uitgezocht: in de ruime omgeving van zijn woonplaats en waar hij van vroeger de weg nog kende. Dit keer rijdt hij ongeveer 100 kilometer verder het land in en stopt op een plaats waar kerk en dorp uiterst armoedig en sjofel op hem overkomen. Dan stevent hij op de pastorie af. Een jonge man opent de deur.

IK (ALI): 'Kan ik pastoor spreken?'
'Ja, dat ben ik,' *zegt de jongeman in burgerkleren en met open hemd. Het is de eerste keer dat Ali een katholieke geestelijke niet in het uniform van de kerk ziet. De jonge man nodigt hem binnen in zijn kantoor. Ali begint zijn probleem uit te leggen. Nog vóór hij klaar is met zijn verhaal, valt de* PRIESTER *hem in de rede:* 'Dat begrijp ik heel goed. En nu vraagt u mij om het doopsel?'
IK (ALI): 'Ja.'
PRIESTER: 'Vanzelfsprekend. Dat komt in orde, in de komende dagen. Dan bent u katholiek en schrijf ik een doopbewijs voor u uit. In orde!' *Zonder te 'maren', zonder voorafgaande raadpleging van de bisschop, zonder kwezelachtige, schijnheilige, zogenaamd christelijke ondervraging ziet hij de ernst van de situatie in, weet wat er voor Ali*

op het spel staat en handelt spontaan vanuit zijn christelijke overtuiging. 'Vóór die tijd moeten we nog een gesprek voeren,' *zegt hij,* 'en dan bent u in ieder geval lid van onze parochie. Mettertijd kunnen we elkaar dan wat beter leren kennen. Mochten er dan toch nog problemen zijn met de vreemdelingenpolitie, dan kunt u op mij rekenen. Dat komt allemaal wel in orde,' *spreekt hij mij moed in.* 'U heeft dan tenminste geen problemen.'

Ik bedank hem vriendelijk. Het valt mij op dat de jonge priester, die er helemaal niet als een ambtenaar van de kerk uitziet, met een licht slavisch accent praat. Later hoor ik dat hij pas vier jaar geleden Polen heeft verlaten. Misschien kwam het door zijn eigen achtergrond dat hij zich met een vervolgde buitenlander kon vereenzelvigen of zich op z'n minst in diens situatie kon inleven. Misschien ook heeft hij in zijn vaderland aan den lijve ondervonden wat vervolging betekent. In ieder geval heeft hij niet geleefd en gewerkt onder een tot vadsige, zelfgenoegzame ambtenarij vervallen kerk. Misschien ook heeft hij zijn inlevingsvermogen pas bij ons, in het 'vrije gedeelte van Duitsland' gekregen omdat hij hier zelf als een niet welkome buitenlander behandeld werd?
Hoe het ook zij, ik geef er de voorkeur aan ook hem anoniem te laten, omdat ik bang ben dat door het openbaar maken van zijn echt menselijk en christelijk handelen zijn superieuren dit wel eens als een zwaar dienstvergrijp zouden kunnen opvatten.

Per toeval heb ik gehoord dat het sacrement van het doopsel in andere gevallen heel royaal en op niet bureaucratische wijze kan worden toegediend. Als een 'goddeloze' niet-katholiek op de nominatie staat om rector van een door de katholieke kerk geleid gymnasium te worden en er overeenstemming is bereikt over de kandidaat, vindt binnen een paar dagen de voor diens carrière zo belangrijke opname in de katholieke kerk plaats.
Ditzelfde gebeurt, eveneens zonder dooponderricht en zonder toetsing van zijn bijbelvastheid, als een kandidaat voor de directie van een katholiek ziekenhuis niet gedoopt is. Binnen drie dagen kon er dan razendsnel gedoopt worden, tegen een kleine vergoeding, een vrijwillige gift aan de kerk.
Misschien zal men mij (Ali) verwijten dat ik de protestantse geestelijken gespaard heb. Dat heeft waarschijnlijk te maken met mijn

achtergrond: als kind van vijf werd ik namelijk (onnodig) gedwongen een uiterst pijnlijke, katholieke doopceremonie aan mij te laten voltrekken.
Dat kwam doordat mijn vader met een bloedvergiftiging in een katholiek ziekenhuis lag. Men had hem al opgegeven en sinds drie weken naar een piepkleine, zogenaamde sterfkamer overgebracht. Het verplegend personeel (nonnen) bestookte hem voortdurend dat hij, die toch gedoopt was, zwaar gezondigd had tegen Onze Lieve Heer omdat hij niet katholiek was getrouwd en mij, zijn enige zoon, protestants had laten dopen. Met de dood voor ogen liet mijn vader toe dat dit alles alsnog plaats vond. In het piepkleine kamertje werd de huwelijksritus voltrokken en werd ik voor de tweede keer gedoopt, dit keer katholiek. Nog steeds voel ik het verkrampte en huichelachtige van die situatie. Ze hingen me een doopkleed om, drukten me een kaars in de hand en een Trappist verklaarde dat ik in het vervolg Johannes heette. Ik protesteerde nog en legde uit dat ik Günter heette, maar de ceremonie ging zonder onderbreking gewoon door. Ook volgens de katholieke grondbeginselen was deze handeling totaal overbodig, want éénmaal gedoopt, blijft gedoopt.
Mijn vader werd overigens een paar weken na deze vertoning weer beter. De nonnen in het ziekenhuis spraken van een wonder, vanwege het 'daadwerkelijke berouw' van mijn vader. Maar ze verzwegen dat de chefarts van het ziekenhuis bij de Amerikaanse bezettingsautoriteiten had kunnen bewerkstelligen dat mijn vader als één van de eerste patiënten in Keulen (met succes) penicilline kreeg toegediend.
Zo gebeurde het dat ik katholiek werd.

'De guru van de rijke man'

Omdat ze er altijd zo opgewekt en vredelievend uitzien en met hun houten medaillon op hun rode kleding zorgeloos als kinderen overkomen, maakt Ali nog een 'uitstapje' naar de volgelingen van Bhagwan. Het is een nieuwe beweging die pretendeert een wereldreligie te zijn, waarin nieuwe vormen van samenleven en samenwerken beproefd worden en seksualiteit niet (zoals in de meeste andere godsdiensten) verdrongen en taboe verklaard wordt of verkommerd raakt omdat voortplanting het enige doel is; waar seksualiteit speels, ongecompliceerd en ongedwongen is en niet met één enkele partner hoeft te

worden beleefd. Ali verwacht dat ze hier geen vooroordelen tegen buitenlanders hebben. Zijn vriend en collega Abdullah gaat met hem mee.
Abdullah, die in tegenstelling tot Ali van het begin af aan geen ijdele hoop en illusie koesterde tegenover de bureaucratie van het christendom, is dit keer meteen van de partij en wil ook proberen bij de Bhagwan opgenomen te worden.
Er bevindt zich een aanloopcentrum in de Lütticherstrasse, één van de betere wijken en tamelijk centraal gelegen. De afdeling beheer van de 'Rajneesh onroerend goed Koch & Partner V.o.f.' bezit hier talrijke huizen. De ontvangkamer is ingericht met kostbaar, smaakvol meubilair in lichte kleuren. Niet muf of kitscherig zoals je meestal aantreft bij sektes.
Als we binnenkomen, zijn net twee sanyassins aan het telefoneren. Ze kijken langs ons heen, zó zeer zijn ze in beslag genomen door hun telefoontje. Zo te horen gaat het niet om bekeringswerk of geloofskwesties. Eén van hen geeft omzetcijfers door en verdedigt zich een paar maal, waarschijnlijk omdat de doorgegeven bedragen onder de streefcijfers liggen.
De ander lijkt zijn gesprekspartner een spoedcursus in vermogensbelegging te geven. Er wordt gesproken over 'schenking met antidatering' en over 'strikt legale vermijding van de successierechten'. Verder over 'een gouden tip, rechtstreeks uit Amerika om binnen een half jaar alle dollars te verkopen en over te gaan op goud!'
De twee sanyassins komen over als jonge managers of beter nog als beursmakelaars van het soepele, vlotte soort dat beslist niet verbeten maar wél keihard de zaken aanpakt. Ze laten ons meer dan tien minuten wachten tot één van de twee klaar is met het doorgeven van de omzetcijfers.

Hij *(doet alsof hij ons nu pas ziet):* 'Zeg het maar.'
Ik (Ali): 'Wil lid worden.'
Hij *(neemt ons minachtend op):* 'Lid worden? Dat is niet zo eenvoudig.' *En op afwachtende toon:* 'Zoeken jullie werk of een woning.'
Ik (Ali): 'Als gaat, ja. Maar niet alleen om geld. Niet meer zo alleen zijn. Willen zo echt samenleven.'
Hij: 'Dat kan wel een tijdje duren. Dat zal bij jullie, denk ik, behoorlijk veel tijd vergen.'
Ik (Ali): 'Hoe lang?'

HIJ *(wil daarover geen uitspraak doen):* 'Dat is heel verschillend. We hebben geen vaste regels. Het hangt er van af hoeveel ervaring iemand met Bhagwan heeft en hoe groot zijn verlangen is om bij Bhagwan te horen.'
IK (ALI): 'Heel, heel groot verlangen.'
HIJ *(wantrouwend):* 'Waarom heb je zoveel haast?'
IK (ALI): 'Ik wil alles achter me laten, moet anders naar Turkije en in gevangenis.' *Ik vertel het verhaal van de politieke vervolging. Hoewel hij jong is en niet dogmatisch en, zoals hij zelf denkt, op het juiste pad van de openbaring, reageert hij uiterst paaps:* 'Als ik het goed begrijp, wil je hieruit een slaatje slaan, hoop je hiermee iets te bereiken dat met je beroep of met je politieke status te maken heeft. Klopt dat?'
IK (ALI): 'Nee, willen alleen hier blijven en erbij horen.'
HIJ: 'Hoe zit het nu? Wil je bij Bhagwan komen omdat je hier wilt blijven?'
IK (ALI): 'Ook.'
HIJ: 'Dat is geen reden. Dan nemen wij je zeker niet aan.'
IK (ALI): 'Nee, is ook voor samenleven. Dat niet iedereen geld maakt voor zich maar in commuun. Vrouwen ook niet voor één, maar allemaal samen.'
HIJ: 'Ik denk dat je beter kunt blijven waar je thuishoort. De weg naar ons is voor jou te lang.'

Ik heb het weer helemaal verbruid. In het begin was het wilde leven in communes als een soort lokaas bedoeld om allerlei gefrustreerde lieden overal ter wereld uit de middelste en hogere lagen van de maatschappij voor de Bhagwanbeweging te strikken. Intussen predikt de grote meester, zelf geplaagd door hernia en waarschijnlijk ook uit angst voor aids, een leven van meer onthouding en de beperking tot één enkele partner. Het nieuwe parool is niet meer groepsseks maar een ander ijskoud en gelikt lustobject: luxe terwille van de luxe. Het nagestreefde doel: dagelijks een andere Rolls Royce, 365 verschillende wagens per jaar, prijs per stuk 300.000 mark. En niet eens voor zijn aanhangers maar uitsluitend voor hemzelf, uit pure grootheidswaanzin.
Voor die mini Bhagwan was mijn voorstel te onbeschaamd aanmatigend. Met bepaalde linkse, half bekeerde guru's (denk aan Bahro) kun je nog wat betreft de commune gemene zaak maken, maar als

een Turkse armoedzaaier komt binnenlopen, komt ineens het hele stelsel van vooroordelen van wat vroeger het 'Herren'ras werd genoemd, te voorschijn, ondanks eventuele linkse invloeden.

Een nieuw gesprek in het Bhagwancentrum in de Venloerstrasse, bij de Friesenplatz. Bij de receptie staan twee vrouwen en een jonge man. De vrouwen beginnen te smoezen en te giechelen als ze de twee Turkse kandidaten zien binnenkomen. Als we vóór hen staan, doen ze eerst net alsof ze ons niet zien en bladeren in een paar dossiers. Dus kijken we wat rond.
In een tamelijk grote ruimte zitten en staan ongeveer 30 Bhagwanaanhangers die gefascineerd naar de televisie staren. Maar het is geen voetbal en ook geen wedstrijd van Boris Becker. Op de video is een film van de grote meester uit Oregon te zien. Hij wordt omringd door een enthousiaste menigte aanhangers die hem staande een ovatie brengen. Hij zelf wordt stapvoets in zijn Rolls Royce rondgereden. Het raam is opengedraaid en met een zuinig gebaar en een idioot ijdele uitdrukking op z'n gezicht wuift hij minzaam zijn fans toe.
Het geheel wordt opgeluisterd met vrolijke, trage meedein-muziek en op hetzelfde luchtig ontspannen ritme als de aanhangers in Oregon heupwiegen de sanyassins in Keulen mee, terwijl sommigen op de maat in de handen klappen. Er wordt geen woord gesproken.
Om hen niet te storen bij hun meditatie, begeven we ons weer naar de balie bij de receptie om ons aan te melden. Nadat ze ons een tijdje hebben laten staan (schijnbaar hebben ze ons niet gezien, maar vanuit de ooghoeken hielden ze ons duidelijk in de gaten!), komt de ongeveer dertigjarige man op ons toe. Abdullah trommelt al een tijdje nerveus met z'n vingers op de balie.

Als ik (Ali) mijn probleem heb voorgelegd, volgt het luchtig anti-autoritaire weerwoord: 'Nee, zo werkt het niet. We zijn geen vereniging waar je lid van kunt zijn. Eerst moet je beginnen met mediteren. Dat heeft tijd nodig. Het kost per dynamische 5 mark.' *(Hij bedoelt per uur)* 'Als je lang genoeg gemediteerd hebt, heb je daarna eerst een gesprek met de coördinatrice van het centrum over een sanyasnaam.'
Ik (Ali): 'Wat is dat?'
Hij *(kortaf, raadselachtig):* 'Dat is wat wij hier doen.'
Ik (Ali): 'Wij Turken altijd veel alleen, willen liever met Duitsers

De in Amerika wonende Indiase leider van de sekte, Shree Rajneesh, heeft zijn lange stilzwijgen tegenover de buitenwereld verbroken en in een interview met de televisiemaatschappij ABC in juli 1985 verklaard dat hij de 'guru van de rijken' is en het voornaamste doel van de beweging 'verrijking' is. 'Alle andere godsdiensten bekommeren zich om de armen,' antwoordde de Bhagwan op de vraag waarom hij zijn aanzienlijke vermogen niet gebruikt om de maatschappelijke armoede te bestrijden maar liever in zijn wagenpark van Rolls Royces steekt. 'Bemoeit u zich er alstublieft niet mee als ik mij om de rijken bekommer.'
Alleen al in Duitsland verdienen een tiental discotheken, een keten van vegetarische restaurants, kiosken en aannemersbedrijven geld voor de Bhagwan.

en ander volken in commuun leven.'
HIJ *(afwijzend):* 'Tja, je kunt zelf echt niet beoordelen wat goed voor je is. Dat bepalen later anderen voor jou. Eerst moet je het gevoel voor de andere dingen krijgen...'
IK (ALI): 'Maar ik heb gevoel...'
HIJ: 'Jij hebt geen enkel criterium om daarover een oordeel te kunnen vellen.'
IK (ALI): 'De baas, de Bhag, is toch ook buitenlander.'
HIJ *(op zijn tenen getrapt):* 'Bhagwan is onze meester uit India.'
IK (ALI): 'Dan ook veel mensen uit India erbij.'
HIJ *(denkt na):* 'Nee, eigenlijk niet. Meer Duitsers en Amerikanen.'
(Er zijn geen Indiase Bhagwanaanhangers. Binnen zijn eigen cultuur geldt hij als een charlatan. Tot nu toe is India voor hem fysiek en geestelijk een dood land.)
IK (ALI): 'Waar woont hij?'
HIJ: 'Hij woont nu in Amerika. Je kunt naar Amerika om hem te bezoeken.'
*Regelmatig gaan massa's aanhangers per chartervlucht naar de Verenigde Staten (*3.000 *mark voor* 10 *dagen in de kas van Bhagwan) om daar ook nog onbetaald, hard werk op het land te verrichten, wat ze 'worshippen' noemen.*

IK (ALI): 'Ik weet dat Duitsers bij jullie samenwonen in commuun. Waarom kunnen jullie geen Turken nemen?'
HIJ: 'Het gaat er niet om dat we samenleven. Het gaat ons er om dat Bhagwan onze geestelijke meester is. Dat is het belangrijkste. De rest is niet belangrijk. Je kunt bijvoorbeeld alleen wonen en buiten

SPIEGEL: 'U verkondigt het egoïsme...'
BHAGWAN: 'Ja, omdat men van nature egoïst is. Dat is geen kwestie van goed of kwaad. De bekwaamste overleeft. Aan hém is de macht. En wie de macht heeft, heeft gelijk. Als Duitser zou u dat moeten begrijpen.'
SPIEGEL: 'U bedoelt Hitler, met wie u zich geestelijk nauw verwant voelt.'
BHAGWAN: 'Ik houd van die man. Hij was gek. Maar ik ben nog veel gekker.'
SPIEGEL: 'U heeft gezegd dat Hitler het werktuig van hogere machten was en daardoor tot op zekere hoogte kon zegevieren.'
BHAGWAN: 'Hij heeft niet naar zijn generaals maar naar zijn astrologen geluisterd en toch heeft hij vijf jaar lang steeds weer de overwinning behaald.'
SPIEGEL: 'Laten we Hitler als veldheer er even buiten laten. Wat vindt u moreel en politiek gezien van die man?'
BHAGWAN: 'Hij was even moreel als Mahatma Ghandi.'
SPIEGEL: 'U wilt Hitler toch niet met Mahatma Ghandi vergelijken?'
BHAGWAN: 'Hitler was van nature een hindoe, meer nog dan Ghandi. Hij was een heilige... Ik ben totaal onaantastbaar. Ik zal iedereen aanvallen en niemand zal mij kunnen aanvallen. Dat is de simpele waarheid.'
Spiegel, nr. 32 (augustus 1985)

de groep werk hebben en één keer per jaar mag je dan naar Oregon. Degenen die in commune leven, moeten bij elkaar passen en dat van te voren duidelijk hebben laten blijken.'
IK (ALI): 'Ons probleem: dat we geen werk en niks woning hebben. Erbij horen is goed. Heb ook heel weinig geld nodig.'
HIJ: 'Maar zo werkt het hier niet. Dat je geen woning of geen geld hebt, is nog geen reden. Je moet gewoon met Bhagwan willen zijn. Dat is een heel andere reden, begrijp je? Dat komt uit een heel andere hoek dan wat jij zegt. Ik zou bijna willen zeggen: we passen niet zo goed bij elkaar.'

Eeuwige rust

Ook al hebben de dienaren Gods hem (op één uitzondering na) afgepoeierd en afgewezen en hebben de monomanen van de Bhagwansekte hem schoolmeesterachtig behandeld en belachelijk gemaakt, toch wil Ali ergens bijhoren en ergens aangenomen worden. Aangezien hij bij de levenden voortdurend op misnoegen stuit en door hen wordt 'doodgezwegen' (het niet aangesproken en niet geaccepteerd worden kunnen een mens psychisch doden, zoals in de betekenis van deze woorden zelf al besloten ligt), beproeft Ali zijn geluk nu maar meteen bij de doden. Zover is het nu. Hoe luidt ook al weer de uitdrukking? 'Van de doden niets dan goeds'.

Om zich voor te bereiden op zijn reis naar het dodenrijk, trekt Ali zijn donkere, zondagse pak aan. Om te onderstrepen dat het niet lang meer met hem zal duren, leent hij een rolstoel. Een buurman, een Duitser, is bij wijze van uitzondering zo vriendelijk om hem naar de grootste en bekendste begrafenisonderneming te rijden, hét uitvaartcentrum in de binnenstad.

Ali heeft zich niet aangemeld. Hij wordt in zijn rolstoel naar binnen geduwd en door de eigenares van de begrafenisonderneming, een op het eerste gezicht niet onsympathieke, kordaat optredende vrouw van tegen de veertig, ontvangen. Ali doet zijn probleem uit de doeken. Door het werk in de asbest verwerkende industrie (Jurid-Werke) heeft hij longkanker gekregen. De arts heeft hem meegedeeld dat hij nog maar twee maanden te leven heeft. Daarom is hij nu hier, om zijn eigen kist en het transport naar Turkije te bespreken.

Hoewel ik (Ali) er niet bepaald doodziek uitzie, wordt geen woord vuil gemaakt over de oorzaak van de ziekte of over de mogelijkheden op medisch gebied. Geen wóórd van medeleven.

BEGRAFENISONDERNEEMSTER *(komt snel ter zake):* 'Bij het transport per vliegtuig speelt ook uw gewicht een rol. De doodkist moet weer in een transportkist en dat alles bij elkaar wordt gewogen. De prijs is afhankelijk van het gewicht en van de bestemming van de reis...'

IK (ALI): 'Is heel ver in Turkije, Kasgarberg bij Russische grens.'

BEGRAFENISONDERNEEMSTER: 'Dan speelt ook nog een rol of het transport per auto of per vliegtuig gaat. Want we moeten u naar het vliegveld brengen en u daar in Turkije ook weer afhalen. Anders staat u daar op het vliegveld. Als we helemaal per auto gaan, kunnen we meteen doorrijden naar de plaats waar u begraven wordt... Hoe staat u eigenlijk bij het ziekenfonds te boek?'

IK (ALI): 'Normaal.'

BEGRAFENISONDERNEEMSTER: 'Als werknemer of als uitkeringsgerechtigde?'

IK (ALI): 'Ziek zijn meer dan jaar.'

BEGRAFENISONDERNEEMSTER: 'Heeft u de afgelopen tijd nog gewerkt, vóórdat u ziek werd?'

IK (ALI): 'Ja, in asbestfabriek, kreeg geen masker...'

Begrafenisonderneemster *(valt mij zonder aarzeling in de rede):* 'Dat heeft hier niets mee te maken. De vraag is alleen of u per auto of per vliegtuig naar Turkije wilt. Per vliegtuig is het, zoals ik al zei, een kwestie van gewicht.'
Ik (Ali): 'Ik niet zwaar. En dokter zegt: over twee maanden dood, licht als een kind. Want ik steeds weiniger weeg.'
Begrafenisonderneemster: 'Ja, maar de lengte blijft hetzelfde. Of niet soms? Bij een kind is het niet zo veel omdat de kist dan ook kleiner is. Maar de doodkist moet ook nog een keer in een transportkist, om te voorkomen dat de passagiers en de bezoekers van het vliegveld meteen zien dat er een lijk wordt vervoerd.'
Ik (Ali): 'En als ik niet in doodskist? Maar met vuur?'
Begrafenisonderneemster: 'Cremeren? De as wordt dan hier in een urn gedaan die per post verstuurd kan worden.'
Ik (Ali): 'Dat kost dan weiniger geld?'
Begrafenisonderneemster: 'Dat kost veel minder omdat het transport wegvalt. Als wij u hier cremeren, dan kost u dat alles bij elkaar ongeveer twee en een half duizend mark, plus de verzending per post. Maar dat zijn alleen maar portokosten.'
Ik (Ali): 'Kan broer niet meenemen in plastic zak?'
Begrafenisonderneemster: 'Nee, dat gaat niet. We geven de as niet zo maar af. De plaats waar u wordt bijgezet, vandaar moet eerst een verzoek worden ingediend. Het komt er op neer dat vanuit uw geboorteplaats, waar de urn wordt bijgezet, een vergunning wordt gestuurd naar het crematorium hier dat de urn in Turkije mag worden bijgezet. Pas na ontvangst van dat papier wordt de urn naar Turkije gestuurd.'
Ik (Ali): 'Daar niets aan te doen? Onder hand? Beetje geld?'
Begrafenisonderneemster: 'Nee, onmogelijk. De as kan niet aan particulieren worden meegegeven.' *De dame is zakelijk en bepaalt zich enkel tot de zaak.*
Ik (Ali): 'Wat mooier, vuurdoos of grote kist?'
Begrafenisonderneemster *(stelt zich verbazend snel in op de taalkundige onbeholpenheid van Ali en vestigt diens aandacht op het feit dat een begrafenis in een doodkist veel mooier is — en vanwege de transportkisten natuurlijk veel duurder):* 'U bedoelt een urn of een kist? Als u het mij vraagt, dan heeft u meer aan een kist. Dat is toch echt iets heel anders. Mag ík dat doen?' *vraagt ze aan mijn Duitse begeleider en ze duwt zelf de rolstoel verder om in het magazijn de*

maat van de kist op te nemen. De schuifdeur gaat zwaar en kraakt of er een grafkelder wordt geopend. Uit een zijvertrek is het gezaag van een timmerman te horen die doodkisten op maat zaagt. 'U kunt het beste eens zelf rondkijken wat u het meeste bevalt. Smaken verschillen nu eenmaal.' *Het ontbreekt er nog maar aan dat ze voorstelt:* 'Probeert u rustig in welke kist u zich het meest op uw gemak voelt.' 'Dit is een standaarduitvoering,' *ze klopt op een eenvoudige eikenhouten kist.* 'Maar als u een meer gedegen en stabielere kist prefereert, wat denkt u dan van deze?' *De nogal harde toon waarop ze spreekt, krijgt een zachtere klank, alsof ze me voor mijn huwelijk een bed voor het leven wil verkopen.* 'Echt Duits eiken, geheel massief. Dit is op het ogenblik de zwaarste kist die hier staat. Geheel massief eiken,' *zegt ze met nadruk,* 'en helemaal met zijde gevoerd.'
IK (ALI) *vraag gretig:* 'Mag ik kijken!'
De begrafenisonderneemster reageert een beetje ongemakkelijk, alsof ik in een meubelzaak proef wil draaien op het echtelijke bed. 'Willy, kom eens helpen,' *roept ze haar compagnon en/of echtgenoot in de ruimte ernaast. Kordaat maar toch enigszins gedistingeerd komt Willy op ons toe.* 'Deze meneer wil naar Turkije overgebracht worden. Hij heeft nog maar twee maanden te leven en wil even de kist van binnen bekijken,' *stelt ze mij aan Willy voor. Met z'n tweeën lichten ze de zware deksel van de doodkist op. Van binnen is alles ruw hout.* IK (ALI) *breng naar voren:* 'Helemaal geen mooi stof. U toch zeggen mooi liggen op zacht stof.'
Als op heterdaad betrapt kijken ze elkaar aan.
WILLY *(met een gewichtig gezicht):* 'Hij moet nog gevoerd worden. U kunt er van op aan dat dat gebeurt. Wij nemen de volle verantwoording op ons.'
IK (ALI): 'Wat kost?'
WILLY *(kijkt in prijslijst):* '4.795 mark.'
IK (ALI) *betast het hout en klop hard tegen de kist.* 'Blijft lang goed?'
WILLY *stelt gerust:* 'Dit is eerste klas timmermanswerk. Duurt vijf of zes jaar voor de kist het begeeft.'
ALI *heeft echter nog niet gevonden wat hij zoekt. Tijdens het leven heeft hij nooit mogen kiezen... Wat betreft zijn dood wil hij in ieder geval wél de vrije keus hebben: eerste klas. De klant is immers koning.* 'Is er kist die niet zo treurig is? Met kleur en beetje vrolijk? Mijn woning, weet u, heel donker en nat van binnen. Ik wil nu mooi kist, weet u?'

WILLY *(ze kijken elkaar vragend aan maar weten hun consternatie snel te verbergen):* 'In kleur is wat moeilijk, nogal ongewoon. Maar wat dacht u van deze?'
De vrouw duwt mij in mijn rolstoel naar een glanzend gelakte, protserige kist van mahonie.
IK (ALI): 'Is die plastic?'
WILLY *verzekert snel:* 'Gegarandeerd mahonie, één van de mooiste en kostbaarste modellen.'
IK (ALI) *verlang:* 'Beetje meer snijden.'
WILLY: 'U bedoelt houtsnijwerk. Wat vindt u van deze kist? Een Frans model. Het is een speciale aanbieding. Kost maar 3.600 mark. Vroeger ver boven de 4.000 mark.'
IK (ALI): 'Komt uit Franken?'
WILLY: 'Ja, die komt uit Frankrijk.'
IK (ALI): 'Wat vind jij mooier?'
WILLY: 'Dat is een kwestie van smaak. Dit hier is iets heel anders.'
IK (ALI): 'En mensen met veel geld... wat voor kist de Duitse nemen?'
WILLY: 'Die nemen meestel typische Duitse kisten, eiken kisten en zo.'
IK (ALI): 'Wie deze nemen?'
WILLY: 'Die worden vaak genomen voor transporten naar het buitenland. Fransen en Italianen bijvoorbeeld.'
IK (ALI): 'Blijft langer goed?'
WILLY: 'Ja, maar voor Turkije hebben we ook nog een zinken kist nodig. De kist moet met zink bekleed worden...'
IK (ALI): 'Ja, ja, blik...?'
WILLY: 'De kist wordt geheel met lood bekleed, dan komt u erin en dan wordt de zaak met lood verzegeld. Dan pas komt de houten deksel er op. Anders komen we de grens niet over.'
IK (ALI): 'Wat kost?'
WILLY: 'Met loden binnenvoering en verzegeling ongeveer 6.000 mark.'
IK (ALI): 'Geen korting?'
WILLY: 'Natuurlijk kunnen we over de prijs praten, als u van tevoren betaalt en ondertekent. We kunnen u 5 procent bieden. Dan wordt het 5.700 mark. Maar alleen als u direct betaalt.'
IK (ALI) *geschrokken:* 'En als ik niet doodga, krijg geld terug?'
WILLY: 'Nee, er is geen recht van teruggave. U moet dit zien als een speciale prijs, om u tegemoet te komen. Maar u heeft toch gezegd,'

zegt hij troostend, 'tenminste als ik het goed begrepen heb, dat er bij u geen twijfel bestaat... dat het nog maar twee maanden...' *Hij begint te stotteren en durft het woord 'dood' in mijn aanwezigheid niet uit te spreken. En de pijnlijke situatie verdoezelend:* 'Tja... we moeten natuurlijk weten waar de kist heen moet. Zoals u begrijpt zullen we ook voor het transport naar Turkije iets moeten berekenen.'
IK (ALI): 'Heel hoog in bergen, vlakbij Rusland, mooie land. Jij kan vakantie maken bij mijn familie. Kost niks.'
WILLY *vertoont geen enkele emotie en gaat niet op mijn suggestie in:* 'Ik rij zelf niet mee. Wij nemen een chauffeur in dienst en dan moeten we... *(hij stokt en rekent uit)* tja, 1.30 mark per kilometer moeten we wel berekenen. Voor de heen- en terugreis.' *Hij informeert waar Kasgar ligt en komt op ongeveer* 10.000 *mark, alleen al voor het vervoer.*
IK (ALI) *breng hem in verlegenheid:* 'Als ik nu, nu ik nog leef, naar Kasgar rijden, is goedkoper? En dan pas verbranden of doodkist?!'
WILLY *(steunend):* 'Daartoe zijn wij niet bevoegd. Wij mogen u alleen accepteren met een officiële overlijdensakte. En bij een crematie moet er ook nog een onderzoek worden ingesteld door een arts van de gemeentelijke dienst voor gezondheidszorg.'
IK (ALI): 'Dood is dood, maakt niet uit.' *Ik wijs op een buitengewoon mooie, sierlijke urn die als pronkstuk is neergezet. De urn is qua vorm functioneel en niet zo'n afschuwelijke pot als normaal gebruikt wordt voor het bewaren van de as.* 'Kan ik daar in, als vuur gemaakt?'
WILLY: 'Nee, in godsnaam, dat kan echt niet. Dit is een urn van ceramiek die alleen maar ten toon gesteld wordt en niet te koop is. Het is een pronkstuk van vroeger.'

Ik (Ali) heb het begrepen. Terwijl mijn begeleider mij naar buiten rolt, wordt mij verzekerd dat de begrafenisonderneming 'contacten' heeft met het betreffende ziekenfonds en dat men onderhands wel eens zal informeren — 'zodat we weten hoeveel geld het ziekenfonds in geval van overlijden uitkeert. Dan zien we wel verder.'

Het minste werk

'Ik heb zo'n trek in McDonald's'

Veel van onze critici spelen volleerd blindemannetje. Ze nemen niet de moeite grondig vooronderzoek te doen, laat staan dat ze een blik achter de schermen van McDonald's werpen.
Wie niet kijkt wordt nu eenmaal blind voor de waarheid.
(Tekst van een paginagrote advertentie van McDonald's in 'Die Zeit' van 10 *mei* 1985.)

Sinds kort is McDonald's begonnen met een enorm offensief tegen de critici uit kringen van consumentenverenigingen en vakbonden: 'Hun aanvallen zullen ons er niet van weerhouden ook in de toekomst uit te breiden en op die manier tal van mensen die nu nog werkloos zijn, een vaste aanstelling met alle promotiemogelijkheden aan te bieden.'
Een kans voor buitenlanders en asielzoekers? Meteen eropaf, denk ik (Ali). In Duitsland zijn er al tweehonderdzeven McDonald's. Binnenkort moeten het er tweemaal zoveel worden. Ik (Ali) beproef mijn geluk in Hamburg, bij een van de grootste filialen, en word aangenomen. Nu kan bij mij (Ali) de pret niet meer op, want: *Ik heb zo'n trek in McDonald's.* Zo staat het tenminste in het welkomstprospectus. Wat zou dat betekenen?
'McDonald's is een familierestaurant, waar men goed en goedkoop kan eten. In een kraakheldere omgeving, waar men zich prettig voelt en plezier heeft — het McDonald's gevoel... Wij zijn heel blij dat u bij ons bent gekomen en wensen u veel plezier en succes in ons team!'
In zo'n vrolijk team doe ik me liever voor als jongen van zesentwintig. Als ik mijn werkelijke leeftijd (43) had opgegeven, had ik waarschijnlijk verder niets te lachen gehad.
Net als de hamburger krijg ook ik (Ali) een McDonaldverpakking: een papieren muts, een dun hemdje en een broek. Overal staat McDonald's op. Het enige dat eraan ontbreekt is dat ze ons tevoren ook

Wel bekome het u!

Dat alles naar alles smaakt, heeft ook nog andere redenen. De consumentencentrale in Hamburg velt het volgende oordeel over de produkten van McDonald's: 'De smaak ontstaat vaak door kunstmatige smaakstoffen. Om de dranken zo lang mogelijk houdbaar te maken, worden ze aangelengd met conserveringsmiddelen.' Een milkshake bevat 22% suiker, dat komt overeen met ongeveer zestien klontjes, of 40 tot 45 gram suiker. Alles wordt 'opgepept' om een smakelijke indruk te maken. Edmund Brandt, een kenner van de Amerikaanse vleesindustrie, deelt mee dat bij de vervaardiging van de vlees 'patties' niet gewoon alleen maar schouder- of nekvlees kan worden gebruikt. Dan zou de hamburger uiteen vallen. Het vlees ondergaat derhalve een speciale behandeling met 'zout en vloeibare proteïnen'. 'Als het vlees te vers is,' aldus Brandt, 'dan is het te waterig voor de pattieproduktie.' Als het te oud is, gaat de kleur achteruit: 'Dan nemen ze ijsblokjes die ze in de vleesmolen gooien, en dan krijgt het vlees weer een rode kleur.' En hoewel het op het oog een heel magere indruk maakt, bevat het vlees in de hamburger nog altijd vijfentwintig procent vet. Van het grote scala van 'fast-food'-trucs vernemen McDonald's klanten in de kostbare advertenties nooit iets. De industriële namaakmaaltijd is onvoorstelbaar handig verpakt — een soort eetbare 'Bildzeitung'. Zoals lezers van 'Bild' vaak ook zonder verdere informatie instinctief weten dat men ze wil bedriegen, zo zijn er ook bij McDonald's gasten die na een proefmaaltijd vol weerzin het restaurant verlaten.
'Fast food' is slechte voeding, die ernstige schade voor de gezondheid kan opleveren: voedseldeskundigen in de Verenigde Staten hebben bewezen dat bij kinderen die vaak in 'fast-food'-restaurants eten, verhoogde agressiviteit, slapeloosheid en angstdromen worden geconstateerd. De oorzaak: het zoete 'fast-food' breekt voorraden thiamine, die het lichaam heeft opgeslagen af, en het gevolg is een gebrek aan vitamine B1, wat schadelijk is voor het zenuwgestel.

nog onder de grill leggen. Mijn (Ali's) broek heeft geen zakken. Als ik (Ali) eens een fooi krijg, glijdt mijn zoekende hand met de geldstukken tevergeefs langs de naad van de broek, tot ik (Ali) de dubbeltjes eindelijk aflever waar de firma ze wil hebben: bij de kassa. Dit meesterwerk van de kleermaker verhindert echter ook dat je een zakdoek bij je hebt. En als je 'neus loopt', dan loopt die over de hamburger.
De manager is meteen tevreden met mij en prijst mij (Ali), om de manier waarop ik de plakken hamburger bij de grill kan keren. 'Tsjonge, dat doet u goed. Dat gaat geweldig snel. De meesten maken in het begin enorme fouten.' 'Dat komt misschien doordat ik aan sport doe,' antwoord ik (Ali). 'Wat voor sport?' 'Tafeltennis.'

De hamburger, zo'n zweterige bruinige plak met een dikte van minstens achtenennegentig millimeter en een gewicht van hondervijfenveertig, respectievelijk honderdvijfentwintig gram, danst als een plastic jeton als je hem op de grill gooit. In bevroren toestand maakt hij het geluid van een munt die op glas valt. Gebraden dan wel gegrilld geldt een 'houdbaarheidstijd' van tien minuten, maar meestal is hij al lang voordien verdwenen. Als hij een tijdje ontdooid blijft liggen, gaat hij stinken. Dus wordt hij meteen bevroren op de grill geworpen en met de bekende toevoegingen en kruiderijen tussen de beide helften van het schuimplastic-achtige witte kadetje geklemd en gekist in de styropordoos.

'Er zit zoveel gratie in het zachtgolvende silhouet van een hamburgerbroodje. Je hebt een heel bijzondere geestesgesteldheid nodig om dat te zien,' zegt de grondlegger van het bedrijf, Ray Kroc, in alle ernst.

De plaats achter de toonbank waar ik mijn werk moet doen is smal, de bodem vettig en glad, de grillplaat gloeiend heet, 180° Celsius. Veiligheidsmaatregelen ontbreken geheel. Eigenlijk zou je bij dit werk handschoenen moeten dragen, dat schrijven de veiligheidsvoorschriften tenminste voor. Maar die zijn er niet, en ze zouden het werk ook alleen maar vertragen. Daarom hebben velen die hier een tijd werken of gewerkt hebben, brandwonden of littekens van brandwonden. Een collega moest kort voor mijn tijd naar het ziekenhuis omdat hij in de waanzinnige drukte de grill rechtstreeks had vastgepakt. Ik (Ali) loop meteen de eerste avond dat ik werk brandblaren op door opspattende druppels vet.

Ik (Ali) ben zo naïef om te geloven dat mijn eerste dienst er, zoals afgesproken, opzit om half drie in de ochtend. Ik (Ali) merk dat ze over mij, de nieuweling, beginnen te praten. De manager vraagt mij (Ali) op hoge toon wat ik in mijn hoofd haal, dat ik vóór mijn tijd wegga. 'Ik heb me alleen aan de voorschriften gehouden.' Ik moest me persoonlijk bij hem afmelden, waarschuwt hij mij (Ali), en hij vraagt met dreigende ondertoon of ik buiten wel echt goed schoongemaakt heb. Omdat ik kort daarvoor al in dat dunne hemd de koude decembernacht was ingestuurd, antwoord ik (Ali) dat alles helemaal schoon was. Een uiterst nauwgezette collega merkt echter op dat er nog papier rondslingert. Het is intussen even voor drieën. De manager zegt te denken dat mij (Ali) de juiste instelling ontbreekt, dat ik (Ali) er niet met hart en ziel bij betrokken ben. Ook zou mijn gezicht er niet al te vrolijk uitzien. Ik moest niet denken dat ik niet gecontroleerd werd, ik had bijvoorbeeld vandaag vijf minuten op dezelfde plek gestaan. 'Hoezo,' antwoord ik (Ali), 'kan niet zijn, ik springen heen en weer omdat ik dit arbeid ook als sport zie.'

Nachtwerk en overwerk, zo verneem ik (Ali), worden volgens een vertrouwelijke instructie alleen in hele uren afgerekend. Dat wil zeggen: tot een half uur wordt naar beneden, méér dan een half uur naar boven afgerond. Er wordt niet gestempeld hoe laat men komt, maar wanneer men verkleed verschijnt op de plaats waar men werkt. En als men vertrekt, gaat het precies zo: eerst stempelen, dan verkleden. Zo jatten ze dubbel op tijd.

Het is vlak voor kerstmis. De drukte is enorm, op spitsuren wordt een record-omzet bereikt. Ik (Ali) krijg 7,55 mark bruto per uur voor werk dat te vergelijken is met elke vorm van lopende-bandwerk. Bovendien wordt mij (Ali) per gewerkt uur nog een mark etensgeld berekend. Na acht uur laat de manager me weten dat ik (Ali) nu rustig wat mag uitzoeken uit het McDonald's-assortiment. Als ik (Ali) naar bestek vraag, wordt het pas echt leuk. Bestek bij McDonald's,

om te gillen. Allen schateren het uit.
Mijn (Ali's) arbeidsplaats is van voren open. Zoals ik (Ali) de klanten zie, zo zien zij mij ook. Ik (Ali) heb nooit de mogelijkheid me even terug te trekken en bij die hitte bijvoorbeeld een slokje te drinken. Bovendien maakt dat braden en garneren en vooral al die mosterd een mens heel dorstig.
Eén augurk bij de hamburger, twee augurken bij de Big Mac, dan een plakje kaas en de diverse sausspuiten, vissaus, kipsaus, Big Macsaus.
Er wordt voortdurend te veel van je gevraagd omdat er steeds ergens een belletje gaat, dus moet je nog een appelflap onder de grill doen, of een Fish Mac. En met die vingers vol vis ga je meteen weer over op de volgende hamburger.

In de pauzes organiseer ik (Ali) een testmaaltijd. Als ik (Ali) kip eet, die nuggets, word ik meteen wantrouwig: het zou net zo goed vis kunnen zijn. Er zit zo'n nasmaak aan. Bij de appelflap heb ik (Ali) ook de indruk: zit daar niet weer vis bij? Pas na een tijdje ontdek ik waar dat aan ligt. In onze enorme frituurbakken zit gloeiend heet vet. 's Avonds wordt het vet uit elke bak door één filter gezeefd. Dat wil zeggen: appelflappenvet, visvet, kippevit, alles door hetzelfde filter. Voor tien bakken vet gebruiken ze één filterpapier.

Helemaal te gek wordt het als op de spitsuren rijen ontstaan voor de toonbanken. Er wordt van voren geroepen waarom het niet een beetje vlugger kan. Ik (Ali) denk dus dat het misschien goed is de hamburgers iets vroeger uit de grill te halen. De manager echter, die als enige geen kartonnen petje draagt, wijst mij (Ali) terecht: 'U hoeft hier helemaal niet te denken, dat doen de machines voor u. Dus pas eruit halen als het piept, en niet sneller willen zijn dan de machine.' Ik (Ali) doe wat hij zegt. Na precies vijf minuten komt de manager terug. 'Waarom gaat het niet sneller?' 'Zo juist men zeggen, het machine denkt, en nu ik wachten.' 'Maar de klanten, verdraaid nog aan toe, moeten die dan wachten?'
'Wie hier nou baas, u of piep-machien? Wat moet ik doen? U zeggen en ik doen.'
'U moet wachten tot de machine "piep" zegt, goed begrepen?'
'Ja, begrepen.'

Het toverwoord luidt snelle service. Als zogenaamde 'service- doelstelling' dient men te nemen dat 'niemand ooit in de rij hoeft te staan.' De filiaalmanagers beveelt men kunstgrepen aan. Het devies luidt: 'Eén minuut wachten aan de toonbank is te lang. Dat is het uiterste maximum voor iemand die in de rij staat. Kies als doelstelling dertig seconden. Snellere service in uw restaurant is een kwestie van opstelling. Concentreert u de komende dertig dagen op snelle service. Schrap "langzaam" uit uw woordenschat. Twee procent van uw omzet is afhankelijk van uw reactie. Lang leve de snelheid.' Ons filiaal staat bekend om zijn record-omzetten. Ik (Ali) mag meebeleven hoe onze manager een beker krijgt uitgereikt van de regiochef van McDonald's met de inscriptie 'Voor uitstekende rendements-prestaties.'

McDonald's heeft het in het bijzonder op kinderen voorzien. De afdeling marketing in de centrale in München constateert in een interne circulaire: 'Fast food is niet alleen een jonge markt. In Duitsland is het in de eerste plaats ook een markt van de jeugd. En laat niemand beweren dat die geen geld heeft!'
De hele inrichting is daarop afgestemd, alles bevindt zich ongeveer op kinderhoogte: deurknoppen, tafels, stoelen. Speciale instructie voor filiaalhouders van McDonald's: 'Kinderen vermenigvuldigen uw omzet!' Er zijn complete programma's om de kleintjes en daardoor natuurlijk hele gezinnen te lokken. In de eerste plaats het 'McDonald's verjaardagsfeestje.' Daar wordt de pret volledig geprogrammeerd:
'*De zeven etappes van een verjaarsfeestje:*

1ste etappe: De voorbereidingen	Tijd ca. 15 min.
2de etappe: De begroeting	Tijd ca. 10 min.
3de etappe: Bestelling noteren	Tijd ca. 5 min.
4de etappe: Bestelling herhalen	Tijd ca. 10 min.
5de etappe: Eten met pret	Tijd ca. 15 min.
6de etappe: Spelletje of bedrijf bekijken .	Tijd ca. 10 min.
7de etappe: Afscheid nemen	

Vervolgens evaluatiegegevens noteren...'
(McDonald's intern)

Na mijn werk aan frituurbak, grill en toonbank word ik (Ali) de volgende dag tot goed functionerende 'lounge-werkkracht' opgeleid: Ik (Ali) moet verpakkings- en etensresten van de tafels opruimen en schoonmaken. Hier werkt men met twee doeken, een voor het tafelblad, de andere voor het asbakje. In de haast die geboden is komt het echter vaak voor dat je de doeken niet meer uit elkaar kunt houden. Maar daar trekt niemand zich wat van aan; vaak moet je met dezelfde doek ook nog de wc's schoonmaken. Zo sluit zich de voedselketen. Ik gruw ervan. Als ik een extra doek wil hebben, vertelt men mij (Ali) op barse toon dat ik moet uitkomen met de doeken die ik heb. Op reinheid buiten voor de deur wordt echter scherp gelet. Vijftig meter rechts en links van de ingang moet voortdurend geveegd worden, want daar gooit men enorme hoeveelheden verpakkingsmateriaal weg. Dus word ik (Ali) in mijn dunne hemdje van de warmte de kou ingestuurd.

In de kantine maken we grappen over de kakkerlakken die kennelijk niet meer weg te krijgen zijn. Eerst zaten ze alleen in de kelder, nu worden ze ook in de keuken aangetroffen. Eentje is onlangs rechtstreeks op de grill gevallen. Eén keer heeft een klant een volgroeid exemplaar op zijn Big Mac gevonden. Ook in het ijs heeft al eens een kever gezeten.

Sommige jongere gasten laten hun zakje met de resterende frites voor mijn voeten vallen. De vettige aardappelstaafjes rollen over de vloer en er wordt op getrapt. Ik moet meteen gaan dweilen.

Een vrouwelijke Turkse collega heeft het bijzonder moeilijk. Ze wordt als vrouw lastig gevallen, als buitenlandse bespot, en soms gooien ze haar volle asbakken recht voor haar voeten. Een keer gooit iemand ook mij een asbak voor de voeten. Terwijl ik de scherven opveeg, hoor ik achter me de volgende al op de vloer vallen, en dan nog een en nog een. Ik (Ali) kan niet nagaan wie dat doet. In het restaurant wordt gelachen. Pret moet er wezen.

Ook in de pauze behoor ik (Ali) toe aan het bedrijf. Het is niet toegestaan buiten de deur een biertje of een kop koffie te drinken. Men zou daarmee slechte ervaringen hebben opgedaan: eentje zou eens naar een bordeel zijn gegaan.

Een jonge vrouwelijke collega vertelt me dat zij gedurende de acht uren dat ze werkte heel vaak geen pauze mocht nemen. Toen ze erom vroeg, kreeg ze slechts te horen: 'Doorwerken! Doorwerken!'

Wie naar de dokter wil, krijgt van de manager te horen: 'Dat bepaal ik, wanneer hier iemand naar de dokter gaat.'

Een keer vraag ik (Ali) of ik nu even mag pauzeren. Het antwoord weet ik al: 'Wanneer u pauze hebt, bepaal ik.'

Een bedrijfsraad is er niet.

Al zes jaar geleden adviseerde de personeelschef van McDonald's in een circulaire voor de hele Bondsrepubliek: 'Als u uit het gesprek kunt afleiden dat de kandidaat lid van een vakbond is, dan moet u het gesprek na nog een paar vragen afbreken en de kandidaat beloven dat hij binnen een paar dagen van u hoort. Natuurlijk in geen geval in dienst nemen.'
Ray Kroc, de grondlegger van het bedrijf, weet wat hij wil: 'Ik verwacht geld, zoals men licht verwacht als men het knopje omdraait.' En de Amerikaanse generaal Abrams ziet in McDonald's eigenlijk een school voor de natie: 'Voor jonge mensen is het zeer gezond om bij McDonald's te werken. McDonald's maakt efficiënte mensen van hen. Als de hamburger er niet netjes uitziet, vliegt zo iemand eruit. Dat systeem is een machinerie die rustig voor zich heen werkt, en onze legermacht zou daaraan een voorbeeld moeten nemen.'

In de mond van de leeuw

Sezer M. is een van de zeer weinige buitenlanders die erin geslaagd zijn door te dringen tot het 'management' van een McDonald's-filiaal. Zij het ook als sub-manager, een soort manusje van alles voor de eigenlijke 'baas'. Maar toch, het is hem gelukt doordat hij meer dan acht jaar lang stress, afgedwongen onderdanigheid en tal van vernederingen heeft doorstaan: 'In het begin zei de manager tegen mij: Eén ding wil ik meteen duidelijk maken, ik duld niet dat er bij McDonald's Turks wordt gesproken, en die snor, die moet er ook af. U ziet er regelrecht uit als een Turk, dat maakt toch geen goede indruk,' vertelt Sezer M. Toen de snor verdwenen was, prees de manager hem: 'Zo, nu bent u eindelijk een Duitser, en geen Turk meer!'
Na de promotie tot 'submanager' mocht Sezer M. dus niet meer verdienen, maar hij moest wel veel meer werken als zogeheten 'leidende functionaris.' Op de dag voor kerstmis 1983 gebeurde het: 'Ik moest de inkomsten van de laatste uren naar de bank brengen, maar ik werd overvallen,' vertelt Sezer M. Twee mannen schoten met traangas en rukten de geldcassette uit zijn handen. Sezer M. haalde meteen de politie erbij. De recherche verhoorde hem meer dan twaalf uur achtereen. Hij kon een nauwkeurige beschrijving van de daders geven: 'Toen ik weer in de "store" was, vroeg de manager meteen: "Heb je ze gezegd hoeveel geld erin zat?" Ik zeg: "Ja, natuurlijk." "Ben je nou gek geworden," zei hij, "dan hadden we toch een ander bedrag opgegeven, voor de verzekering!" En dat terwijl ik het bijna tot op de cent precies wist: eenenvijftighonderd mark en wat kleingeld...' Tenslotte probeerde de manager Sezer M. de overval in de schoenen te schuiven: 'Dat kon ik niet hebben. Na twee dagen heb ik toen tegen hem gezegd: "Als u zo blijft praten, neem ik ontslag. Dan laat ik mijn snor weer staan en zoek ik zelf de mensen die mij overvallen hebben. En als ik ze vind, dan bent u aan de

beurt." Toen werd hij heel kalm, want ik méénde wat ik zei, en toen heeft hij eerst niets gezegd. Ik meende het omdat het toch in zekere zin om mijn eer ging.'
Uiteindelijk werden de daders door de politie gegrepen. De stemming bij McDonald's bleef echter prikkelbaar: Sezer M. en andere buitenlandse medewerkers moesten 'langzaam maar zeker' verdwijnen. In het filiaal bij het Centraal Station, waar tachtig procent van het personeel vervangen moest worden, bekeek de verantwoordelijke regio-leider al de personeelslijst en constateerde: 'Er zitten hier naar mijn smaak te veel Turken, is dat nodig?'
Sezer M. werd slachtoffer van zijn eigen zorgvuldigheid: 'Ik moest de manager meedelen dat alles in orde was die dag, en ik moest een verslag met tweeënzeventig punten tekenen. Dat heb ik geweigerd, want ik had gemerkt dat het vet oud was, dat was niet vernieuwd. Dat moet zo om de drie dagen vernieuwd worden, maar niemand neemt het zo nauw. Ik heb het vernieuwd en daardoor is de produktie gedurende een uur gestaakt, maar anders had er brand kunnen komen.' Sinds dat voorval kreeg Sezer M. nadrukkelijk schriftelijke vermaningen van de manager, bij alle mogelijke gelegenheden: 'Ik heb geëist dat die vermaningen uit mijn personeelsakte werden verwijderd, omdat ze onrechtvaardig waren. Maar dat heeft de manager geweigerd. Toen ben ik naar de vakbond gelopen.'
De manager dreigde: 'Als je nog een keer naar de vakbond loopt, ontsla ik je. Dan moeten we misschien een schadeloosstelling betalen, maar dat kan mij niet schelen!' 'Toen heb ik begrepen wat een oud Turks spreekwoord betekent: "Het brood is in de mond van de leeuw." Voor mij was er geen ander brood, ik zei, ik moet dit volhouden. Vanaf die tijd was ik geen chef meer, alleen de kleding hield ik. Ik moest zelfs om toestemming vragen als ik naar de wc wilde, en in plaats van het kasgeld te tellen kreeg ik opdracht de vloer rondom de kassa te schrobben.' Sezer M. werd weer tot keukenhulp gedegradeerd en ten slotte ontslagen. Op het ogenblik voert Sezer M. een proces voor het arbeidsgerecht.

Op de bouw

Als ik om zes uur in de ochtend arriveer in de Franklinstrasse in de Düsseldorfse wijk Pempelfort, staan er al zes werkzoekenden voor de deur van de GBI. Ook zij hebben opdracht gekregen zich om deze tijd hier te melden, nadat ze een telefoonnummer uit een advertentie hadden gebeld. Een employé doet de deur open. Op de begane grond meteen al het kantoor: twee tegen elkaar aan geschoven bureaus, een telefoon. Geen akten, geen kasten, zelfs de bureaus maken de indruk dat ze leeggeruimd zijn. Op het prikbord een mededeling:

'Deze firma meldt haar werknemers aan volgens de voorschriften!' Niemand vraagt mij echter naar mijn werkvergunning, zelfs mijn naam hoef ik niet te noemen.
Voordat we in groepjes vervoerd worden naar de plaatsen waar we moeten werken, moeten we wachten in een aangrenzende tweekamerwoning, die als dagverblijf dient en die met het loshangende behang, de smerige ramen en de afwezigheid van een toilet ook al duidelijk maakt wat onze 'status' hier is. 'Siggi', een forsgebouwde kerel met krullend haar en een heleboel goud aan zijn vingers en om zijn nek, zoekt vier helpers 'voor een mooi hoog bouwwerk in Keulen'. Ik (Ali) meld me en word ingedeeld bij de ploeg.
Onderweg in de auto krijgen we informatie over ons uurloon en de arbeidsvoorwaarden. 'De uitvoerder wil dat jullie tien uur per dag werken,' zegt 'Siggi', 'Daarvoor betaal ik jullie dan ook negen mark — dat wil zeggen negentig mark per dag!'

'Hier bouwt men elegante flats en charmante maisonnettes met uitzicht op het park,' lees ik op het bord als we een half uur later onze bouwplaats aan de Hohenstaufenring in Keulen bereiken. Een zogenaamde ploegbaas die al een hele tijd voor de GBI op deze bouwplaats werkt, wijst ons de verkleedhokjes aan. We hebben ons net verkleed als 'Siggi' nog een keer binnenkomt. 'Ik moet jullie namen nog hebben voor de uitvoerder,' zegt hij. 'Ali,' zeg ik. Dat is voldoende.
Onze ploeg wordt overgedragen aan een uitvoerder van de firma 'Walter Thosti BOSWAU' (WTB), op vijf na het grootste bouwbedrijf van de Bondsrepubliek, naar ik later hoor. Ook de dagen daarna krijgen we onze aanwijzingen uitsluitend van deze uitvoerder en het gereedschap wordt eveneens door WTB ter beschikking gesteld. De GBI levert immers arbeiders 'sec', bezit nauwelijks eigen gereedschap en ook geen eigen bouwplaatsen.
Geen van ons heeft zijn papieren bij de GBI afgegeven, we werken zonder uitzondering 'zwart'. We zitten niet eens in het ziekenfonds. Ik vraag een van mijn collega's: 'Wat gebeuren als ongeluk?' 'Dan doen ze alsof je hier pas drie dagen werkt,' zegt hij, 'dan word je gewoon met terugwerkende kracht ingeschreven bij het fonds. In totaal hebben ze hier wel een paar honderd man, en daarvan is hoogstens de helft ingeschreven!'
In de pauzes zitten we met vijftien man dicht opeen in een keet op wielen. Misschien twaalf vierkante meter. Een timmerman die hier-

Een moderne ondernemer

Alfred Keitel (50) uit Düsseldorf is een van de ondernemers die het in de laatste jaren tot een nauwelijks overzienbaar vermogen heeft gebracht. In 1971 stichtte hij samen met een compagnon 'Keitel und Frick GmbH' en verhuurde hij als onderaannemer mensen aan bouwfirma's. Sinds 1982 is dat verboden. Kort voordien had Keitel de 'Gesellschaft für Bauausführungen und Industriemontage' (afgekort GBI) opgericht, en hij ging gewoon verder. Toen ik in de zomer van 1984 voor de GBI in Keulen werkte, zat de fiscale recherche al lang achter Keitel aan. De illegale zaken liepen echter nog prima. Uit onderzoek is gebleken dat Keitel meer dan elf miljoen mark aan omzet- en loonbelasting plus voor enkele miljoenen mark aan sociale verzekering moet hebben verduisterd. Keitel werd gearresteerd en eind 1984 tot een gevangenisstraf van viereneenhalf jaar veroordeeld. Dat hij zo'n mild vonnis kreeg had hij te danken aan een attest waarin stond dat hij leed aan een 'ziekelijke goklust'. Daarmee waren zijn vele bezoeken aan casino's bedoeld, niet het spel dat hij speelde met de vijfhonderd mensen die volgens de gegevens van de fiscale recherche tegelijkertijd geld voor hem verdienden.
Keitel neemt het nog steeds op voor zijn vak: 'Ik ken nu immers alles op dat gebied, dat is duidelijk. Alle aannemers natuurlijk, al hun praktijken... alleen omdat je eens een keer met hen hebt samengewerkt, betrek je die er niet ook nog bij.'
Maar dan doet hij het toch: 'Grote bouwprojeten, daar is er geeneen meer zonder onderaannemers. Dat zijn dan de ARGEN (Arbeitsgemeinschaften bei Grossbauten — G.W.) en die werken allemaal met koppelbazen, allemaal. Er is geen gebouw van enig formaat meer dat zonder wordt gebouwd.'
Keitel over zichzelf: 'Als ik niet verraden was, dan deed ik nu nog hele goeie zaken. Al die praktijken — dat ziet geen ministerie van Financiën, geen ziekenfonds, dat ziet geen mens, of je moet er rechtstreeks mee te maken hebben. Dat is juist het mooie bij die processen, dat niemand kan nagaan hoe de afzonderlijke firma's in elkaar grijpen. Contracten met de grote bedrijven kun je toch precies zo maken als je ze hebben wilt: Ik kan toch praktischer een uurloon afspreken dan een totaalbedrag, maar ik stel een ander contract op omdat uurloon immers verboden is. Maar wie kan dat controleren? Hoe komt het arbeidsbureau daar ooit achter? Voor de rechter kun je zeggen: Bewijst u het tegendeel maar eens!
Van buitenaf kom je helemaal niets te weten. Bij mij zou van buitenaf ook niets zijn gebeurd als mijn partner, die met mij meewerkte, als die niet was doorgeslagen. Vóór die tijd hadden we toch al de fiscale recherche en de politie gehad. Maar die konden niets beginnen.'
Keitel was ook bereid inlichtingen te verstrekken over de winstmarges: 'De werknemers, die krijgen handje-contantje, goed geld, of nou ja, niet altijd zulk goed geld, maar het belangrijkste is dat ze het contant krijgen.
De bouwbedrijven betalen per gewerkt uur tussen tweeëntwintig en drieëndertig mark. Wat de onderaannemer dan overhoudt, dat is afhankelijk van wat hij zijn mensen betaalt. Hoeveel hij er in laat schrijven. Of hij ze allemaal

laat inschrijven of maar een paar uur.
Het brutoloon voor geschoolde arbeiders ligt tegenwoordig eigenlijk bij zestien mark. Buitenlanders worden altijd uitgeknepen, die werken voor goedkoop geld, maar Duitsers niet. Duitsers kennen hun rechten, zo ongeveer. Maar buitenlanders... tien mark, acht mark... allemaal goed.'
Een klein rekensommetje levert het volgende op: Per gewerkt uur houdt Keitel tussen veertien en vijfentwintig mark over. In de bouw wordt in de regel tien uur per dag gewerkt. Dat komt ongeveer neer op honderdveertig tot tweehonderdvijftig mark per man per dag. Bij vijfhonderd man betekent dat zeventigduizend tot honderdvijfentwintigduizend mark *per dag*. Van deze inkomsten moeten de minimale vervoers- en boekhoudskosten worden afgetrokken. En de belastingen en de sociale verzekering. Of niet.

heen gestuurd is door het Keulse kantoor van de GBI zegt: 'Ik zit al dertig jaar in de bouw, maar dat de uitvoerder zegt dat ik me moet melden voordat ik ga poepen, dat heb ik nog nooit meegemaakt!'
Een paar collega's vertellen dat ze inclusief heen- en terugreis elke dag vijftien uur op de been zijn. 'Maar ze betalen je alleen de tien uur dat je hier werkt, voor de tijd dat je onderweg bent, krijg je geen cent extra.'
Een Turkse collega van een jaar of vijftig wordt door onze WTB-uitvoerder opvallend getreiterd. Hoewel hij zijn werk minstens twee keer zo snel doet als zijn Duitse collega's, scheldt onze baas hem uit voor 'komijneturk': 'Als je niet vlugger kan werken, laat ik je de volgende keer samen met het bouwpuin afvoeren!'
Vrijdags moeten we na afloop van het werk meestal een paar uur op ons loon wachten. Het geld moet eerst ergens gehaald worden. Een paar uitzendkrachten lijken te weten waar dat geld vandaan komt: 'Klose moet nu immers eerst nog naar Langenfeld rijden,' zo informeert ons een illegale Duitse arbeider in vaste dienst van de GBI, wanneer we allemaal samen in die keet zitten: 'Daar hebben ze namelijk hun bankrekening en daar haalt hij onze poen af.' Waarom het geld niet wordt opgenomen bij een bank in Keulen of Düsseldorf, weet onze collega ook: 'Die rekening in Langenfeld staat waarschijnlijk op naam van een particulier, die daar de cheques van de WTB en andere bouwbedrijven laat crediteren. In Düsseldorf zouden ze immers geen rekening meer kunnen openen, dan zou meteen de belasting komen en op alles beslag leggen.'
Twee uur moeten we, na ons werk, wachten op ons geld, en daarvoor

worden we natuurlijk niet betaald.
Niet alleen de rekeningen van de firma's blijven duister, alles gaat stiekem, onze aanwezigheid op de bouwplaats moet geheim blijven: als ze ons betalen, moeten we wel een kwitantie tekenen, maar een doorslag of een schriftelijke afrekening krijgen we niet. Zelfs de briefjes waarop de uitvoerder onze uren noteert, pakt hij na de betaling meteen weer af. Dat heeft zijn reden, want in de bouw werken met uitzendkrachten (die een uurloon krijgen) is bij de wet verboden. Om de wet te ontduiken werken onderaannemers als de GBI met schijn-arbeidsovereenkomsten, ze verrekenen officieel bijvoorbeeld 'veertig vierkante meter beton' met de bouwbedrijven, maar ontvangen geld voor veertig uur werk van uitzendkrachten (in veel gevallen beschikken de uitvoerders over geheime tabellen waarmee ze werkuren van uitzendkrachten omrekenen in vierkante meters beton of kubieke meters aarde). Om te kunnen bewijzen dat op onze bouwplaats de urenbriefjes in het geheim worden bijgehouden, leid ik (Ali) de uitvoerder op een geschikt moment af en pik ik zijn briefje in: WTB Bau AG, had de uitvoerder daarop genoteerd, dertig werkuren met data en zijn handtekening.
Als Ali voor het eerst komt werken, moet meteen duidelijk zijn waar hij thuishoort.
Bij de wc's voor de arbeiders zijn er een paar die al meer dan een week verstopt zijn. De pis komt zowat tot je enkels. 'Pak een emmer, een bezem en een dweil en ruim dat op. Maar gauw een beetje.'
Ik (Ali) vraag om de nodige gereedschappen, en moet een kwitantie tekenen. 'Drie kruisjes is voldoende,' zegt de verantwoordelijke Duitse duvelstoejager, die een naar verhouding rustig leventje leidt in zijn gereedschappencontainer.
Het stinkt beestachtig in de container met de toiletten. De pisgoot is eveneens geheel verstopt. Dit werk voel ik als een vorm van treiteren. Want zolang de oorzaak — verstopte afvoerbuizen — niet vakkundig is weggenomen, ontstaan er meteen weer overstromingen. Op de bouwplaats zijn genoeg loodgieters aan het werk. Hun werktijd is echter te kostbaar. Zij zijn hier om de luxe-badkamers van de toekomstige eigenaars te installeren.
De aannemers en de uitvoerders hebben hun eigen toiletten in een andere container. Die kunnen worden afgesloten, arbeiders mogen er niet in, en ze worden dagelijks door werksters schoongemaakt.
Ik (Ali) zeg tegen de uitvoerder dat mijn werk zinloos is en dat er

eerst loodgieterswerk moet worden gedaan. 'Jij hebt hier niks te vragen, jij moet doen wat je wordt opgedragen. Denken laat je maar over aan ezels, die hebben een grotere kop,' zegt hij onomwonden.
De Duitsers die de toiletten gebruiken terwijl ik (Ali) de pis met dweilen, sponzen en emmers verwijder, maken ook zo hun opmerkingen. Een jongere man zegt vriendelijk: 'Nu hebben we eindelijk een juffrouw van de retirade gekregen.'
Twee arbeiders van een jaar of vijfenveertig maken een praatje door de wand van de wc-hokjes: 'Wat stinkt erger dan pis en poep?' 'Werk,' antwoordt de ander. 'Nee, Turken,' weerklinkt het luid uit de eerste wc.
Er is wel een andere Duitse collega die onder het pissen informeert naar Ali's nationaliteit, en die als ik antwoord: 'Turk', blijk geeft van meegevoel: 'Dat is weer typisch, jullie laten ze onze vuiligheid opruimen. Dat zou elke Duitse bouwvakker weigeren.'
Af en toe komt de uitvoerder Hugo Leine langs om mij (Ali) te controleren. Ik bof dat hij is toegerust met een walkie-talkie, want die piept, knettert en ratelt zo hard dat je vroeg genoeg hoort dat hij eraan komt en dan dus flink doorwerkt.
'Tempo, tempissimo, amigo,' spoort hij Ali aan, en wanneer ik (Ali) hem er vriendelijk op wijs dat ik geen 'Italiano' maar 'Turk' ben, wordt hij al wat onaangenamer: 'Dan had je het werk allang klaar moeten hebben, daar weet jij toch alles van. Jullie hebben toch altijd verstopte wc's.'
Hugo Leine heeft buitenlanders al eens op staande voet ontslagen omdat ze tijdens het werk een dringend telefoongesprek voerden in de telefooncel vlak voor de bouwplaats.
De volgende dag slepen we bij temperaturen rond de dertig graden platen gasbeton naar boven, tot aan de zesde verdieping. Wij zijn goedkoper dan de bouwkraan, die naar een andere bouwplaats wordt weggevoerd. Leine let erop dat we geen extra pauze nemen. Aanstaande week wordt Ali overgeplaatst naar betonrijden. Met 'Japanners', zo heten de halfronde enorme kruiwagens, moet ik (Ali) vloeibaar beton over het terrein slepen voor het gieten van een fundering. Je armen worden zowat afgerukt, en je moet met je hele gewicht tegen de kar leunen, anders kiept hij naar voren om. De voorman Heinz — ook iemand van de GBI — vindt het erg leuk om Ali's kar altijd zo vol mogelijk te maken, dan kijkt hij toe hoe hij zich inspant om het omkieperen door balanceren nog net tegen te houden. De

Alleen al in de bouw werken naar schatting tweehonderdduizend Turken, Pakistani, Joegoslaven en Grieken illegaal. Dat betekent per jaar een verlies aan belastingen en sociale verzekeringsgelden ter hoogte van tien miljard mark. De mensenhandelaars maken vaak gebruik van politieke bescherming om hun gerechte straf te ontgaan. De wetten zijn uiterst soepel. De federale regering aarzelt deze intriges onmogelijk te maken. Alleen in het bouwvak is het gebruik van uitzendkrachten sinds 1982 verboden. De bondsstaten die door de CSU geregeerd worden weigeren deze illegale handel te erkennen als strafbaar feit. Daardoor blijft het verhuren van Duitsers en buitenlanders uit de EG (Europese Gemeenschap) juridisch slechts een overtreding.
De politie, de speurders van het arbeidsbureau en het openbaar ministerie krijgen zelfs de kleine meelopers van de bouwvakmaffia slechts zelden te pakken: 'Wij kunnen het probleem nauwelijks meer aan,' klaagt bijvoorbeeld de Keulse procureur-generaal dr. Franzheim. Alleen al in Nordrhein-Westfalen worden momenteel vierduizend processen gevoerd. Onderaannemers en koppelbazen hebben hun illegale werknemers niet betaald of hebben 'nietwerkwillige' buitenlanders door slaag en dreigementen meegaand gemaakt. Het onderzoek — bijvoorbeeld bij de recherche in Düsseldorf — strekt zich zelfs uit tot afgedwongen protectiegeld en verdenking van moord.
Het zijn niet alleen particuliere bouwondernemers die vaak via tussenhandelaars een beroep doen op de uitzendfirma's. Ook bij openbare projecten doen die volop mee. Bij de bouw van het gebouw van de Landdag in Düsseldorf zijn in 1984 verscheidene razzia's gehouden — diverse mensenhandelaars hadden daar werkkrachten naartoe gestuurd.
Bij de nieuwbouw van het arbeidsbureau in München werden bij een controle vijftig illegale arbeiders gearresteerd. Bij de politie is het tot op heden niet eens bekend dat ook voor de uitbreiding van de Bundeswehr-kazerne in Hilden uitzendkrachten zijn gebruikt, evenals voor de nieuwbouw van het ministerie van Posterijen in Bonn (Bad-Godesberg).
Omdat Christian Schwarz-Schilling, minister van Posterijen, heeft nagelaten bij het bouwcontract de nodige controles voor te schrijven, is het minstens één illegale uitzendfirma gelukt een behoorlijk graantje mee te pikken. Als de openbare instanties nauwkeuriger werkten, had deze zwendel gemakkelijk ontdekt kunnen worden. Via de Düsseldorfse mensenhandelaars 'DIMA GmbH' zijn de arbeiders verhuurd aan het op vijf na grootste Duitse bouwconcern, de WTB, die een beslissend aandeel had in de bouw van het ministerie van Posterijen. De DIMA is weer voortgekomen uit de GBI, waarvoor ik in Keulen al gewerkt had als illegale uitzendkracht.

kar wordt alsmaar zwaarder. Ik (Ali) schrijf het toe aan mijn uitputting bij die hitte. Wanneer een plank in de weg ligt en de kar een beetje hobbelt, kan ik hem niet meer tegenhouden. Hij kiept om en het beton loopt over het bouwterrein. Anderen moeten er haastig bijkomen om het weer in de 'Japanner' te scheppen, zolang het nog niet te hard is. De uitvoerder verschijnt en brult tegen mij (Ali): 'Verdomme, stinkdier dat je bent. Dat jullie niet eens tot drie kunnen tellen is nog tot daar aan toe, maar jullie horen toch op zijn minst rechtuit te kunnen kijken. Nog één keer zoiets, en je kunt terug naar Anatolië om met je vingers in het zand te roeren.'

Bij de volgende lading grijnst de voorman verlekkerd naar me; hij vult mijn kar, ondanks mijn protesten, zo tot de rand toe dat de inhoud er overheen klotst zodra ik begin te duwen. Verdomme, ondanks al mijn moeite krijg ik de kar niet in balans, bij de eerste bocht trekt hij me bijna omver en de hele inhoud kiepert opnieuw op de grond. Grote opschudding onder een paar Duitse collega's. Ze staan erbij te kijken terwijl ik (Ali) me rotwerk om de betonbrij weer in de kar te scheppen. Als een razende werk ik door, over mijn schouder kijkend of Hugo Leine er niet aankomt. Gelukkig is de uitvoerder ergens in het bouwwerk verdwenen. Een Duitse collega wijst me erop dat de band van mijn 'Japanner' lek is. Er zit een spijker in. Dat is ook de reden waarom de kar is omgekieperd. In de verte staat de voorman te grijnzen. Als ik (Ali) weer langs hem kom, constateert hij triomfantelijk: 'Jullie moeten zo langzamerhand toch merken dat jullie hier niets te zoeken hebben.' Bij de wc's betrap ik hem er later een keer op dat hij met viltstift op de muur staat te kladden: 'Weg met alle Tu...' Als ik (Ali) probeer hem ter verantwoording te roepen, spuugt hij voor me op de grond en verlaat hij het pishok zonder zijn schrijfwerk voltooid te hebben.

Een paar dagen later — ik (Ali) veeg en schep bouwpuin weg op de vijfde verdieping — val ik haast in een schacht voor de elektriciteit, die onopvallend is afgedekt met een laagje styropor. Ik bof en zak er slechts met één been in. Slechts een licht verstuikte en geschaafde enkel. Ik had mijn nek kunnen breken, want de schacht is acht meter diep. Heel toevallig komt uit een aangrenzende ruimte Heinz, de voorman, te voorschijn en zegt: 'Jij hebt toch wel verdomd veel geluk gehad. Stel je voor, als je daarin gevallen was, dan was er weer een arbeidsplaats vrij gekomen.'

Toen uit het kastje van een Duitse collega zijn aktetas met honderd mark erin werd gestolen, verdachten ze mij (Ali) ervan. 'Zeg, jij was toch onder het werk een kwartiertje weg, waar was je toen?' Een Duitser: 'Laat hem zijn portemonnaie maar open doen.' Een andere

Duitser, Alfons, ook wel Alfi genoemd, komt me te hulp: 'En als daar dan honderd mark in zit, dan zegt dat nog niks. Dat geld kan gestolen zijn door elk van deze vijftien man, of door een vreemde van buiten het bedrijf. Waarom zou het precies Ali moeten zijn?!'
Het is ook die Alfi die mij aanmoedigt beter Duits te spreken (terwijl hij me bemoedigend op mijn schouder klopt): 'Je spreek veel beter Duits dan je zelf denkt. Je moet het gewoon proberen! Je hoeft alleen maar de woorden om te draaien, dan is je Duits helemaal niet zo slecht. Je moet gewoon zeggen: "Ik ben een Turk", en niet: "Turk ik ben". Dat is toch doodeenvoudig.'
Alfi is een aantal jaren werkloos geweest en is door het arbeidsbureau in Düsseldorf in contact gebracht met de ondernemer Bastuba. Voor die firma stond hij de hele dag in koud water, voor reiniging van water en oevers. In opdracht van de bondsstaat Nordrhein-Westfalen. Pas later ontdekte hij dat Bastuba hem niet had laten inschrijven en hem illegaal in dienst had, net als zijn collega's — Joegoslavische arbeiders. Toen hij zijn chef met die feiten confronteerde, ontsloeg die hem op staande voet. Een tijdje later kreeg hij van een vriend het adres van de GBI.
Als ik (Ali) een keer in het bijzijn van collega's bij de filiaalleider van GBI Keulen, Klose, vraag naar de betekenis van de letters GBI, noemt hij als verklaring: 'Dat is de afkorting van 'Giraf, Beer, Isegrim.'
Zo houdt hij ons voor de gek, en de meesten geloven het zelfs. Er zitten zo veel luchtjes aan onze firma, en de namen wisselen zo vaak, dat ook dit wordt geloofd.
We hebben een nieuwe Duitse collega, Fritz. Twintig jaar, blond, heeft zich vrijwillig gemeld bij de marechaussee en wil niets liever dan in dienst. Dit illegale werk in de bouw beschouwt hij slechts als overbrugging. Hij begint met een werpspelletje met tien-pfennigstukken, dat we in schafttijd doen in de kelders van het gebouw. Wie met zijn 'Groschen' het dichtst bij de muur komt, mag de 'Groschen' van de anderen pakken. Ik (Ali) heb geluk en win aldoor. Fritz, geërgerd: 'Jullie Turken zijn altijd op ons geld uit. Jullie kijken altijd alleen maar naar je eigen voordeel en bedriegen ons, zodra we ons even omkeren.'
Een andere keer: 'Wij Duitsers zijn niet goed wijs... Jullie vermenigvuldigen je toch als de konijnen op onze kosten.'
En tegen de anderen: 'Van tijd tot tijd komt bij hem het oerwoud

naar buiten!'

Een dakconstructie staat in brand. De dakbedekkers zijn niet voorzichtig genoeg geweest. Verscheidene brandweerauto's komen aangeraasd, ook politie verschijnt. Ali wordt met andere collega's naar het nog smeulende dak gestuurd om de boel op te ruimen. De zolen van mijn gymschoenen beginnen te smelten, een paar keer kraken halfverbrande balken onder mij (Ali). Een groepje politie- en brandweermannen staat naast ons en kijkt toe hoe wij de smeulende rommel naar beneden gooien, op het bouwterrein. Wij zwoegen daar vlak voor hun neus, zonder beschermende kleding. Allemaal zwartwerkers. Ik kan me voorstellen dat zij daar geen idee van hebben. Maar ook zij profiteren van ons. Wij doen voor hen het gevaarlijke, smerige werk.

Een Duitse collega, Hinrich, twintig jaar, getrouwd, één kind, met huurschuld, loopt al dagen rond met een opgezet gezicht. Hij heeft hoge koorts. Hij heeft een paar ontstoken kiezen. Dagenlang wordt hij gechanteerd om niet naar de tandarts te gaan. Hij vraagt aan Klose, de Keulse vertegenwoordiger van de GBI, een ziekenbriefje. Hinrich was zich er tot dusver helemaal niet van bewust dat hij niet ingeschreven staat en dus 'illegaal' werkt. Hij is razend. 'Dat is verboden, dat ga ik aangeven.' Klose: 'Jij kunt opdonderen. We willen je hier nooit meer zien. Wie beweert dat hier zwart gewerkt wordt, die krijgt een proces aan zijn broek wegens laster. Je hebt te laat je papieren bij ons ingeleverd, daarom hebben we je niet in kunnen schrijven. Je hebt je zelf strafbaar gemaakt.'

Hinrich durft daarom niet naar de politie te gaan. De volgende dag wordt hij per ambulance naar het ziekenhuis gebracht. Bloedvergiftiging. Levensgevaar!

Op een vrijdag na het werk — wij zijn net bezig ons te verkleden — verschijnt de uitvoerder van WTB, Hugo Leine: 'Het zwaarste werk is hier nu wel gedaan, we hebben jullie niet meer nodig!'

Na zes weken is Ali's tijd als bouwvakker voorbij. Een paar illegalen van de kerngroep van de GBI worden door dezelfde firma onder de nieuwe naam DIMA naar een nieuwe grote bouwplaats in Bonn/Bad Godesberg gestuurd. De minister van Posterijen laat een nieuw ministerie bouwen. Helaas mag Ali niet mee.

Overgeleverd aan koppelbazen

Ik geloof niet dat het mogelijk is ingrijpende veranderingen teweeg te brengen zonder zelf mee in de stront te zitten. Ik koester het grootste wantrouwen tegen iedere actie 'van buitenaf', omdat die vaak uit louter geleuter bestaat.

Uit Odile Simon: *Dagboek van een fabriekarbeidster*

Ik (Ali) probeer een baantje te krijgen bij de Jurid-fabrieken in Glinde in de buurt van Hamburg. Remvoeringen en verwerking van asbest. Turkse vrienden vertellen me dat op de voor de gezondheid meest schadelijke plaatsen voornamelijk Turken werken. De strenge veiligheidsmaatregelen bij de verwerking van asbest zouden daar niet in acht worden genomen. Het kanker veroorzakende stof van de vezels wordt er met lucht naar boven geblazen. Maskers tegen het uiterst fijne stof worden er normaal gesproken niet gedragen. Ik leer een paar arbeiders kennen die er van een half jaar tot twee jaar gewerkt hebben, zware beschadigingen aan bronchiën en longen hebben opgelopen en er nu voor vechten (tot nu toe zonder resultaten) dat hun ziekte als beroepsziekte wordt erkend.

Het enige probleem is dat er op het ogenblik een personeelsstop is. Ondanks dat is het af en toe een paar mensen gelukt toch een baantje te krijgen: door bepaalde ploegbazen om te kopen of met 'geschenken' zoals echte tapijten uit Turkije of een waardevolle gouden munt. Bij een muntenhandelaar heb ik intussen een echte Turkse familieschat in de vorm van een gouden munt uit het Ottomaanse Rijk op de kop kunnen tikken, maar door een toeval krijg ik veel dichterbij een kans.

Ik krijg te horen dat de hoogovens van August Thyssen in Duisburg sinds een tijdje het vaste personeel proberen af te stoten en via koppelbazen goedkopere en bereidwilligere uitzendkrachten aannemen die gemakkelijker te huren en ook gemakkelijker te ontslaan zijn. Sinds 1974 werden ongeveer 17.000 vaste arbeiders ontslagen. Veel van hun vroegere werk wordt nu gedaan door arbeiders van koppelbazen. In totaal heeft Thyssen alleen al in Duisburg 400 van dergelijke firma's onder contract. Ik maak kennis met een 27-jarige Turkse arbeider die door het arbeidsbureau naar onderaannemer Vogel werd gestuurd en daarna bij Thyssen terecht kwam. Hij vertelt over de arbeidsvoorwaarden en uitbuitingspraktijken. Verhalen die nooit geloofd worden en altijd naar het rijk der fabeltjes, naar de duistere

tijd van het vroege kapitalisme worden verwezen, tenzij men deze praktijken aan den lijve heeft ondervonden en met bewijsmateriaal kan staven.
Waarom het dus ver zoeken als de (vreselijke) werkelijkheid zo nabij is.
Opstaan om 3 uur en 5 uur verzamelen bij de firma Remmert bij de afslag Oberhausen-Buschhausen. Remmert is een onderneming die steeds groter wordt. Op het firmabord in de actuele kleur groen staat te lezen: dienstverlenend bedrijf. Remmert ruimt vuil in welke vorm dan ook. Fijn en grof stof, giftige modder en afvalstoffen, stinkende, rottende olie en vetten en het reinigen van filters bij Thyssen, Mannesmann, MAN en andere bedrijven. Het wagenpark van de firma Remmert is alleen al 7 miljoen waard. Geïntegreerd in de firma Remmert is weer de firma Vogel, als een pop in een cocon. Vogel verkoopt ons aan Remmert en Remmert verhuurt ons weer aan Thyssen. De bom geld die Thyssen betaalt (tussen de 50 en 90 mark per persoon per uur, afhankelijk van de opdracht en de toeslagen voor stoffig, smerig of gevaarlijk werk) delen de partners onder elkaar.

Aan de werkezels wordt een aalmoes van vijf tot tien mark uitbetaald. Vaak worden de arbeiders van Vogel, respectievelijk Remmert bij Thyssen op de produktie-afdelingen in vaste dienst genomen. De arbeiders van Vogel of Remmert werken dan samen met arbeiders van Thyssen, bijvoorbeeld in de cokesfabriek. Daarnaast verhuurt Remmert meer dan 600 schoonmaaksters aan de grote industrieën in verschillende steden van de Bondsrepubliek, bijvoorbeeld aan Daimler-Benz in Sindelfingen.

Een voorman staat bij een busje dat, hoewel rijp voor de schroothoop, klaar staat om weg te rijden en streept de namen aan op een lijst: 'Nieuw?' vraagt hij mij (Ali) kort en bondig.
'Ja,' is het antwoord.
'Al eens hier gewerkt?'
Ik heb geen idee welk antwoord nuttig of juist nadelig voor mijn aanstelling kan zijn. Daarom haal ik (Ali) voorzichtigheidshalve mijn schouders op. 'Jij niks verstaan?' reageert hij meteen. 'Nieuw,' geef ik als wachtwoord. 'Jij naar collega in auto gaan,' zegt hij en wijst op een gammel Mercedesbusje. Dat was alles. Zo gemakkelijk krijg je een baan bij één van de modernste hoogovens van Europa. Geen papieren, niks. Ze vragen niet eens naar mijn naam. Ook mijn nationaliteit schijnt voorlopig niemand te interesseren. En dat bij een internationale onderneming van wereldfaam. Maar ik vind het prima zo. In de rammelkar zitten negen buitenlanders en twee Duitsers op elkaar geperst. De Duitsers hebben het zich gemakkelijk gemaakt op de enige bank die vast gemonteerd is. De buitenlandse collega's zitten op de oude, met olie besmeurde, metalen bodem van de wagen. Ik ga naast hen zitten, ze schikken een eindje op. Een jonge man van ongeveer twintig spreekt mij in het Turks aan en vraagt of ik een landgenoot ben. Ik antwoord in het Duits: 'Turkse nationaliteit, maar in Griekenland (Piraeus) bij Griekse moeder opgegroeid. Mijn vader was Turk, liet m'n moeder met mij achter toen ik één jaar was.'
Op die manier hoef ik zo goed als geen Turks te kennen. Het klinkt aanvaardbaar en de legende houdt de komende zes maanden van mijn werk bij Thyssen stand. Als ze mij (Ali) uitvragen over de plaats waar ik als kind ben opgegroeid, kan ik het een en ander over Piraeus vertellen. Ik was daar in 1974 tijdens de fascistische, militaire dictatuur gearresteerd en zat er per slot van rekening 2½ maand in de gevangenis. Eén keer kwam ik bijna in moeilijkheden toen Turkse collega's

per se wilden horen hoe Grieks nu eigenlijk klonk. Maar toen kwam mij de vergissing tijdens mijn schooltijd goed van pas, toen ik besloot in plaats van Frans Grieks te kiezen, waardoor ik ook nu nog een aantal verzen uit de Odyssee kan opzeggen: ‘ ’Aνδρα μοι ἐννεπε μουσα...’[1]

Het valt niemand op, hoewel Oudgrieks meer afwijkt van Nieuwgrieks dan Oudhoogduits van het Duits van nu. Waren die drie jaren, dat ik moeizaam Grieks er in moest stampen, toch niet voor niets! Zo leer je altijd nog iets voor je verdere leven!

Rammelend en slingerend zet de propvolle bus zich in beweging. De bank is losgerammeld en vliegt regelmatig tegen de buitenlandse collega’s aan die op de grond zitten. Die vallen dan tegen elkaar aan. De verwarming doet het niet en de achterdeur sluit niet, maar is met ijzerdraad dichtgebonden. Als er iemand bij plotseling afremmen

1 ‘Vertel mij, o Muze, van de man, de listenrijke, die veel gezworven heeft nadat hij Troje’s heilige veste verwoest had. Van veel mensen zag hij de steden en leerde hun wezen kennen. Op zee leed hij veel smart in zijn gemoed.’

tegen de deur zou worden geslingerd, zou die het kunnen begeven en stort de persoon in kwestie uit de bus. Als de spookrit na een kwartier is afgelopen komen we, door elkaar geschud en totaal verkleumd, bij poort 20 van Thyssen aan. Een ploegbaas geeft mij een stempelkaart en van de bedrijfsrecherche krijg ik een dagpasje. Hij ergert zich over mijn naam: 'Dat is toch geen naam, dat is een ziekte. Die kan toch geen mens schrijven.' Ik moet mijn naam een paar keer spellen: S-i-n-i-r-l-i-o-g-l-u. Toch noteert hij hem fout en schrijft 'Sinnlokus' als mijn voornaam op. Van mijn tweede voornaam Levent maakt hij mijn achternaam. 'Hoe kan een mens zo'n naam hebben!' Hij kan er nog steeds niet over uit, hoewel zijn eigen naam 'Symanowski' of zoiets voor een Turk waarschijnlijk ook problemen zou opleveren en in ieder geval op Poolse voorouders wijst. De Poolse emigranten die in de vorige eeuw als arbeiders naar het Ruhrgebied werden gehaald, werden overigens ook uitgestoten en net als op het ogenblik de Turken eerst in een getto gestopt. Er waren in het Ruhrgebied steden waarin voor meer dan 50% Polen woonden die nog heel lang hun eigen taal en cultuur vasthielden.

Als ik wat moeite heb met het stempelen, maakt een Duitse arbeider van Thyssen die door mij een paar seconden wordt opgehouden, de opmerking: 'Ze stempelen bij jullie in Afrika zeker op z'n kop!' Mehmet, een Turkse collega, komt mij te hulp en laat zien hoe je de kaart erin moet steken. Ik merk dat de rest van de buitenlanders de opmerking van de Duitser op zichzelf betrekt. Ik merk het aan hun beschaamde, gelaten blik. Niemand durft iets te zeggen. Steeds weer maak ik mee dat ze zelfs de ergste beledigingen niet schijnen te horen en over zich heen laten gaan. Waarschijnlijk uit angst voor een uitgelokte vechtpartij, waarvan de buitenlander, zoals de ervaring leert, meestal de schuld krijgt en met dat smoesje ontslagen wordt. Daarom laten zij het dagelijkse onrecht over zich heen gaan en wenden zich af om toch vooral geen aanleiding te geven tot iets, wat tegen hen gebruikt kan worden.

En verder gaat de tocht door de fabrieksstad. Even later worden we, geheel door elkaar gerammeld, op een plaats uitgeladen waar alleen maar containers staan. Hier moeten we iedere morgen in de felle kou, bij regen of sneeuw buiten wachten tot de 'sheriff' in zijn Mercedes verschijnt, een hoofdopzichter die, fors en potig als hij is, zelf

geen poot uitsteekt en uitsluitend aanwezig is om 'zijn mensen' in te delen, op te jagen en te controleren. Zentel, begin dertig, in vaste dienst bij Remmert, wordt af en toe op feesten bij Vogel uitgenodigd en staat bekend als verbindingsman en vertrouweling van Vogel.
Het is nu even na zessen. Steeds weer klauteren nieuwe collega's uit af- en aanrijdende wagens van Remmert. Verstijfd van de kou staan we te rillen in het donker. In de containers wordt gereedschap opgeslagen: kruiwagens, schoppen, houwelen, pneumatische boren en afzuigapparaten. Voor ons is daar geen plaats.
Om ons heen is het gesis, gesteun en geblaas, het sterker en zwakker wordende geloei uit de naburige fabriekshal te horen. De hemel is nauwelijks te zien, alleen het roodachtige schijnsel van voorbijtrekkende wolken. Uit de hoge schoorstenen stijgen fakkels blauwig licht op. Een stad die uit rook en roet bestaat, dat ook in de omliggende woonwijken terecht komt. In de lengte strekken de fabrieksterreinen zich over 20 kilometer uit, in de breedte over meer dan 8 kilometer.
Langzaam komt er beweging in de groep. De 'sheriff' (in zijn kakikleurige pak lijkt hij op een soldaat uit het vreemdelingenlegioen) heeft het raampje van de Mercedes opengedraaid en roept de namen voor het appèl af. Dagelijks deelt hij de ploegen opnieuw in. Steeds weer maakt hij een nieuwe, willekeurige samenstelling, waardoor er nooit een hechte groep kan ontstaan die op basis van vertrouwen werkt. Iedereen moet zich steeds weer opnieuw op elkaar instellen, steeds weer heerst er strijd om de eerste plaats. Misschien is het puur toeval of een kwestie van gedachtenloosheid, maar het kan ook zijn dat er berekening in het spel is. In een ploeg, waarin niemand elkaar echt kent, kan solidariteit nauwelijks tot stand komen. Daar is eerder sprake van concurrentie, wantrouwen en angst voor elkaar.
Mijn naam wordt afgeroepen. Achter mij trekt iemand me stevig aan mijn oor. Het is de ploegbaas, die op die manier duidelijk wil maken waar ik naar toe moet en bij welke ploeg ik mij moet aansluiten. Hij kijkt mij (Ali) grijnzend aan en meent het waarschijnlijk helemaal niet zo kwaad, ook al voel ik dat in eerste instantie wel als zodanig. Als huisdieren, nee, als werkpaarden worden we behandeld.
We worden afgezet bij de schachttoren en klauteren in de schemering met schoppen, houwelen, kruiwagens en pneumatische boren een paar etages naar boven om de vastgekoekte transportbanden van de aardklonten te ontdoen die zich eronder hebben vastgezet. Het is tien graden onder nul en er staat een harde wind. Om een beetje

warm te blijven, voeren we op eigen initiatief het werktempo op. Als onze ploegbaas er na een uur tussenuit knijpt omdat hij alleen maar symbolisch mee aanpakt en daardoor sneller verkleumd is, proberen we een vuurtje te maken om onszelf aan te warmen. Dat is makkelijker gezegd dan gedaan.

In de hoogovens om ons heen laait het vuur hoog op, stort zich uit in reusachtige wagons die er uitzien alsof ze gigantische bommen vervoeren of laat een gloeiend spoor in de daarvoor bestemde geulen achter.

In de huizenhoge kuipen is de gloed van het vuur te zien. Maar een eenvoudig klein vuurtje hier op de schachttoren vereist niet alleen inspanning maar ook fantasie. We zoeken tussen de transportbanden wat brokken cokes. Met de pneumatische boor maken we een paar houten planken klein die andere collega's in de pauze gebruikten om op te zitten. Maar in eerste instantie ontbreekt het aan papier. Tenslotte vinden we toch nog een paar lege sigarettenpakjes en wat gebruikte papieren zakdoekjes. En met behulp van een pneumatische pomp kunnen we na verloop van tijd in een kruiwagen een vuurtje ontsteken. Maar nog voor we ons aan het vuur kunnen warmen, worden we overgeplaatst. Er verschijnt een voorman die het bevel geeft: 'Naar beneden, gereedschap meenemen, vlug een beetje.' We proberen het vuur nog te redden, maar dat gaat niet meer. De kruiwagen is intussen gloeiend heet geworden. Ik kan me inleven in de problemen van de mensen uit het stenen tijdperk die het vuur hoedden als hun kostbaarste en heiligste bezit.

Wéér die ouwe rotkar in. Weer zitten we, op elkaar geperst, gehurkt op de grond en worden in de duisternis door elkaar geschud. Af en toe lichten er vale bliksemschichten uit de fabrieken op. We zijn nog steeds op het fabrieksterrein. In Schwelgern, een totaal andere plaats, worden we uitgeladen op de afdeling cokesverwerking. We gaan een paar trapjes naar beneden. Het wordt steeds donkerder, steeds stoffiger. Je denkt bij jezelf dat zo'n hoeveelheid stof nauwelijks te verdragen is. Maar nu begint het pas. Je krijgt een compressor in de hand en moet daarmee de vingerdikke lagen stof, ook uit de spleten van de machines wegblazen. Binnen de kortste keren ontstaat er zo'n concentratie van stof dat je geen hand voor ogen meer kunt zien. Je ademt het stof niet meer in, nee je éét het. Je kotst ervan. Iedere keer dat je ademt, doet het pijn. Tussendoor probeer je je adem in te houden, maar dat is flauwekul. Je moet namelijk werken. De voorman staat als een cipier bij het trapportaal, de enige plek waar nog een beetje frisse lucht naar binnen komt. Hij zegt: 'Schiet op! Dan zijn jullie over twee à drie uur klaar en kunnen jullie de frisse lucht weer in.'

Drie uur betekent meer dan 3.000 keer adem halen, d.w.z. je longen volpompen met stof van cokes. Ik heb het idee dat het naar cokesgas ruikt, waar je snel door wordt bevangen.

Als ik om adembeschermende maskers vraag, legt Mehmet me uit: 'Krijgen we niet, want dan werken we niet snel genoeg, en chef zegt, hebben we geen geld voor.' Zelfs de collega's die hier al langer zijn, tonen geen angst. Helmut, een nauwelijks dertigjarige Duitser die eruit ziet alsof hij binnenkort vijftig wordt, herinnert zich: 'Een jaar geleden zijn door plotseling vrijkomend gas op het hoogoventerrein zes collega's omgekomen. In plaats van naar beneden te klimmen zijn ze in paniek omhooggeklommen, en het gas stijgt ook omhoog. Een goede kameraad van me, die in dezelfde ploeg werkte, ontsnapte aan de dood omdat hij de avond daarvoor gezopen had en 's morgens nog zo lazerus was, dat hij zich versliep.'

Terwijl wij daar midden in de stofwolken het stof van de grond in plastic zakken vegen, rennen monteurs van Thyssen die enkele meters onder ons werken, langs ons en lopen de trap op naar de frisse lucht. 'Jullie zijn krankzinnig, in zo'n troep kun je toch niet werken,' roept een van hen ons toe. En een half uur later vereert een veiligheidsbeambte van Thyssen ons met een bezoek. Gehaast en terwijl hij zijn neus dichthoudt, deelt hij ons mee: 'De collega's hebben geklaagd dat ze in de troep die jullie maken niet meer kunnen werken. Zorg alsjeblieft dat je snel klaar bent.' En dan is hij al weer weg. Het karwei duurt tot aan het eind van de dienst. In het laatste uur moeten de zware zakken stof op de rug de ijzeren trap op naar buiten worden gedragen en in een container gegooid. Ondanks het zware sjouwen voel ik het als een verlossing boven even 'frisse lucht' te kunnen happen.

In een pauze van twintig minuten gaan we op de ijzeren trap zitten, op een plek waar iets minder stof is. De Turkse collega's staan erop, dat ik van hun boterhammen meeëet als ze zien, dat ik niks bij me heb. Nedim, de oudste van hen, schenkt voor mij warme thee uit zijn thermosfles. Ze geven elkaar van het weinige dat ze hebben en gaan überhaupt zacht en vriendelijk met elkaar om, zoals ik het bij Duitse arbeiders zelden heb gezien. Het is opvallend dat ze tijdens

de pauze meestal gescheiden zitten van hun Duitse collega's en maar zelden Turks met elkaar praten. Meestal spreken ze een zeer slecht Duits met elkaar of ze zwijgen, terwijl de Duitse collega's het woord voeren. Nedim verklaart me later waarom: 'De Duitsers denken dat we slecht over hun spreken. En enkelen vinden dat we te sterk worden als we onder elkaar Turks praten. Ze willen alles horen, zodat ze ons beter kunnen commanderen.'
Ik maak het later zelf mee, als Alfred, een woordvoerder van de Duitse groep, een keer woedend uitvalt als de Turkse collega's in de pauze Turks met elkaar praten: 'Spreek verdomme Duits als jullie iets te zeggen hebben. In Duitsland wordt nog steeds fatsoenlijk Duits gesproken. Die kuttaal kunnen jullie nog lang genoeg bij jullie in de rimboe spreken, als jullie hopelijk snel weer thuis zijn.'
Als ik er later met Nedim over praat, brengt hij me een papier van een Turkse collega uit Lünen, die het heeft meegenomen uit het jongerencentrum, een gemeentelijke instelling. In de 'Gedragsregels voor buitenlandse bezoekers' staat dat
– *in aanwezigheid van Duitsers Duits gesproken moet worden, in ieder geval als er over Duitsers wordt gesproken.*
– *wij hier in Duitsland twee dagen lang het gezelschap van andere mensen mijden als we knoflook hebben gegeten, en hetzelfde verwachten we van onze gasten.*
– *als de buitenlandse jongeren menen dat ze gebruik mogen maken van het jongerencentrum omdat zij, hun vader of de een of andere oom in Duitsland belasting betalen, dan klopt dat ook wel ongeveer, voorzover tenminste deze jongeren zich aanpassen aan de zeden en de gewoonten hier, maar alleen dan!*
Zulke schriftelijke richtlijnen zijn er niet bij Thyssen, maar de verwachtingen van vele Duitsers zijn er hetzelfde, en de Turkse collega's gedragen zich overeenkomstig. Ze houden zich in om niet te provoceren.

De volgende dag werk ik op tien meter hoogte, buiten, bij zeventien graden onder nul. Overal borden met doodskoppen erop: 'Verboden toegang voor onbevoegden!', 'Pas op, gasgevaar!' en op enkele plaatsen: 'Adembeschermingsmasker dragen!'
Niemand heeft ons over de gevaren voorgelicht en maskers en dergelijke zijn er niet. Of we tot de 'bevoegden' of tot de 'onbevoegden' horen, weten we zelf niet. Onze ploeg moet op metalen platforms

THYSSEN

half bevroren hopen modder loshakken en wegwerken, die uit enorme buizen tevoorschijn zijn gekomen.
Er waait hierboven een ijzige wind. De oren vriezen je vrijwel van het hoofd. In je handschoenen zijn je vingers dood van de kou. Geen enkele arbeider van Thyssen hoeft bij deze temperaturen buiten te werken. Overal in de bouw krijg je in dergelijke omstandigheden slecht-weertoeslag. Maar wij moeten aan de slag. Met grote houwelen gaan we eerst de buitenste korsten te lijf. Er springen voortdurend kleine stukken in je gezicht. Je zou eigenlijk stofbrillen nodig hebben, maar dat durft niemand meer te vragen. Uit de troep stijgt een bijtende walm op, die je soms het zicht beneemt. Met kruiwagens brengen we de modder naar de stortkokers. Voortdurend verbuigen we onze schoppen en zelfs de kruiwagens raken beschadigd. Er komt een oorverdovend lawaai uit de nabije machineruimtes zodat je nauwelijks met elkaar kunt communiceren. Dit keer geen opzichter erbij want die heeft zich in een of andere kantine teruggetrokken. We worden vanzelf tot de hoogste prestaties opgejaagd doordat de kou al bij de geringste pauze niet uit te houden is. Af en toe knijpt iemand van ons er tussenuit en verdwijnt hij in een kleine machineruimte. Daar raast en dondert het als in het binnenste van de Niagara-waterval, maar de machines zijn tenminste warm. We drukken ons daar tegen de machine, omhelzen hem als het ware, om een beetje warmte te krijgen. Het is niet helemaal ongevaarlijk vanwege de drijfstang. Je moet oppassen dat er geen vinger afgerukt wordt. Als ik me aan de verkeerde kap vastpak, klinkt er een verschrikkelijk gekraak en gekrijs. Ik schrik van de plotselinge vonkenregen — alsof de hele machine elk moment uit elkaar kan springen.
Dan weer de dwangarbeid buiten, bibberend en blauw van de kou. Jussuf, een Tunesische collega, concludeert na zes uur werk: ‘Koude hel hier. Op slaven werd vroeger beter gelet, die waren nog wat waard. Men wilde ze zo lang mogelijk houden voor het werk. Bij ons is het om het even hoe snel we kapot gaan. Genoeg nieuwe in de rij voor het werk.’
Tussendoor komt er een veiligheidsingenieur van Thyssen langs, die met een kastje bij de buizen rommelt. Hij slaat er een beetje tegen, mompelt: ‘Maar dat kan toch niet?’ en kijkt verschrikt onze kant op.
Ik (Ali) spreek hem aan: ‘Wat is voor komisch kastje? Wat zit erin?’
‘Daar meet ik gas mee’, verklaart hij, en: ‘Hebben jullie hier helemaal geen meetapparaat? Dan mogen jullie hier eigenlijk helemaal niet

H.Priebe
LEVENT
SINIRLIOGLU
OVERLÄNDER
KAWULOK

werken.' Hij legt uit dat als de wijzer verder dan een bepaald punt uitslaat, er sprake is van een groot gevaar. We zouden de plek dan onmiddellijk moeten verlaten omdat je anders heel snel buiten bewustzijn kan raken. De wijzer slaat de hele tijd al te ver uit. Als ik (Ali) hem daarop wijs, kalmeert hij me: 'Nee, dat kan niet, het apparaat moet kapot zijn. Ik haal wel een nieuw.' Hij haalt een nieuw, al duurt het een half uur voordat hij terug is. Op het nieuwe apparaat slaat de wijzer al weer zo ver uit. Een beetje onbeheerst staat hij aan het apparaat te schudden en hij probeert mij (Ali) gerust te stellen: 'Dat kan niet! Dit stomme ding doet het ook al niet.' Als ik (Ali) hem twijfelend aankijk: 'Zelfs als de registratie correct zou zijn, is er nog geen reden tot paniek. Bovendien blaast de wind het gas weg.' En dan is hij er weer vandoor met zijn toverkastje en wij troosten ons met de ijzige wind om onze angst voor het gas te sussen.

HELVELI RACI, *een Turkse collega, maakt een paar weken later op dezelfde afdeling iets dergelijks mee:*
'Er was zo'n apparaat dat plotseling signalen gaf. Ik vroeg wat dat voor signalen waren. Ze zeiden dat die apparaten alarm slaan als er gas wegstroomt. Dus zeg ik: er is hier gas, dat ding geeft signalen, zullen we ophouden? Zegt de opzichter: Helemaal niet, gewoon doorwerken. Dus werkten we door en hij neemt dat ding mee. Later komt hij terug met hetzelfde apparaat en sluit het aan. Het geeft weer signalen. Ik zeg: Er klopt iets niet. Zegt hij: Het is vast kapot. Hij neemt het apparaat voor de tweede keer mee, komt naderhand terug en probeert het zó in te stellen dat het alarm niet afgaat. Maar later ging het alarm toch weer af. Nou, zo brachten we de hele dag daar boven door.
Een paar mensen werden niet goed maar we moesten gewoon doorwerken. Van gasmaskers nooit gehoord. Dit is waar wij, van de koppelbazenfirma's, mogen werken, hier mogen wij vrij en onbelemmerd ademhalen. Daar kun je aan kapot gaan. Maar dat interesseert ze niet. Hun interesseert alleen dat het werk afkomt en verder niets.'

Bij Thyssen is voorschrift dat iedereen veiligheidsschoenen draagt met stalen neuzen, en veiligheidshelmen. Volgens de wettelijke bepalingen moet Vogel ons die spullen leveren, net als handschoenen. Maar ook hierop wordt bespaard. Zowel in het groot als in het klein is Vogel een zwendelaar. 'Veel kleintjes maken een grote,' is één van zijn lijfspreuken. Is er gebrek aan 'mensen', dan knijpen de

voormannen en ploegbazen van Thyssen een oogje toe en laten de 'nieuwen' van Vogel ook op gymschoenen werken, ook al dreigt er voortdurend gevaar bij het werk wat we doen. Bijvoorbeeld door brokstukken die naar beneden komen, of door het omkiepen van overvolle kruiwagens, kiepkarren of voorbijrijdende vorkheftrucks. Ik heb tot het laatste moment geen werkschoenen met stalen neuzen aangehad, zoals voorgeschreven. En een heleboel andere collega's net zo. Ik heb geluk gehad dat er niets gebeurd is.
De handschoenen zoeken we bij elkaar in de vuilnisbakken en containers. Meestal zitten ze onder de olie of zijn gescheurd. Arbeiders van Thyssen hebben ze weggegooid nadat ze van de hoogovens weer nieuwe hebben gekregen. Veiligheidshelmen moeten we zelf kopen, tenzij je geluk hebt en een zwaar beschadigde helm vindt die iemand heeft weggegooid. Men vindt de hoofden van de Duitse collega's meer de moeite van het beschermen waard dan de hoofden van de buitenlanders. Ploegbaas Zentel heeft mij (Ali) twee keer de helm van mijn hoofd gerukt om die aan Duitse collega's te geven die hun eigen helmen vergeten waren.

Dagboeknotitie

Als je een modern inferno wilt uitbeelden, dan kun je zo'n Thyssen-stad nemen. Een van de meest onmenselijke landschappen die er zijn. Maar misschien is het al tot de ondergang gedoemd. Daar is niemand die zich met het werk identificeert. Iedereen vol haat en woede, en vooral ook vol vertwijfeling. Tot de ondergang gedoemd.
Tekens en schrijfsels die op de muren verschijnen: 'Ik wil nu neuken!' Of twee w's die mechanisch in elkaar grijpen, een abstracte neukscène.
Ook de kantine, alles kapot. Niets werkt. Het licht schijnt niet goed meer. Alles drijft in de schemer. Nergens verwijst er iets naar de toekomst, geen uitstraling, geen levenskracht meer.
Alles blijft slechts moeizaam overeind. Ik geloof dat in zulke tijden culturen sterven.

Toen ik (Ali) de eerste keer protesteerde: 'Hé, hé, heb ik gekocht, is van mij,' wees Zentel me terecht: 'Niks van jou hier, hoogstens een natte drol. Na het werk kun je hem terugkrijgen.'
In een handomdraai ben je onteigend, zonder dat je gevraagd wordt.
De tweede keer werd ik samen met een nieuwe collega, een Duitser, ingedeeld, die zijn helm gratis door de firma Remmert geleverd krijgt. En weer moest ik (Ali) er voor opdraaien. Maar dit keer weiger ik (Ali): 'Is privé, van mij. Doe ik niet. Kan ontslagen worden als ik werk zonder helm.' Waarop de ploegbaas: 'Gééf die helm of ik ontsla je. En wel meteen!'
Ik (Ali) moest wel zwichten en werkte de hele dienst zonder helm in een gedeelte van de Bremmstrasse waar op een paar meter afstand voortdurend brokken gloeiend erts naar beneden stortten. Als die op m'n hoofd waren terechtgekomen, had ik op z'n minst ernstige brandwonden opgelopen.
Mijn Duitse collega Werner vond het vanzelfsprekend dat zijn bescherming ten koste van de mijne ging. Als ik (Ali) hem daarover aanspreek, zegt hij alleen: 'Kan ik ook niets aan doen. Ik doe precies wat me gezegd wordt. Ga je maar ergens anders beklagen. Bij mij ben je aan het verkeerde adres!' Later laat hij mij (Ali) ook nog zijn minachting blijken: 'Jullie van Vogel stellen niets voor, worden toch niet voor vol aangezien. Voor die paar mark zou ik nog geen schop in de hand nemen.' Met andere woorden: je hebt hier helemaal niets te vertellen. Officieel besta je hier niet eens. Je hebt geen papieren,

Dagboeknotitie

Het is vrijwel een ruïne. De mensen zijn al bijzaak. Plek van onmenselijkheid. Er is geen enkele geordende vorm van met elkaar samenwerken. Het zijn verwarde, willekeurige groepen die aan elkaar voorbij lopen. Mieren lopen op een doel af, maar hier gaat alles door elkaar. Ze worden door alle mogelijke opdrachtgevers hierheen gestuurd, ze kennen elkaar niet. Misschien 40, 50 duizend die er iets te doen hebben. Velen van buitenaf naar binnen gedirigeerd. Tussendoor duiken delegaties op, wat die hier te maken hebben, weet niemand. Netjes gekleed, witte helmen, zelf een slecht geweten, omdat ze weten hoe daar de stofwormen alles slikken, wat ze zelf misschien nog mee ontwikkeld hebben. Lopen er intussen snel aan voorbij of maken een ongepaste opmerking: 'Voorzichtig, daar zijn ze aan het werk.'

geen arbeidscontract, helemaal niets. En daarom kijkt hij op ons neer. Als Duitser is hij bij Remmert bevoorrecht. Hij krijgt toeslag voor overuren en werken op feestdagen. En per uur krijgt hij 11,28 mark bruto betaald.
Wij van Vogel moeten hetzelfde werk verrichten voor nog minder loon. Hoe weinig, dat moet nog blijken.

Ik (Ali) huur in de Duisburgse Dieselstrasse een anderhalve-kamerwoning. Ik wil de identificatie met Ali een stuk verder ontwikkelen, wil echt als een Turkse arbeider in de Bondsrepubliek leven, niet alleen lange excursies naar de werkoorden maken. Het is helemaal niet moeilijk deze woning te vinden, want Bruckhausen is een stervend stadsdeel. Jaren achtereen hebben hier bijna uitsluitend Turken gewoond, velen van hen zijn intussen naar hun land terug gekeerd. Vele huizen staan leeg, of zijn zo vervallen dat ze niet meer bewoonbaar zijn. De woning heeft geen wasbak, noch een douche. De wc, die op het portaal ligt, wordt door verschillende huurders gedeeld. De huur bedraagt 180 mark. Bij het opknappen permitteer ik me een grote luxe: ik installeer midden in de kamer een badkuip.
Ik probeer mijn nieuwe thuis wat aan te kleden. Het voortuintje levert twee puinbakken met troep op. De buren hadden de voortuin als stortplaats gebruikt. De levenskwaliteit van de buurt kon er toch niet meer op achteruit gaan. Dit Bruckhausen ligt in de onmiddellijke omgeving van de hoogovens. Als je hier oud wil worden, moet je

een uitgesproken robuuste gezondheid hebben. Op veel plekken vind je in deze buurt meegedeeld via welk telefoonnummer gemeld kan worden als het weer eens héél erg stinkt. Maar het stinkt hier eigenlijk altijd erg.

Er zijn collega's die maandenlang achter elkaar door werken, zonder één dag vrij te hebben. Die worden behandeld als een soort werkvee. Ze hebben geen persoonlijk leven meer. Ze mogen naar huis omdat het voor het bedrijf goedkoper is dat ze zelf betalen voor hun slaapplaats. Anders zou het voor hen praktischer zijn meteen maar te overnachten bij de hoogovens of bij Remmert. In de regel zijn dit jongere mannen. Na hooguit een paar jaar in Thyssens drek te hebben doorgebracht zijn ze op en versleten, uitgeput en ziek — vaak voor de rest van hun leven. Voor de ondernemers zijn dit wegwerpmensen, ruilarbeiders, er zijn er immers genoeg die in de rij staan voor werk en dankbaar zijn voor elke, maar dan ook elke vorm van arbeid. Dat verklaart ook dat iemand het zelden langer dan een, twee jaar uithoudt bij dit werk. Vaak is een maand of twee al genoeg om voor het leven beschadigd te raken. Zeker wanneer dubbele of driedubbele ploegendienst wordt bevolen. Een collega die net twintig is, werkt regelmatig zo'n driehonderd tot driehonderdvijftig uur per maand. De bazen bij Thyssen weten dat, zij hebben dat zelf zo geregeld. De hoogoven profiteert ervan, de bewijzen lopen via Thyssens prikklokken en worden op de hoogovens bewaard.
Thyssen roept de stoottroepen van Remmert vaak heel plotseling op. Het komt voor dat collega's die na zwaar werk van Duisburg naar Oberhausen terugvervoerd zijn, daar al onder de douche staan, en dat de sheriff ze daar weghaalt en voor een volgende ploegendienst weer terugstuurt, de vuiligheid in. Of ze bellen mensen per telefoon uit hun bed en bevelen ze te komen, wanneer ze net, volkomen uitgeput, in slaap zijn gevallen. De meesten, ook jongere en behoorlijk sterke kerels, zeggen, als je ze ernaar vraagt, dat ze meer dan vijftien of zestien ploegendiensten per week niet volhouden. Als ze dan eens een keer een weekend vrij hebben, slapen ze meestal aan één stuk door. Neem bijvoorbeeld de jonge F., die haast elke zaterdag en zondag doorwerkt, twee ploegen achter elkaar. Hij laat alles met zich doen, protesteert nooit. Hij kruipt in de smerigste holen zonder morren, krabt druipende, stinkende en hete lagen vet af, het snot van de machines, en achteraf is hij zelf met een laag glibberig vet overdekt.

Hij lijkt altijd heel ver weg, heeft een ouwelijk, verheerlijkt gezicht, en er is zelden enige samenhang te bespeuren in wat hij zegt. Hij is de oudste van twaalf kinderen, vier zijn het huis uit. Hij woont met de zeven anderen bij zijn ouders in een woning met niet meer dan honderd vierkante meter woonoppervlak. Hij heeft altijd honger; als iemand zijn boterhammen niet opeet, is F. er altijd als de kippen bij. Op honderd mark per maand na geeft hij al zijn verdiende geld thuis af, opdat het gezin het hoofd boven water kan houden.
Telkens als er mensen zijn die protesteren over het werk, brengt hij daartegenin: 'We mogen blij zijn dát we werk hebben,' en: 'Ik doe alles wat ze vragen.' Toen een controleur van Thyssen ons een keer betrapte op een korte pauze, was hij de enige die was blijven doorzwoegen. Daarvoor werd hij dan ook geprezen door de oppasser.
Hij vertelt dat zijn record ligt bij veertig uur, met vijf à zes uur onderbreking. Een paar weken geleden nog, deelt hij mee, had hij vierentwintig uur achter elkaar doorgewerkt. Hij kijkt telkens in prullenmanden en containers en verzamelt vuile werkhandschoenen die de arbeiders van Thyssen daarin hebben gegooid. Ook een enkele handschoen vindt hij niet onbelangrijk. Er komt altijd wel een moment dat hij een bijpassend exemplaar in handen krijgt. Hij verzamelt maar door, heeft al een hele stapel, zo'n twintig stuks. Ik (Ali) vraag hem: 'Wat doe je daarmee? Zoveel handschoenen kan je toch niet allemaal aandoen?' Hij: 'Dat weet je nooit. Wij krijgen immers geen handschoenen. Alles is zo smerig. Je moet blij zijn dat je ze hier vindt. Man, ik verzamel nog wel meer. Je hebt altijd ook een paar veiligheidshelmen nodig, voor als er 's wat op je kop valt.' Ik heb medelijden met hem. Hij is altijd even stralend. Een paar weken later maak ik mee dat F., die weer wordt ingedeeld voor dubbele ploegendienst in het weekend, smekend tegen de sheriff zegt: 'Ik kan niet meer! Ik kan het niet, ik krijg het niet voor elkaar.' 'Wat, tot nu toe heb jij het hier toch altijd volgehouden!' 'Alstublieft, vandaag niet. Alstublieft, ik smeek het u.' De sheriff: 'Dat zal ik onthouden. Tot nu toe kon ik altijd van jou op aan.'
Ik (Ali) feliciteer hem later: 'Vind ik prima, dat je vandaag "nee" hebt gezegd, je bént gewoon op.' Hij kon echt niet meer. Hij kon haast niet meer lopen, wankelde op zijn benen. Hij was grauw in zijn gezicht en zijn handen beefden.
Een collega vertelde dat ze vorig jaar met de paasdagen zesendertig uur zonder slaap hebben doorgewerkt: 'Remmert had destijds op-

dracht een verfgang bij Opel in Bochum schoon te maken. Dat moest absoluut op tijd klaar zijn, want op dinsdag na pasen om 6 uur moest de nieuwe ploeg weer aan de gang.' Die marathon-inzet in de autofabriek was voor mijn collega's nog niet eens het 'toppunt' wat uren betrof. 'Twee jaar geleden hebben we eens in een soort Sport-Hotel in de buurt van Frankfurt gewerkt. Met de ploeg waarmee we daarheen zijn gebracht, hebben we gewerkt tot we erbij omvielen — ongeveer vijftig uur achter elkaar.'

De Duitse collega HERMANN T., ongeveer 35, is een van de ijverigste urenmakers bij Remmert. Je kunt het aan hem zien. Een grauw gezicht, helemaal uitgemergeld en broodmager. Hij was een tijd lang werkloos en is een van de weinige die er dankbaar voor is, te mogen werken tot hij erbij neervalt. Sinds hij in februari 1985 is begonnen, werkt hij maand na maand als een bezetene. In april '85 bereikt hij naar hij zelf zegt, zijn 350ste uur van die maand. Ook in juni heeft hij 'alle uren meegepikt' — op de 25ste is hij al aan zijn 300ste, en de maand is nog niet eens om. Hermann T.: 'De laatste weken heb ik van vrijdag op zaterdag 4 ploegen achter elkaar gedraaid, vrijdagmorgen ben ik met jullie om 6 uur bij Thyssen naar binnengekomen en op zaterdagmiddag heb ik om 14.15 uur bij de poort afgestempeld.' Dergelijke marathon-tijden zijn voor Hermann niets ongewoons. Opdat de drastische overtredingen van de werktijdenverordening niet opvallen, wordt hij op het reusachtige Thyssen-terrein van ploeg na ploeg naar een andere arbeidssector overgeplaatst. 'Vrijdagmorgen was ik op mijn bouwplaats van Ruhrort, zo'n kleine hal waar we moesten afzuigen. 's Middags was ik in de Oxy 1, tijdens de nachtploeg heb ik in de energiecentrale Voerde gewerkt en zaterdagmorgen was ik weer terug op mijn bouwplaats in Ruhrort.' Volledig uitgeput en met knikkende knieën is hij tenslotte naar huis gekropen. 'Ik heb toen nog iets gegeten, echte honger had ik niet meer en voor dat ik naar bed ben gegaan heb ik nog tegen mijn vrouw gezegd: Wek me om kwart over acht, ik wil die film graag zien. Maar daar is niets van gekomen — ik heb tot zondagmiddag aan een stuk geslapen, zonder ook maar een keer wakker te worden.'
Hij vertelt hoe ze bij Thyssen hebben gewerkt: 'Elke dag 16, 12 of 13 uur, iedere zaterdag, zondag, iedere feestdag, alsmaar door. Pasen en pinksteren ook nog. Tóen hebben we hard gewerkt. De hele hoogovens lagen immers stil, alles moest worden schoongemaakt,

wat denk je, hoe we daar geploeterd hebben. Of het nu regende, sneeuwde, koud was of stormde, dat deed er niet toe. Je kleren waren voortdurend vochtig en nat. Er was altijd wel een stel van 10 of 15 man van Remmert. Mensen van Vogel zaten er ook bij. In totaal hebben we daar bijna vijf maanden gewerkt.'

De Turkse collega SEZER O. (44) claimt het record aan-een-stuk-doorwerken. Bij de bouw van de ondergrondse in München moesten ze 72 uur in een schacht onder de grond werken. In de korte pauzes konden ze dan wel eens een half uurtje wegdoezelen. Velen verongelukten bij dit marathon-werk, vertelt hij, allemaal buitenlanders.

Ik (Ali) ben erbij wanneer de sheriff ons regelrecht dwingt — in juridisch opzicht is het bedreiging met geweld — dubbele ploegendiensten te doen. We zitten net in de bus die ons naar de plaats van samenkomst brengt. We zijn allemaal bekaf. Een paar van ons zijn zittend al in slaap gevallen, wanneer de voorman onze bus tegenhoudt en zo'n beetje tussen neus en lippen zegt: 'Er wordt doorgewerkt. Dubbele ploeg!' Een paar protesteren, moeten, willen naar huis, zijn totaal op. Dan wordt hun met zoveel woorden duidelijk gemaakt dat Thyssen eist dat er wordt doorgewerkt.

Onze Algerijnse collega T., die absoluut naar huis moet, wordt op staande voet ontslagen. Hij wordt uit de bus gehaald en staat op straat. Hij moet zelf maar zien hoe hij thuis komt.

De volgende dialoog heb ik letterlijk gehoord:

SHERIFF: 'Jullie moeten vandaag langer werken, tot tien uur vanavond.'

ALGERIJNSE COLLEGA: 'Bedonderen. Ik niet, ik ben toch geen robot.'

SHERIFF: 'Jullie moeten *allemaal* langer werken.'

ALGERIJNSE COLLEGA: 'Ik moet naar huis, dringend.'

SHERIFF: 'Dan hoef je niet meer terug te komen. Daar dwing je me toe.'

ALGERIJNSE COLLEGA: 'Maar ik moet naar huis.'

SHERIFF: 'Dan hoef je morgen niet meer terug te komen. Donder dan maar op. Dan hebben we jou hier niet meer nodig. Nooit meer.'

SHERIFF: *(tot anderen, die bangelijk hun mond houden):* 'Ik heb veertig man nodig, morgen ook! Dat eist Thyssen van ons! Ik wil ook wel naar huis, maar ik moet, mij wordt ook niets gevraagd. Ik heb voor vanmiddag een afspraak bij de tandarts voor mijn jackets. Dat kan nu ook niet doorgaan. Kan gewoon niet. Wat willen jullie eigenlijk? In de oorlog, dan is het allemaal veel erger!'

'Beter niets verstaan'

Tijdens de pauzes in één van de kilometers lange, donkere gangen van Sintel 3 komt een ploegbaas van Thyssen met een voorman naar ons toe. Zij controleren wat we aan rotzooi en sintels hebben opgeruimd. Want het ligt ook aan ons wanneer de installatie weer in bedrijf kan worden gesteld.

Het oosterse uiterlijk van Jussuf is voor de nog jonge ploegbaas aanleiding om in vakantieherinneringen te zwelgen. 'Kom je uit Tunesië?' Jussuf knikt instemmend.

Ploegbaas: 'Een fantastisch land. Mijn vrouw en ik gaan dit jaar weer op vakantie naar Tunesië. Daar kun je je nog eens echt ontspannen. En heel wat goedkoper dan hier.'

Jussuf lacht hem dankbaar en vriendelijk toe. Het gebeurt niet vaak dat een Duitser zich verwaardigt, buiten het werk om, met een buitenlander te praten. En het is al helemaal een uitzondering dat hij ook nog positief praat over het vaderland van die werknemer.

Jussuf vertelt dat zijn ouders een huis vlak bij zee hebben, geeft het adres op en nodigt de ploegbaas uit 'als hij naar Tunesië gaat, zijn ouders op te zoeken.' De ploegbaas gaat er onmiddellijk op in: 'Maak je geen zorgen, ik kom. Je moet me alleen aan een paar adressen helpen. Je weet wel wat ik bedoel. Jullie hebben van die fantastische wijven om mee te neuken. Die zijn echt geweldig. Wat kost dat nu op het ogenblik?' Jussuf antwoordt: 'Weet ik niet.' 'Voor 20 mark kun je bij jullie toch alles d'r op en d'r an krijgen?' Jussuf voelt zich duidelijk gekrenkt in zijn trots en zegt: 'Geen idee.'

De ploegbaas voelt zich nog steeds in zijn element en laat niet los. Met een obsceen gebaar (duim tussen middel- en wijsvinger): 'Hoor eens, jullie hebben van die lekkere grieten. Net wilde katten. Als je die sluier afrukt, zijn ze echt lekker geil. Heb jij soms een zusje? Of is die nog te jong? Bij jullie moet je altijd meteen trouwen.'

Jussuf probeert met een afleidingsmanoeuvre die belediging tegenover zijn collega's te verdoezelen: 'Maar u gaat toch met uw vrouw?'

De ploegbaas: 'Wat maakt dat nou uit. Die ligt toch de hele dag aan het strand en krijgt heus niets te horen. Fantastisch hotel trouwens. Een soort Intercontinental. Kost maar 2000 mark voor veertien dagen. Alles inclusief. Zeg, wat voor taal spreken jullie eigenlijk? Spaans of zo?'
Jussuf kan het niet langer verdragen. Hij draait zich om en zegt om zichzelf te verontschuldigen: 'Nee, Arabisch. Ik moet naar de wc.'
Dit geeft de voorman aanleiding om bij ons te gaan zitten en ook enthousiast in vakantiestemming te raken. Ongegeneerd rekt hij zich uit. En tegen mij (Ali): 'Heb ik gelijk of niet? Bij jullie in Anatolië kun je voor een geit een vrouw kopen?'
Als ik (Ali) ongeïnteresseerd een andere kant uitkijk, daagt hij mij uit: 'Waar of niet? Hoe ben jij dan aan die vrouw van je gekomen?'
'Duitsers denken altijd dat ze alles kunnen kopen,' antwoord ik (Ali). 'Maar mooiste dingen in de wereld krijg je niet voor geld. Daarom zijn Duitsers zo arm, al hebben ze veel geld.'
De voorman voelt zich beledigd en betaalt Ali met gelijke munt terug: 'Ik wil die Anatolische haremvrouwen van jullie nog niet cadeau krijgen. Die zijn zo smerig en stinken zo verschrikkelijk. Je moet ze eerst grondig afschrobben. En heb je ze eindelijk uitgekleed, al die rotzooi eraf, dan hangt ie alweer.'
Na afloop neemt Jussuf mij apart en zegt: 'Niet goed dat we Duits geleerd en verstaan. Geeft alleen maar ergernis. Beter doen alsof we geen Duits verstaan.'
Hij vertelt over jonge, Tunesische collega's die na dit soort ervaringen en beledigingen heel bewust de Duitse taal niet meer willen leren en alleen maar 'ja, meneer', zeggen, 'wat er ook gezegd wordt, zodat er ook geen discussie kan ontstaan.'
Veel wc's bij Thyssen zijn volgeklad met leuzen en spreuken die op buitenlanders zijn gericht. En niemand vindt het nodig die met spuitbussen geschreven leuzen te verwijderen. Een paar voorbeelden van de honderden leuzen in de wc van oxystaal-installatie I: 'Als een Turk een ezel in zijn reet neukt, is hij blij.'
'Stront aan de paal, een Turk met een houten been.'
Ook de kantine zit onder: 'Turken weg. Duitsland voor de Duitsers.'
Een dierenvriend heeft ernaast een sticker opgeplakt met een pandabeer en de leus: 'Bescherm de uitstervende diersoorten.'
Twintig meter verder een grote tekst: 'Dood aan de Turken!'
Of in één van de toiletten van de galvaniseerafdeling in de koudwal-

serij, waar ik een paar notities heb gemaakt. Naar de vergeelde letters te oordelen, zijn deze spreuken al lang geleden opgeschreven: 'Liever duizend ratten in bed dan één Turk in de kelder.'
'Alle Turken ophangen en alle Duitse meisjes die zich met hun afgeven.'
In een ander handschrift: 'Pleuristurken, kunnen niet hoog genoeg hangen, ik háát ze allemaal.'
En: 'Turkenzooi, ik knal jullie allemaal neer.'
Weer in een ander handschrift: 'Ik ben blij dat ik Duitser ben. Duitsland voor ons.'
En tenslotte: 'Liever een SS-zwijn dan een Turkse klootzak zijn. Er was geen betere Duitser dan Adolf Hitler.'
'De beste Turk is een dooie Turk.'

In het schaftuur

Ali's Duitse collega's Michael (34), Udo (26) en Alfred (53), die het hoogste woord voert, hebben voor het schaften in een bunker onder de Bremmstrasse een dikke plank georganiseerd en over twee vaten gelegd. Daarop zitten ze met z'n drieën. Ze geven elkaar sigaretten en drinken wat. Tegenover hen zit Ali op een opengevouwen Turkse krant, de 'Hürriyet' (Vrijheid), veroordeeld tot de rol van toehoorder. Het gesprek wordt voortdurend onderbroken door het lawaai van omlaag donderende brokken erts.

ALFRED: 'Neem maar van mij aan, onder Adolf Hitler werd iemand die van zijn kameraden jatte, al was het maar een schoenveter, tegen de muur gezet en doodgeschoten. Zo zeker als wat. Beter verdient hij ook niet. Wie een makker besteelt... doodslaan of neerschieten. Zo moet je zijn in het leven. Je néémt niks weg van een collega. Dat doe je niet.'
IK (ALI): 'Maar baas kan wegnemen?'
ALFRED: 'Dat is iets heel anders. Maar wie z'n maten naait of besteelt...'
IK (ALI): 'Zou ook baas doodgeschoten zijn als hij jat?'
ALFRED *(met lichte dreiging in zijn stem):* 'Had je mee moeten maken, hier onder Hitler. Toen deugde het nog in Europa.'

IK (ALI): 'Veel mensen doodgemaakt?'

ALFRED: 'Had je bij moeten zijn.'

UDO: 'Toen konden oude mensen nog over straat lopen.'

ALFRED: 'Moet je horen, toen kon een omaatje van 70 met 10.000 mark in d'r tas 's nachts nog rustig over straat lopen. Gebeurde d'r niks.'

IK (ALI): 'Met zo veel geld, die toen ook niet alleen op straat, maar met auto rijden...'

ALFRED: 'Vroeger in Leipzig, de stad van de jaarbeurzen, ...waar ik vandaan kom... écht een erg grote stad..., toen had mijn vader een motor, een auto en een fiets. Die fiets stond het hele jaar op de binnenplaats. En als die verroest was, dan kocht hij een nieuwe. En die stond dan weer op de binnenplaats. Daar was nooit... die was nooit weg...'

IK (ALI): 'Was zeker kapot, fiets!'

ALFRED *(probeert me in te prenten dat alle buitenlanders potentiële dieven zijn):* 'Luister nou maar goed mee en knoop het in die schaapsoren van je.'

IK (ALI): 'Hoezo?'

ALFRED: 'Over gappen en jatten. Als wij — vroeger, weet je, had niet iedereen zo'n volautomatische wasmachine. Wij hadden een wasvrouw, mevrouw Müller, omdat we de zaak aan huis hadden. Iedere maand werd de grote was gedaan, begrijp je? In de winter werd die op zolder gedroogd en in de zomer op de binnenplaats. Daar hing dan al ons wasgoed, van beddegoed tot weet ik veel wat, alles op de binnenplaats. D'r mankeerde nooit iets, nog niet één zakdoek.'

IK (ALI) *(tegen de anderen):* 'Ik wil zijn snotdoeken helemaal niet, voor mij Tempo.'

ALFRED *(onverstoorbaar):* 'Niet één zakdoek.'

IK (ALI): 'Maar met buitenlanders ging niet goed?'

ALFRED: 'Nou ja, luister, toen heerste er nog tucht en orde in Duitsland.'

IK (ALI): 'Maar de joden? Hebben jullie doodgemaakt.'

ALFRED: 'Sodemieter op met je joden. Weet je waarmee wij werden opgevoed? Eerbied voor de ouderdom. Daar werd niet aan getornd. Je was ermee doordrenkt, van huis uit en op school. Door de leraar, het was gemeengoed. Je denkt toch niet dat wij als kwajongens in de tram waren gaan zítten? Dat was er wel ingepompt. Je stond op voor een ouder iemand. Dat was vanzelfsprekend.'

IK (ALI): 'Jij bedoelt staat was beter dan nu...'

ALFRED: 'Het was een totale dictatuur, maar dat was beter dan die beestenbende van nu..., waar we nu in leven.'

IK (ALI): 'Hoor 's, waarom jullie alle joden vermoord?'

UDO *(wil Alfred de oplossing aan de hand doen):* 'Omdat ze buitenlanders waren.'

ALFRED: 'Weet je waarom? — Weet je waarom?'

IK (ALI) *(houd me van den domme):* 'Nee, nee.'

ALFRED: 'Hitler heeft één fout gemaakt. Hij had vijf jaar langer moeten leven. Dan had er geeneen meer geleefd, niet één. Als een jood een vinger in de pap heeft, dan is er overal gedonder. Of het nou rijke of arme joden zijn. Je hebt van die rijke joden zoals Rockefeller, Morgentau en zo. Dat zijn degenen die in de wereldgeschiedenis alleen maar onheil brengen, rotzooi en terreur aanstichten. Zij hebben het geld om over leven... Ze hebben de macht over leven en dood — dat zijn ze. En moet je luisteren, als Hitler er nog vijf jaar langer was geweest en alles in zijn voordeel was afgelopen, dan bestond er niemand meer van dat soort mensen, reken maar, niemand.'

IK (ALI): 'Jullie ook zigeuners gedood!'

MICHAEL: 'Die geen rasechte Duitsers waren, die heeft hij omgebracht. Echte Duitsers niet.'

UDO: 'Dat deed niet alleen Hitler!'

IK (ALI): 'Hij mij ook kapot gemaakt hebben?' *Geen antwoord.*

ALFRED: 'Ja maar luister eens, wie is er eigenlijk met die concentratiekampen begonnen? Zeg eens eerlijk?' *(geeft zelf het antwoord:)* 'De Engelsen!'

UDO: 'De Yanks, de Yanks zijn ermee begonnen.'

ALFRED *(blijft bij zijn standpunt):* 'De Engelsen, het waren de Engelsen! Churchill. Churchill was eerste luitenant in het Engelse leger. Luister, Churchill was — in de koloniale oorlog was hij eerste luitenant, sergeant dus.'

MICHAEL: '...Hitler had dat niet moeten doen.'

ALFRED: 'Weet je wel wat Churchill gedaan heeft?'

MICHAEL *(blijft erbij):* 'Echt, dat was zwijnerij.'

ALFRED: 'Die heeft ook aan twee fronten gevochten.'

MICHAEL: '...dat maakt niets uit. Het blijft zwijnerij. Hoor eens...'

ALFRED *(onderbreekt hem):* 'Zuidwest-Afrika heeft hij ons afgepakt, dat was een kolonie van ons. En toen is hij, heeft hij de Boeren... Heb je wel eens gehoord van de Boeren? Hij heeft vrouwen en kinderen in tentenkampen in de woestijn opgesloten en ze allemaal laten verrekken. Vrouwen en kinderen, allemaal dood.'

MICHAEL: 'Is ook niet waar. Maar Hitler was de grootste massamoordenaar van alle tijden...'

ALFRED *(onzeker geworden door de tegenspraak van zijn collega Michael, pakt Ali):* 'Luister, jij bent niet dom, niet?'

IK (ALI): 'Hangt er van af...'

ALFRED: 'Wat is het verschil tussen Turken en joden?'

IK (ALI): 'Voor jou geen verschil zeker.'

ALFRED *(triomfantelijk):* 'Nou en of! De joden hebben het al achter de rug!'

UDO *neemt het woord. Tegen Alfred:* 'Hé, ik ken een veel betere.'

ALFRED: 'Laat horen!'

UDO *tegen mij (Ali):* 'Hoeveel Turken gaan er in een Volkswagen?'

IK (ALI): 'Weet niet.'

UDO: 'Twintigduizend. Dat geloof je niet, hè?'

MANFRED DUNKEL, *woordvoerder van de Westduitse bond van werkgeversverenigingen,* verklaarde in 1964 naar aanleiding van de komst van de miljoenste gastarbeider: 'Zonder deze gastarbeiders hadden we deze arbeidstijdverkorting nooit kunnen doorvoeren (van 42½ naar 40 uur) en zonder deze gastarbeiders was deze hele opleving na 1959 niet mogelijk geweest... Ik zie toch het liefst uit naar de tijd dat er helemaal geen gastarbeiders meer in ons land zullen zijn, maar de industrie het ons technisch mogelijk maakt, alles op eigen kracht voor elkaar te krijgen, zodat we het zonder die nog altijd behoorlijk moeilijke en dure gastarbeiders kunnen stellen.'

IK (ALI): 'Zal wel kloppen als jij zegt.'
UDO: 'Wil je weten hoe?'
IK (ALI): 'Liever niet.'
UDO: 'Heel eenvoudig. Twee voor, twee achter en de anderen in de asbak.'
ALFRED *(droog):* 'Ha, ha. Om díe kan ik al lang niet meer lachen. Die heeft zó'n baard. Ik heb die mop al wel honderd keer gehoord. Ken je de nieuwste al? Loopt een Turkse jongen met een herdershond op straat. Komt hij een Duitse man tegen. Vraagt die Duitser: "Waar ga je heen met dan zwijn?" Zegt de Turkse jongen: "Dat is toch geen zwijn, dat is een echte Duitse herdershond. Heeft zelfs een stamboom." Zegt de man: "Hou jij je bek dicht, ik heb jou toch niks gevraagd?" *Alfred en Udo proesten van het lachen.*
MICHAEL: 'Vind ik niet goed. De mop op zich wel, maar niet dat jullie dat vertellen waar Ali bij is. Die kan zo'n mop toch verkeerd opvatten.'
IK (ALI): 'Kan niet lachen daarom. Ook over jodenmop valt niks te lachen.' *(Tegen Alfred):* 'Waarom hebben Duitsers zo weinig te lachen dat moppen moeten altijd op kosten van anderen?'
ALFRED *(boos):* 'Lol moet er zijn. Bemoeien jullie je nou maar niet met onze zaken. Anders valt er binnenkort voor jullie helemaal niets meer te lachen.' *En provocerend tegen mij:* 'Ken je dokter Mengele?'
IK (ALI): 'Ja, moordenaarsdokter uit concentratiekamp!'
ALFRED: 'Ach die Mengele was helemaal zo gek nog niet. Hij heeft in ieder geval geen Turken voor zijn proeven gebruikt. Wil je weten waarom niet?' *Ik houd liever mijn mond.* 'Omdat,' *kijkt hij mij vol*

haat aan, 'omdat jullie nergens goed voor zijn, zelfs voor proeven op mensen zijn jullie niet te gebruiken.'
MICHAEL: 'Ja, maar weet je, als ik die verhalen lees en hoor, dan schaam ik me dat ik Duits ben, eerlijk.'
ALFRED *(genietend):* '...Toen heeft hij ze daarin gezet en gekeken hoe lang ze leefden, als ze daar in het ijs zaten.' *En tegen mij:* 'Zeg, wat ben jij ook al weer precies? Je bent toch geen echte Turk? Je moeder is toch een Hottentot of zoiets?'
IK (ALI): 'Ik heb Grieks moeder, vader Turk.'
ALFRED: 'Wat ben je nu eigenlijk? Turk of Griek?'
IK (ALI): 'Alle twee. En ook wat Duits. Want al tien jaar hier.'
ALFRED *tegen de anderen:* 'Moet je die idioot horen. Hij denkt dat hij van alles wat is. Dat krijg je als de rassen door elkaar gehutseld worden, dan weet je niet meer wat er uitkomt. Hij heeft geen vaderland. Zo iemand is een communist. Waar hij vandaan komt wemelt het van de communisten. Dat moest verboden zijn.' *Tegen mij (Ali):* 'Ik zal je eens iets vertellen. Alleen tegen jou. Ik kom uit een land en dat wordt... Waar ik gewoond heb, waar ik geboren ben... dat wordt door de Russen geregeerd.'
IK (ALI): 'Dat spijt me voor je.'
ALFRED: 'Maar dit kan ik je wel zeggen: de Russische regering, hoe die verder ook is, lijkt om te beginnen op die van Adolf Hitler. Dat kan ik je vertellen! En die Russen hebben pas...'
IK (ALI) *(val hem in de rede):* 'Klets. Zijn net zo mensen als hier. Willen geen oorlog ook.'
ALFRED: 'Luister, ga maar na — je moet altijd de politiek van die lui — je moet het in z'n geheel bekijken. Weet je, je moet het zó zien... Let maar op. Niet dat dat als een belediging moet worden opgevat. Maar iedere laag van de bevolking heeft een andere, een totaal andere mentaliteit, een andere manier van leven... Begrijp je wat ik daarmee bedoel?'
IK (ALI): 'Ja, maar Turken meer met elkaar leven en elkaar helpen ook.'
ALFRED: 'Duitsers leven op hun eigen manier, die houden van netheid en orde. Als ik van mijn werk kom en op de bank ga liggen en ik zou wasgoed zien liggen of ik zou de schrobber in de hoek zien staan of over een emmer vallen, als ik de deur open deed, dan kreeg ik een toeval! De vrouw doet het huishouden en ík doe mijn werk. Ik moet het geld verdienen en zij moet zorgen dat de was klaar is.'

IK (ALI): 'Bij ons ook zo.'
ALFRED: 'Stel dat ik zou zeggen, hoe staat het met mijn werkkleren. O, die ben ik vergeten te wassen. Dan wordt het bonje. Daar kun je van op aan.' *En verder:* 'Weet je wat er van Berlijn- Kreuzberg geworden is? Het is een chaos, pure chaos.'
IK (ALI): 'Jij bedoelen door de Turken?'
ALFRED: 'Precies!'
IK (ALI): 'Vroeger geen chaos?'
ALFRED: 'Hoor eens, met jou kan ik daar wel openlijk over praten. Als ik naar het buitenland ga, naar Spanje of naar de Oostblokstaten, maakt niet uit, dan pas ik mij aan aan de gewoonten van het land. Ik word erop attent gemaakt en dan gedraag ik mij ook zo. Luister, als ik nu omgekeerd in Turkije zou werken en mijn gevoelens de vrije loop zou laten, dan was ik niet op het werk, maar dan zat ik voortdurend in de bajes.'
IK (ALI): 'Veel Turkse collega's nu Ramadan houden, hebben vastentijd, geen alcohol, niet? Maar waarom zij zich aanpassen moeten en maar zuipen als de Duitsers?'
ALFRED: 'Schijt aan je Ramadan. Aanpassen aan de mensen hier of aan de mentaliteit! Ik kan hier niet de smeerlap uithangen.'
IK (ALI): 'Doet geen enkel Turk-collega. Kijk maar hier bij Thyssen. Werken allemaal net zo goed als Duitsers, soms nog meer.'
UDO: 'Soms nog meer! Dat is overdreven, zeg!'
ALFRED: 'Weet je wat ze bij Mannesmann gedaan hebben? Weg met alle Turken! Hier bij Remmert zijn heel wat Turken die meteen verbrand moesten worden. Als je die lui al ziet, word je al razend... Gisteren heb ik nog tegen zo'n Turk gezegd: als je niet langzaamaan doet, dan trap ik je voor je kloten en stuur je naar huis. Oh, die houd ik in de gaten.'
MICHAEL: 'Ze hebben hier gewerkt, jullie hebben hier gewerkt — prima. We hadden jullie nodig — en daarmee afgelopen. Jullie zijn hier! Daar kunnen we nu niets meer tegen doen, hè?'
IK (ALI): 'Wij toch niet uit onszelf gekomen. Wij zijn toch gehaald. Toen altijd gezegd: kom! kom! Hier veel verdienen. Wij hebben jullie nodig. Wij zijn niet zomaar gekomen.'
MICHAEL: 'Ja, dat is waar. We moeten ze schadeloos stellen.'
UDO: 'Kijk maar eens hoe Mannesmann dat doet.'
MICHAEL: 'Maar op het ogenblik zijn er zo veel werklozen. We zitten toch zelf in een crisis.'

UDO: 'Mannesmann heeft meteen gezegd: iedereen 10 tot 30.000 mark.'
IK (ALI): 'Als iedereen weggaan, jullie geen pensioen meer krijgen. Dan hele pensioen voor jullie kapot. Als wij weggaan, wij allemaal ons geld krijgen. En jullie geen pensioen meer hebben.'
ALFRED: 'Ach, allemaal onzin. Zo veel Turken zijn hier niet.'
IK (ALI): 'Toch 1,5 miljoen. Dan zijn jullie failliet.'
ALFRED: 'Weet je wat Zwitserland met buitenlanders doet? Als je in Zwitserland als gastarbeider werkt, dan heb je een arbeidscontract van 11 maanden. De twaalfde maand is vakantiemaand. In die maand, waarin je thuis bent en vakantie hebt, je hebt je adres opgegeven, ze kunnen je dus schriftelijk bereiken, dan laten ze je weten of je weer mag werken of thuis kunt blijven. Zó regelen ze dat in Zwitserland. In die maand beslissen ze of je weer terug kan komen of dat je als kameeldrijver je tijd mag doorbrengen.'

Mehmets odyssee

Mehmet, een al wat oudere collega, valt mij (Ali) steeds weer op door zijn rustige manier van doen. Hij is evenwichtig, bijna stoïcijns en pakt het gevaarlijkste en zwaarste werk aan. Hij is vriendelijk en komt met zijn halfkale, grijze kop en zijn ronde, nogal rimpelige gezicht vaderlijk over. Ik (Ali) schrik even als Klaus, een collega van Remmert, vertelt dat Mehmet pas 49 is. Ik had gedacht dat hij 60 was.
Op een goede dag neemt Mehmet afscheid en vertrekt voor 'vijf weken vakantie' naar Turkije. Ik (Ali) vraag aan andere collega's: 'Veel vakantie bij Remmert? Vijf weken vakantie gaat niet bij Vogel. Meteen ontslaan!' 'Bij ons normaal gesproken niet,' zegt iemand, 'maar Mehmet heeft binnen één jaar drie ongelukken gehad. Daarom was de baas voor één keer eens gul.'
Ik vraag nog verder. Mijn collega's vertellen een eensluidend verhaal over de zware ongelukken die Mehmet heeft gehad. Het eerste ongeluk was niet eens bij Thyssen gebeurd maar in de peperdure villa van Remmert in Mühlheim, Dohle 11. Mehmet en een Duitse collega moesten in de kelder een sauna aanleggen. Daarvoor moesten ze graven en een paar muren gedeeltelijk wegbreken.
'En toen is het gebeurd. De Duitse collega stond beneden te graven en toen merkte Mehmet dat een muur naar beneden kwam. Hij trekt

zijn collega eruit (anders was die waarschijnlijk bedolven), maar Mehmet krijgt de hele muur op zijn linker schouder.'

De arts maakt een röntgenfoto van zijn versplinterde beenderen en verklaart Mehmet voor 46% invalide.

Mehmet moest meer dan twee maanden in het ziekenhuis blijven. Remmert, de eigenaar van de villa, gaf hem geen schadevergoeding of een uitkering. In plaats daarvan beloofde slavendrijver Remmert dat Mehmet ondanks de ernstige verwondingen bij Thyssen mocht blijven werken. Bij smogalarm en ijzige koude wordt Mehmet in februari opnieuw in de nachtdienst ingedeeld. Door de ijzel glijdt hij in de sintelafdeling uit en komt ongelukkig terecht, omdat hij instinctief probeert zich met zijn gezonde arm af te zetten. Daarbij verstuikt hij zijn arm, maar zó erg dat die in het gips moet. Mehmet (die een vrouw en drie kinderen heeft, van wie er een vanaf de geboorte invalide is) is nauwelijks genezen of hij moet alweer de ene nachtploeg na de andere 'draaien'. Na veertien dagen achter elkaar gewerkt te hebben stort Mehmet doodmoe zijn bed in. Maar twee uur later wordt hij gebeld of hij er nog maar een dagdienst aan vast wil plakken. Als Mehmet 's avonds om acht uur haar huis wil, bepaalt de voorman dat hij meteen na het avondeten weer op het werk moet verschijnen voor de volgende nachtdienst.

In een kelder maakt Mehmet pijpleidingen schoon waardoor steeds gloeiend ijzer naar beneden komt en waar de rook zo erg is dat je geen hand meer voor de ogen kunt zien. Oververmoeid en uitgeput struikelt Mehmet en komt met één been in een gat in de vloer terecht. Diagnose in het ziekenhuis: gescheurde gewrichtsbanden. Maar ook na twee operaties is Mehmets been nog steeds niet in orde. Toch werkt hij door: Als hij terug is van vakantie, vertelt hij me: 'Wat kan ik doen? Ik moet toch werken! Kinderen, schulden...'

Het valt niet mee een gesprek aan te knopen met Mehmet. Na een paar dagen is hij alweer overwerkt en oververmoeid. Hij denkt alleen nog maar in ploegendiensten, kan zich vaak bepaalde maanden niet meer herinneren, alleen nog of het toen bij Thyssen erg koud of smerig was. Hoewel hij al sinds 1960 in de Bondsrepubliek is, spreekt hij nog steeds gebroken Duits. In de strijd om zijn hoofd boven water te houden heeft hij geen tijd gehad om de taal goed te leren. (Daarom hielp een Turkse collega bij de vertaling van deze gesprekken.)

Praten wordt trouwens niet gevraagd, alleen maar 'aanpakken'.

Mehmet heeft moeizaam geprobeerd om zichzelf en zijn gezin een

nieuw vaderland te geven. Hij vertelt dat hij de eerste tien jaar overal gewerkt heeft waar maar werk was. Overal, door het hele land. Het lukte hem tenslotte om in 1970 als bestuurder van een vorkheftruck een vaste baan te krijgen bij Thyssen in Duisburg. 'Ik verdiende toen tussen de 1.600 en 1.700 mark netto, met wisselende diensten. Daarnaast heb ik ook nog als automonteur gewerkt...'
Na jaren lang sparen en met een krediet van de bank kocht Mehmet tenslotte voor zijn gezin een half vervallen rijtjeshuis in Duisburg-Mettmann. 'Als ik bij Thyssen had kunnen blijven, was alles nu afbetaald.' Maar zijn Duitse voorman haalde een streep door de toch al schamele rekening.
'In 1980 ging ik op vakantie. Komt de voorman en zegt tegen ons: breng een tapijt voor me mee uit Turkije, maar wel een echte! Toen heb ik gezegd: Hoor eens, echt tapijt, goede kwaliteit, kost bij ons minstens 5000 mark. Zoveel geld heb ik niet. Toen zegt hij: breng je geen tapijt voor me mee, dan zul je wat beleven als je terugkomt!'
Toen Mehmet uit Turkije terugkwam, treiterde de voorman hem dagen lang met allerlei zwaar werk. Als 'straf' voor het niet meegebrachte 'geschenk'.
'Hij zei: Kom naar mijn kantoor. Ik naar zijn kantoor. Toen heeft hij een beetje gescholden, maar ik heb niets gezegd. Drie uur later, toen ik weer aan het werk was, komt de bedrijfspolitie, haalt me eruit en ik moet maar naar huis gaan want ik had de voorman geslagen. Maar dat was niet waar.'
Zonder een onderzoek naar wat er gebeurd was, werd Mehmet, na tien jaar bij Thyssen gewerkt te hebben, op staande voet ontslagen. Er was niet eens een aanklacht tegen hem ingediend, bijvoorbeeld wegens 'toebrengen van lichamelijk letsel'. Maar omdat Thyssen in de ontslagbrief als reden 'fysiek geweld tegen een collega' had opgegeven, weigerde het arbeidsbureau aanvankelijk hem een uitkering te geven. Mehmet moest eerst maar eens met getuigen komen. Een aantal collega's, onder wie ook Duitsers, legden op het arbeidsbureau de eensluidende verklaring af dat de reden van ontslag duidelijk een farce was.
Mehmet: 'Het was echt een schok, alles. Toen ben ik heen en weer gerend om ander werk te zoeken. Twee of drie maanden niets gevonden. Toen eindelijk een baan bij een spaanplaatfabriek in Duisburg-Hamberg. Ook weer met een vorkheftruck. Ik was er vijf maanden, alles was oké, geen enkel probleem. Maar toen kreeg ik een telegram.

Er stond in dat mijn moeder gestorven was. Ben ik naar de baas gegaan en heb gevraagd of ik een week vrij kon krijgen om naar de begrafenis te gaan. Heeft hij gezegd: Hoezo? Na vijf maanden heb je nog geen recht op vakantie! Heb ik gezegd: maar mijn moeder is dood. Toen heeft hij alleen gezegd dat hem dat niet interesseerde. Ik ben toch naar Turkije gegaan. Een week later kom ik terug: ontslagen.'

Omdat Mehmet schulden heeft vanwege zijn huisje, zoekt hij intensief naar een baan. Weer drie maanden werkloos. 'Toen heb ik het groot rijbewijs gehaald voor vrachtwagens. Overal gesolliciteerd. Eindelijk kon ik op een bestelwagen rijden voor een kleine firma en voor weinig geld. Twee dagen later komt er een brief van de firma 'Rheinperle'. Daar had ik ooit dekzeilen gerepareerd. Ik er naar toe. Zegt de baas: je kunt bij ons onmiddellijk beginnen op de vorkheftruck. Later misschien ook als vrachtwagenchauffeur. Daar ben ik vier jaar gebleven.'

Door een 'nog beter' aanbod wordt Mehmet verleid om van baan te wisselen: dertien mark per uur bij een expeditiebedrijf in Düsseldorf. 'Bovendien achttien mark onkostenvergoeding. Heb ik meteen gedaan. Is toch logisch.' Maar vijf maanden later wordt hij ontslagen 'wegens gebrek aan werk.'

'Ik weer overal heen. Arbeidsbureau zegt: kom over drie of vier maanden maar terug. Er is geen werk. Heb ik weer overal gevraagd, bij allerlei firma's. Dan vertelt een buurman dat Remmert chauffeurs zoekt. Ik zeg: waar is Remmert? Hij zegt: moet je bij Mannesmann vragen. Ik naar Mannesmann. Heb een week lang, ieder dag, op de baas van Remmert gewacht. Maar die kwam niet. Ik steeds weer door poort vier naar binnen waar de lui van Remmert werkten. En maar wachten. Toen heb ik een lasser gevraagd: Waar is het kantoor? Zegt hij: In Oberhausen. Ik meteen naar Oberhausen, 's middags om drie of vier uur. De voorman zei alleen: je kunt meteen beginnen, maar het is wel zwaar en smerig werk. Ik zeg: ik werk graag, ik moet werken, smerig werk of niet. Ik moet brood verdienen, dat moet.'

Mehmet betaalt ervoor met zijn gezondheid, Remmert met 12,24 mark bruto per uur.

Slavenhandel

Vogel wil ooit 'zo groot worden als Remmert'. Dat is zijn droom, of beter zijn verklaard doel van de strijd. In feite is de afstand tussen Vogel en een Remmert ook niet onoverbrugbaar. Die afstand is ongeveer die van de onderwereld tot de halflegale wereld: terwijl Vogel zijn mensen zonder enige officiële vergunning verkoopt, werkt Remmert tenminste af en toe legaal.

Directeur Alfred Remmert heeft het zover gebracht dat hij bijna alleen nog maar geld hoeft te tellen dat bij zijn beide bedrijven door het verhuren van arbeiders binnenkomt: hij stelt 170 mensen te werk in zijn zogenaamde 'Industriereinigung GmbH'/(waar Vogel op zijn beurt weer mensen aan verkoopt) en bovendien laat hij ongeveer 660 schoonmaaksters via zijn schoonmaakbedrijf 'SWI' voor zich werken. Ook voor het uiterst zware werk bij Thyssen of Mannesmann, dat je nog het best zou kunnen vergelijken met werk in de sloop of de bouw, betaalt Remmert loon volgens het tarief voor het schoonmaken van gebouwen: 11,28 mark. Wie het langer dan een jaar volhoudt, krijgt ongeveer 60 pfennig meer. Het tarief voor bouwvakarbeiders zou 14,09 mark bedragen.

De 36 buitenlanders bij Remmerts 'Industriereinigung' hebben het nog slechter: 'Enkelen krijgen de beloofde toeslagen voor vuil werk, andere niet,' zegt Yilmaz G.

Een andere Turk *die voor Remmert bij Mannesmann moest werken, vertelt dat de bedrijfsleider de arbeiders met valse beloften aanspoort tot hogere prestaties:* 'Ze zeiden tegen ons, als jullie meer dan 20 ton per dag stoken, dan betalen we jullie iedere ton daarboven 2 mark extra. We hebben toen ontzettend hard aangepoot en aan het eind van de maand hadden we 1600 ton extra gestookt, dat zou 3200 mark hebben moeten opleveren. Voor iedere stoker — we waren met acht Turkse collega's en drie Duitse — had dat 300 mark meer moeten zijn. In werkelijkheid heeft Remmert ons geen pfennig extra betaald.'

Yilmaz G.: 'De collega's die via Remmert in de cokesovcn werkten, waren ook ontevreden met hun loon, omdat daar een heleboel arbeiders van andere firma's voor hetzelfde werk meer geld kregen. Er waren mensen van een sloperij uit Duisburg, die bijna 3,50 mark meer kregen per uur.' Net als bij Thyssen worden ook bij Mannesmann regelmatig overuren gemaakt. Yilmaz schat het maandelijkse aantal uren van Remmert-mensen bij Mannesmann op 230 tot 250 uur.

Ook bij Mannesmann worden de mensen als 'desperado's' verstookt. Ook hier stof, rook, ongevallenrisico, waar ze ook ingezet worden.

EEN LID VAN DE ONDERNEMINGSRAAD *bij Mannesmann:*
'Wie bijv. als ontsteker bij de ovens wordt ingezet, werkt de hele dag in een onnatuurlijke, gebukte houding. Daar komt dan nog de voortdurende hitte van de vlammen bij.' 'Bijna zoals vroeger op de galeien', *zegt* ALI K., 'als je instort, gooien ze je overboord. We hadden een Turkse collega die voor Remmert als stoker bij Mannesmann werkte. Op een dag kreeg Mehmet bij het verladen van het ijzer een ketting tegen zijn knieën — hij brak toen beide benen. Hij lag zes of zeven maanden in het ziekenhuis en Remmert heeft hem er toen al snel uitgegooid. Toen Mehmet weer een beetje gezond was, is hij eens op het werk gekomen en heeft gevraagd of ze hem niet voor vier of vijf uur per dag weer konden aannemen, omdat hij na het ongeluk niet meer zo lang kon staan. De bedrijfsleider heeft hem niet eens uit laten spreken, hij heeft hem gewoon weer weggestuurd.'
Bovendien zijn ongelukken onvermijdelijk vanwege veel voorkomende dubbele of driedubbele ploegendiensten die Remmert van zijn mensen eist. De firma Remmert transporteert bij de hoogovens bijvoorbeeld slak met vrachtauto's. Van collega's weet ik, dat mensen in deze vrachtauto's tot 36 uur achter elkaar onderweg zijn. Dat is niet alleen gevaarlijk voor de mensen van Remmert, maar ook voor iedereen die te voet op het terrein van de hoogovens onderweg is. 'Als er iemand rondrijdt, die al 36 uur achter het stuur heeft gezeten, is het nog maar een kwestie van tijd voor het tot een ernstig ongeluk komt,' vreest Ali K.

De Duisburgse firma Staschel — net als Remmert ook illegaal koppelbaas bij Mannesmann — had ook 's morgens al een ploegendienst met zijn arbeiders bij de cokesovens, 's middags een bij de hoogovens, en 's avonds de nachtploeg in een filiaal van de buizenfabriek in Mülheim. De mensen werkten 24 uur aan een stuk...
Bij Mannesmann begon de slavenhandel, nadat het concern aan de lopende band Turkse en andere buitenlandse werknemers die al jaren in dienst waren, het bedrijf uit probeerde te dringen: om hen kwijt te raken bood Mannesmann hen tot 40.000 mark 'oprotpremie'. Men wilde daarmee met 600 arbeidsplaatsen inkrimpen. Tegelijkertijd sti-

muleerde de firma de angst van de Duitse werknemers dat ook hun arbeidsplaatsen gevaar liepen, als niet genoeg buitenlanders naar hun eigen land terugkeerden.
Deze dreiging leidde tot een uiterst geïrriteerde sfeer in het bedrijf, vele collega's wilden dat de Turken zouden verdwijnen, zodat bijvoorbeeld hun eigen zonen die bij het bedrijf in opleiding waren, hun arbeidsplaatsen zouden behouden. Oudere Turken moesten een taalexamen doen, een poging om hun ongekwalificeerdheid te bewijzen. Wie daarna nog steeds 'niet bereid was tot terugkeer', werd met het vooruitzicht op korter werk en ontslag via een sociaal plan onder druk gezet. Op deze wijze gingen meer dan 1000 Turken weg bij Mannesmann. Startsignaal voor koppelbazen als Remmert bij Mannesmann aan de slag te gaan.

De verdenking

'Iedereen van Vogel aantreden.' De sheriff klapt in z'n handen en ontbiedt ons tijdens de pauze.

'Mijnheer Vogel wil jullie na het werk, vanmiddag om 4 uur, in café "Sportlereck" in de Skakeragstrasse ontmoeten om te praten over de organisatie van het werk en de voortdurende geldkwesties. Dan weten jullie dat. Wees wel op tijd want hij heeft het druk. Dat moest ik erbij zeggen.'

Het is onze vrije tijd, waarvoor we niet betaald worden. Nadat we na het werk meer dan een uur hebben rondgehangen, begeven we ons naar het opgegeven adres. We wachten een kwartier. We wachten een half uur. Maar al wie er komt, Vogel niet.

'Die verneukt ons toch,' zegt Mehmet, 'laten we naar huis gaan.'

De enigen die achterblijven zijn de trouwe voorman Wormland, diens broer Fritz (23) en ik (Ali). We staan aan de bar als er twee politieagenten in uniform en één in burger het café binnenkomen, in het rond kijken en de ongeveer 20 klanten aan een kritische blik onderwerpen. Eén van de agenten vraagt: 'Is er net iemand binnengekomen, ongeveer 40 jaar, blond haar, 1.70 m groot? De Commerzbank om de hoek is overvallen en er is voor 40.000 mark buitgemaakt.'

Mijn buurman aan de bar begint te giechelen. Hij is tegen de zestig en aan z'n achtste bier toe.

'Zou ik niet verraden, zou ik tegen niemand zeggen, al wist ik het,' zegt hij hardop zodat de agenten het kunnen verstaan. 'Ik zou sam-sam eisen. Maar dan hield ik mijn mond.'

'Van wie is die groene Volkswagen-Passat buiten met dat Keulse nummerbord?' vraagt de oudste van de agenten streng.

Ik kijk door het raam en zie dat een overvalwagen vlak voor mijn auto parkeert en dat een paar agenten nieuwsgierig staan te kijken naar mijn oude kar die onder de deuken zit en hier en daar verroest is. Godverdomme, als ze mij nu identificeren, staat het morgen triomfantelijk in de 'Bildzeitung'. Dan is alles voor niks geweest. Uit voorzorg had ik de auto wel op een andere naam laten zetten, maar ik heb de valse papieren niet bij me.

Mijn auto ziet er ook zo verschrikkelijk verwaarloosd uit dat hij precies schijnt te passen in het cliché van de politie: wie in zo'n auto rijdt, moet wel een bank overvallen.

Ik zeg niks en kijk een andere kant uit. Mijn Duitse collega Fritz

stoot mij aan en zegt: 'Zeg, dat is toch jouw auto? Waarom zeg je dat niet?' 'Hou je kop,' reageer ik (Ali), 'auto niet gekeurd, dus straf.' Fritz probeert Ali's situatie razendsnel uit te buiten: 'Wat krijg ik als ik m'n mond hou? 100 mark of ik vertel het.' Hij kijkt demonstratief in de richting van de agenten.
'Heb niet zo veel,' zeg ik (Ali) en ding op de prijs af tot een kratje bier. Intussen zijn de agenten begonnen alle klanten afzonderlijk te vragen van wie de verdachte wagen is. Een van hen komt ook op ons toe, maar we kunnen hem niet helpen. Dan vertrekken de politiemannen. Ik slaak al een zucht van verlichting omdat ik denk er op het nippertje van af te zijn gekomen. Maar even later verschijnt opnieuw politie. Dit keer zijn het drie man in uniform en twee in burger. Kennelijk is deze grootscheepse opsporingsactie slecht georganiseerd, weet de ene hand niet wat de andere doet, want de leider van de groep stelt dezelfde vraag als zijn collega daarnet: of hier een blonde man, ongeveer 40 jaar en 1.70 m. groot met een witte plastic zak was binnengekomen, waarin bankbiljetten ter waarde van ongeveer 40.000 mark zaten.
Een paar klanten barsten in lachen uit en beschouwen het als een geslaagde grap.
'Ja, die is net naar achteren om te pissen', zegt één van hen. Hij is ongeveer veertig jaar en licht beschonken. Zijn lengte en de kleur van zijn haar komen overeen met de beschrijving van de dader.
'Láát die onzin alsjeblieft'. De leider van de groep houdt duidelijk niet van grapjes. 'Anders laat ik u arresteren wegens misleiding en tegenwerking van een ambtenaar in functie.'
Zijn blik dwaalt door het lokaal en blijft op mij (Ali) rusten. Ik ben de enige *buitenlander* in het café, zie er in mijn werkplunje nogal haveloos uit, en de zwarte olievegen op mijn gezicht zijn er bij het wassen niet helemaal afgegaan.
'Kom jij maar eens mee!' Hij wijst nadrukkelijk op mij (Ali). Energiek komen twee jongere ondergeschikten op mij af. Ik trek witjes weg en zie alle moeite en werk voorgoed de mist in gaan. Eén moment overweeg ik nog om langs hen heen naar buiten te glippen en mijn heil te zoeken in de vlucht. Maar buiten wemelt het van de agenten en een overijverige diender zou me van achteren wel eens kunnen neerschieten.
Kalm blijven, heel kalm blijven, praat ik mezelf aan, vooral niet laten merken dat je nerveus bent. Je hebt het recht aan je kant. Wat kunnen

ze je eigenlijk doen?
'Hoezo meenemen?', ga ik (Ali) meteen in de aanval. 'Ben jonge man, 28 jaar, zwart haar en één drietachtig lang. Dief is toch ouder en veel kleiner,' wijs ik ze op de duidelijke verschillen.
Maar kennelijk staat het hoofd van de leider niet naar logica. Het lijkt wel of hij door mij (Ali) geïnspireerd, op een heel nieuw, veelbelovend spoor is gekomen.
'Meekomen,' zegt hij bars. 'Hou je mond als je niets gevraagd wordt.'
Eén van zijn collega's wil mij bij de arm pakken, maar ik ruk me los en zeg: 'Ik doe niks, kom al mee.'
Buiten, voor het café, word ik omringd door nog meer agenten. Enkelen van hen in burger.
Vervloekt nog an toe, hoe kom ik hier nu weer uit? Ze zijn gefrustreerd omdat de echte dader hun door de vingers is geglipt en nu zoeken ze een ander slachtoffer.
'Papieren!' eist de politieman.
'Niks papieren,' zeg ik (Ali). 'Baas Vogel papieren weggenomen, laat ons iedere dag bij Thyssen werken en niks geen geld geven.'
Ik probeer zó verwarring te stichten om de aandacht van mezelf af te leiden. Maar hij gaat er niet op in.
'Naam? Adres?' verhoort hij mij.
Ik (Ali) spel omslachtig mijn Turkse naam 'S-i-n-i-r-l-i-o-g-l-u.'
Vriendelijk lachend kijk ik hem aan als hij begint te vloeken omdat de naam zo ingewikkeld is en ik zeg bemoedigend: 'Ik weet, is moeilijk naam. Kunt ook Ali zeggen.'
Die opmerking schijnt hem niet milder te stemmen, want hij kijkt des te vijandiger. Ik geef mijn adres op: Dieselstrasse 10, waar ik (Ali) overigens nog niet officieel geregistreerd sta. Via de politiezender volgt dan ook prompt de negatieve bevestiging: op dat adres staat geen Ali Sinirlioglu geregistreerd.
De jonge agent pakt mij (Ali) weer beet en zegt: 'Dan zullen we maar eens naar je huis rijden. Dan kun je ons je papieren laten zien.'
Ik probeer er nogmaals onderuit te komen: 'Baas heeft papieren. Komt dadelijk. Hij is groot gangster, jat ons geld, hoort in gevangenis. Hij moet mee.'
En ik vestig weer de aandacht op Thyssen: 'Kunnen meerijen naar poort 20. Daar is stempelkaart. Kunnen jullie zien dat ik daar werk.'
Ze zijn enigszins geïrriteerd maar denken er in de verste verte niet aan. De link met de naam Thyssen levert in hun ogen geen feitenma-

teriaal op. Daaraan willen ze hun vingers kennelijk niet branden. Eén van de politie-agenten stelt voor: 'We kunnen maar beter naar de bank rijden en hem daar met de employés confronteren'.
'Ja prima, laten gaan,' gaat Ali onmiddellijk enthousiast er op in, en hij maakt al aanstalten om met zijn vieze werkplunje, die onder de olie zit en druipt van het vet, in de patrouillewagen te stappen. Eén van de politiemannen rukt mij (Ali) naar achteren en brult: 'Weg jij! Met die smeerolie bederf je nog onze zitting!'
Intussen is een dichte drom mensen om ons heen gaan staan.
'Hij heeft een Duits meisje proberen te verkrachten,' raast een ongeveer 50-jarige huivrouw met een propvolle boodschappentas, die ze achter zich heeft neergezet tegen de muur.
'Moet je zien wat voor koude, priemende ogen die heeft,' stemt een man van ongeveer 65 met haar in. 'Typisch een krankzinnige amokmaker. Maar goed dat ze hem te pakken hebben.'
'Hij heeft toch alleen maar de bank overvallen,' corrigeert een jonge man van ongeveer 25 die tegen zijn fiets staat geleund.
Er ontstaat ruzie in de groep. De meesten zijn het eens met de jonge man, maar anderen blijven bij de verkrachtingstheorie. Een vrouw beweert dat ze het verkrachte meisje nog 'heeft horen schreeuwen toen het met de ziekenwagen werd afgevoerd.'
Ik (Ali) word op straat ongeveer 20 minuten verhoord (in die tijd heeft de echte bankrover alle tijd gehad om er vandoor te kunnen gaan), tot de commandant een beslissing neemt: 'Jij gaat weer naar binnen, het café in, en wacht tot wij terug zijn met de getuigen voor een confrontatie. Probeer 'm niet te smeren. Vóór de deur blijft een agent die oplet dat je er niet vandoor gaat.'
Ik (Ali) blijf bijna een uur wachten, maar geen getuige te zien. Waarschijnlijk vonden ze naderhand de verdenking zelf zó absurd dat ze zich tegenover de getuigen niet bespottelijk wilden maken. Toen de agent die voor de deur op wacht stond, weg was, ben ik heel voorzichtig weggereden.
Maar voordat ik wegging, heb ik (Ali) de Duitse klanten in het café nog aangesproken: 'Hebben jullie gezien? Alleen omdat ik buitenlander ben, moet ik mee. De echte was toch blond haar en maar 1.70 meter lang en véél ouder!'
'Je had natuurlijk een pruik op kunnen hebben,' zegt een ongeveer vijftigjare belastingambtenaar aan de bar als grapje. En meteen barst de hele kroeg in een bulderend gelach uit.

'Ik heb het buiten gehoord,' vertrouwt de licht beschonken belastingambtenaar mij (Ali) nog toe, 'dat jullie daar zwart werken bij de hoogovens. Maar jullie zijn niet de enigen. Het komt ons steeds weer ter ore. Maar mijn bazen durven er niet aan, zelfs niet als ik ze dit nu zou vertellen.'

Twee maanden later kom ik opnieuw in een netelige situatie met de politie. Ik (Ali) kom nogal oververmoeid net van Vogel, ga in mijn wagen zitten, die een paar straten verder om de hoek geparkeerd staat, en ram bij het achteruitrijden een fonkelnieuwe Volkswagen-Golf.
Binnen een seconde staat een drom mensen om Ali heen. De eigenaresse van de auto komt opgewonden aangelopen en Ali bekent schuld, wil ook meteen voor de schade opkomen en haar dat zwart op wit geven.
Op de achtergrond roepen Duitsers die er niets mee te maken hebben: 'Niet geloven hoor. Het is een buitenlander. Dat zijn allemaal oplichters. U kunt beter meteen de politie erbij halen.'
Ik heb wel een rijbewijs dat op naam van een Turkse arbeider staat, maar de foto lijkt helemaal niet op Ali. Als ik op deze manier door de politie geïdentificeerd word, zou dat een al te onbenullig en banaal einde van de hele actie betekenen.
Daarom smeekt Ali de dame: 'Alsjeblief, geen politie. Geeft strafpunt in Flensburg en heb al strafpunt. Krijg ik straf, misschien rijbewijs weg en zelfs uitwijzing naar Turkije.'
De vrouw aarzelt nog, maar uit het publiek dat eenstemmig van mening is: 'Er moet politie bij,' rent al iemand naar de winkel aan de overkant om de politie op te bellen.
Even later verschijnt een wat oudere agent, neemt mij (Ali) uiterst wantrouwend op, maakt proces-verbaal op en beveelt mij mee te komen naar het dichtstbijzijnde politiebureau.
'Mocht hij van iets verdacht worden, dan meld ik u dat meteen,' zegt hij op kalmerende toon tegen de dame. Hij vergelijkt de foto op het rijbewijs met mijn (Ali's) uiterlijk en knikt instemmend alsof hij wil zeggen: 'Klopt,' hoewel ik absoluut niet op de foto lijk.
De rest van de gegevens controleert hij via de computer en het lijkt wel of hij verbaasd is dat alle gegevens in orde zijn.
'Niets aan de hand, u kunt gaan,' zegt hij. Ik (Ali) mag dus gaan.
'Goed werk,' feliciteer ik hem, 'duurt in Turkije één, twee dagen.'

'We zijn hier ook in Duitsland,' wijst hij mij niet zonder trots terecht.
'Ja, heb gemerkt,' antwoord ik, 'toch felicitatie.'
Ik ben dolblij als ik weer buiten sta.

Een mark de meter

Voor de verandering heeft Vogel iets heel bijzonders voor mij (Ali).
'Jij meldt je morgenochtend om zeven uur bij de firma Theo Remmert, dat is de broer van onze Remmert, daar ga je tegen akkoordloon hekken verven.'
'Hoeveel werk is?' wil Ali weten, en: 'Hoe lang?'
'O, heel wat,' zegt Vogel, 'daar kan je wel een jaar aan werken.'
'En wat verdienen?'
Dat ik zo iets geks vraag brengt Vogel in verlegenheid. Hij doet alsof hij iets uitrekent en zegt taxerend: 'Ja, laten we zeggen, één mark de meter.'
De baas in de fabriekshal waar ik (Ali) me de volgende ochtend moet melden, weet ervan. Vriendelijk glimlachend luistert hij naar de mededeling dat ik door Vogel ben gestuurd, en hij informeert naar het afgesproken loon. Als hij hoort, één mark per meter, zegt hij: 'Dan moet je wel verdomd hard doorwerken als je dan nog wat wil verdienen. Pauze is er dan niet bij.'

Het lijkt erop dat de firma Theo Remmert in tijdnood is geraakt. De ijzeren leuningen en hekken die door Remmert zijn vervaardigd moeten heel binnenkort afgeleverd en gemonteerd worden bij een nieuwe fabriekshal van Ruhr-Chemie. Het wordt bijna een week lang onvoorstelbaar hard werken. Als ik (Ali) van 's ochtends tot 's avonds doorwerk — en hoogstens af en toe tien minuten pauzeer — kom ik op maximaal vijftig meter per dag. De hekken zijn een meter vijfentwintig hoog, drie ronde stangen moeten met een kwast geverfd worden, plus onderaan nog een bredere rand. Met kleine kwastjes moet je elk hoekje en spleetje bewerken. Daartussendoor ook nog de hekken met een kraan uit een andere hoek van de hal halen en weer terugbrengen als ze geverfd zijn. De tijd die dat kost krijgt Ali van niemand betaald. Ook niet als de baas komt en bezwaar maakt dat een paar hekken niet zorgvuldig genoeg geverfd zijn, hier en daar ontbreekt de verf, op een paar kleine plekjes. Dat betekent dat die zware dingen via de kraan nog een keer heen en weer moet reizen. Ik (Ali) probeer met twee kwasten tegelijk te werken, om tijd te sparen. Dat levert echter niet veel op. Een Duitse arbeider, die in vaste dienst is, en die vóór mij (Ali) tegen uurloon die hekken heeft geverfd, kijkt mij (Ali) medelijdend aan en zegt: 'Zo'n tempo houdt geen mens toch dagen achter elkaar vol. Daar ga je kapot aan. Doe toch rustig aan.' Als hij hoort hoeveel het akkoordloon bedraagt, schudt hij het hoofd: 'Dat zou ik verdommen. Daarvoor neem ik niet eens de kwast in mijn hand.' Hij vertelt ronduit dat hij hoogstens de helft van Ali's prestaties levert en daarvoor een uurloon van dertien mark ontvangt. In Ali's tempo zou hij hooguit op vijf à zeven mark per uur uitkomen. Ondanks de miserabele beloning krijg je bij akkoordwerk een totaal andere houding tegenover je werk. Ondanks de ononderbroken stress is de druk van andere aard. Er staat niet aldoor iemand achter je die je voortdrijft. De angst voor werkgevers, bazen, controleurs is er niet! Je doet dit werk met een enigszins plezieriger gevoel dan bij Thyssen. Al kom je ook behoorlijk uitgeput thuis. Als je op je horloge kijkt, schrik je je wild dat het al zo laat is. Je zou liever willen dat het vroeger was. Bij Thyssen is het precies omgekeerd. De uren rekken zich daar eindeloos. Je bent verdomd blij als ze voorbij zijn. Je telt ze stuk voor stuk en je schrikt als je op de klok kijkt en ziet dat het nog vier eindeloze, martelende uren zijn tot het eind van de ploegendienst. Akkoordarbeid is het laagste, miezerigste niveau van zogenaamde zelfstandige arbeid, zonder dat daar enig reëel voordeel aan verbonden is.

Elke dag controleert de baas bij Remmert wat ik die dag heb gedaan en inspecteert hij de hekken. Soms moet ik nog onderdelen oververven of ontstane druppels weer afschuren en opnieuw verven. Ook die tijd krijg je van niemand betaald. Wanneer ik (Ali) bij de baas protesteer dat ik onmogelijk mijn loon kan halen, en het gevoel heb dat ik totaal uitgebuit word bij een loon van vijf tot zes mark per uur, maakt hij een afwerend gebaar: 'Daar hebben wij niets mee te maken. Wij betalen aan Vogel. Die krijgt er een goeie prijs voor. Ga maar naar hem toe.' Hoe hoog Vogels winst in dit geval is, wil hij Ali niet verraden. Ik vermoed echter dat hij minstens drie- tot vijfmaal zoveel krijgt, enkel en alleen voor het leveren van zijn slavenarbeider, zonder zelf ook maar een vinger uit te steken.
Nadat ik tweehonderdtien meter hekwerk van voren en van achteren,

van boven en van onderen en in de rondte met okerkleurige verf heb bestreken, en onvermijdelijk ook mijn schoenen, broek en hemd half daarmee heb ingesmeerd, is de opdracht voorlopig afgewerkt. De baas bij Remmert zegt dat de hekken die ik geverfd heb zo spoedig mogelijk in een nieuwe fabriekshal van Ruhr-Chemie worden geplaatst door mensen van Remmert, en dat pas over een paar weken nieuwe hekken gelast zullen worden. Van een jaar vast werk gesproken, wat Vogel had beloofd. Als ik (Ali) hem over de telefoon vertel hoe de zaken staan, zegt hij: 'Dat maakt niks uit. Meld je morgenochtend om vijf uur maar weer voor de Thyssenploeg.' En als Ali vraagt naar de betaling voor het verven van de hekken, zegt hij: 'We rekenen af zodra ik *mijn* geld daarvoor heb ontvangen van Remmert.' En: 'Dan kan je in de weekends doorgaan met hekken verven.'
Als ik (Ali) drie weken later nog steeds mijn tweehonderdtien mark voor dat zware extra werk niet heb ontvangen, roep ik Vogel ter verantwoording. 'Je hebt die hekken niet goed geverfd,' beweert hij glashard, en: 'Ik kan je dat geld niet uitbetalen, want ik heb door jou daar grote problemen gekregen, ik krijg zelf mijn geld niet.' Als ik vraag: 'Waarom dan?' bazelt hij wat over het 'My-getal' dat niet zou kloppen, dat wil zeggen dat de verflaag niet dik genoeg is. Ik beschouw dat als een van zijn gebruikelijke voorwendsels en trucs, maar zelfs als het waar was, dan zou het mijn schuld niet zijn. Mijn werk is door de baas bij Remmert gecontroleerd en naar behoren geïnspecteerd. Dus gaat Ali op pad om zijn geld op te eisen bij meneer Remmert persoonlijk. Om Remmert een beetje aan het schrikken te maken gaat hij meteen na de ploegendienst bij Thyssen in werkkleding en met een smerig en zwart gezicht naar het administratiegebouw van de Theo-Remmert-Werke. In de vestibule voor het trappenhuis prijkt, niet over het hoofd te zien, de levenswijsheid van de eigenaar van de Remmert-Werke, Theo Remmert:
'Er zijn mensen die de ondernemer zien als een schurftige wolf, die men zou moeten doodslaan. Anderen echter denken dat de ondernemer een koe is die men ononderbroken kan melken. Slechts weinigen zien in hem de man die de kar voorttrekt.'
Ali, stofslikker, ijzerpoetser, lastdrager en koelie, gaat op weg naar de karretrekker en zwetser Remmert. Hij slaagt erin onopgemerkt langs de dame van de receptie te komen en door te dringen in de etage van de bazen. Remmert zelf is niet aanwezig, maar een van zijn directeuren zit net te telefoneren over een miljoenenopdracht.

Hij verstart als hij mij (Ali) ziet binnenkomen.
'Wat is met Moe?' vraag ik (Ali) uitdagend. 'Heb mijn werk gedaan, baas zegt oké, en nu geen geld!'
'U bedoelt "My", dat is de dikte van de verflaag,' corrigeert hij, 'Weet ik niets van, ga naar Vogel, die hoort je je geld te geven.'
Het verwarrende spelletje gaat verder. Vogel stuurt Ali naar Ruhr-Chemie voor 'bijverven', zoals hij het noemt. 'Anders geen geld.'
Urenlang gezoek aan de rand van Oberhausen op een onoverzichtelijk, stinkend, groot industrieterrein van Ruhr-Chemie, totdat Ali eindelijk op duizelingwekkende hoogte zijn hekwerken al gemonteerd ontdekt. Hij wil naar boven klauteren, maar een bewaker houdt hem tegen. 'Levensgevaarlijk, daar moeten eerst nog loophekken worden aangebracht.' Hij weet niets van 'Moe' of 'My'. Hij zegt: 'Dat doet er toch geen donder toe, het belangrijkste is dat die hekken op hun plaats zitten.' Nogmaals protesteren bij Vogel (telefonisch): 'Ja, hier weer Ali. De baas zeggen, geen donder doen Moe. Hekken zitten, en niemand kan meer vallen.' Vogel wordt razend: 'Eerst oververven, volgende week weer daarheen, anders geen geld.'
Ook het volgende bezoek aan Ruhr-Chemie heeft geen succes. Als ik (Ali) het gemonteerd hekwerk inderdaad nog een keer had geverfd, zou dat bij het geklauter in de hoogte langer hebben geduurd dan de eerste keer, dan zou dat in mijn eigen tijd zijn gedaan en dan was mijn loon tot twee mark per uur geslonken. Hoe dan ook, voor deze speciale opdracht heeft Ali tot op heden geen cent gekregen.

Als in het Wilde Westen

Vogel woont in een keurige, elegante villawijk van Oberhausen, ongeveer vijftien kilometer van de August Thyssen hoogovens, waarvan het vuil door een nabij gelegen bosgordel wordt gefilterd. Om van de grauwe, smerige arbeiderswijken naar Vogels huis te komen, moet je meerdere malen met de bus overstappen. En zo dikwijls rijden ze niet. De collega's nemen de lange wachttijden op de koop toe. Menigeen die zijn komst tevoren telefonisch bij Vogel had aangekondigd, komt voor een gesloten deur te staan. Je maakt meer kans als je onverhoeds langskomt en zó aanbelt dat hij je van het raam uit niet kan zien. Vogel heeft steeds terugkerende standaardformules om zijn mensen af te poeieren: 'Ik kan dat nu niet nakijken', 'Voor een uurtje neem ik niemand in de maling', 'Ik heb geen cheques hier, en al helemaal geen contanten,' 'Ik ben al dagen met u bezig, maandag is uw loonafrekening klaar.' (Dat laatste is natuurlijk niet zo.) Of: 'Ik regel mijn zaken normaal in Dinslaken, daar heb ik nog een staalconstructie-bedrijf. Daar heb ik al mijn spullen.' Dan laat hij iemand de volgende dag daarheen komen om er dan zelf niet te verschijnen. Tegen mij zegt hij op een keer:

'Als dat zo doorloopt als totnutoe, dan ben ik de laatste die er niet een mark of zo op toelegt. Daar kun je op vertrouwen. Volgende maand praten we daar nog wel eens over.' Hij legt nooit ergens op toe. In plaats van het loon, zoals afgesproken, met een mark te verhogen, trekt hij twee maanden later van het loon van Ali een mark af. Hij legt uit waarom hij geen extra toeslag voor overwerk wil betalen, zelfs als er met pasen, pinksteren of kerstmis wordt gewerkt.

'Omdat we concurrerend werken. Daarom neemt Thyssen kleine of middelgrote firma's zoals wij omdat we in de regel goedkoper kunnen werken dan de Thyssenmensen zelf. Daarom doen ze het. Ze zouden het liefst nog meer eigen mensen ontslaan en nog meer firma's zoals wij naar binnen halen. Omdat wij goedkoper zijn!' Hij doet trucjes aan de hand om tegenover de officiële instanties de schijn van legaliteit op te houden. 'Vrijstelling voor hulpkrachten! Er bestaat in Duitsland namelijk een wet dat je tot een bedrag van 390 mark per maand belastingvrij mag verdienen en als je dan nog een familielid opgeeft waar je de naam van kan gebruiken, dan kom je helemaal een flink eind, en dat is volstrekt legaal.'

Of hij meldt iemand die ziek wordt met terugwerkende kracht aan bij het ziekenfonds, om hem een tijdje daarna weer af te melden.

Om betalingen als het even kan, te ontlopen, verlangt hij steeds weer van zijn arbeiders: 'Uurbriefjes! En door voorman Zentel ondertekend, want anders krijg je geen geld. Ik kan het anders niet meer natrekken.' Ik kan me niet aan de indruk onttrekken dat hij dit spelletje met Zentel afgesproken heeft, want die weigert gewoonlijk, na afloop van het werk, de briefjes te tekenen. 'Voor zoiets heb ik geen tijd', wimpelt hij meestal af. 'Dat krijgt Vogel elke dag op van me, hoeveel uur ieder van jullie heeft gewerkt.' Zo lopen we van het kastje naar de muur zonder de vereiste uurbriefjes, waar we ons loon mee binnen moeten zien te krijgen. Hoewel onze werktijden ook op de stempelkaarten van Thyssen precies staan genoteerd, gelden die

niet als bewijs voor Vogel: 'Die interesseren me niks. Die stempelkaarten zijn voor mij geen bewijs.'
Samen met Osman ga ik (Ali) onaangekondigd naar Vogel toe. Voor alle zekerheid om half zeven, zodat we hem zeker thuis treffen. Het is Osmans laatste dag in de Bondsrepubliek. Hij heeft het opgegeven en gaat de volgende dag met de bus voorgoed naar Turkije terug. 's Ochtends was hij voor niets bij Vogel geweest hoewel hij zijn komst telefonisch had aangekondigd.

Als VOGEL *mij (Ali) ziet, schrikt hij:* 'Wat zie jij er uit! Verschrikkelijk.'
IK (ALI): 'Ja, is zo met het werk. Allemaal drek en modder. Moeten steeds schoonmaken, gaat niet goed weg met wassen. Is te veel vuil, gaat in de huid.'
VOGEL *(bang dat zijn behang vies wordt):* 'Ga van die witte muur weg, je moet minstens een meter afstand houden, anders ga je er nog tegenaan leunen. Jullie staan te zwaaien van vermoeidheid.' *Tegen Osman:* 'Dat komt zo maar langs! God, wat een brutaliteit! Komen hier nog om zeven uur 's avonds aangekakt.'
OSMAN: 'Maar ik ga morgen toch terug naar Turkije en wilde nog wat kopen. Heb helemaal geen geld.'
VOGEL: 'Daar kan ik niks aan veranderen. Het is toch van god los!'
Hij kan zich niet meer beheersen en dit keer is zijn woede niet alleen maar gespeeld. Hij herhaalt nog minstens drie keer dat dit toch 'van god los' *is om zich nog meer op te winden:* 'Straks komen jullie nog om tien of elf uur 's avonds.'
IK (ALI): 'Nee, nee, niet bang zijn. Zo laat niet. Wij moeten ook slapen toch.'
VOGEL *(laat zich niet kalmeren):* 'Het is werkelijk godsbrutaal! Komen ze om zeven uur bij me thuis aangekakt. De onbeschoftheid. Dat haal je je voortaan niet nog eens in je hoofd. Ik ben Jan Lul niet! Gaat morgen naar Turkije, staat te liegen dat-ie barst. Ik laat me niet in de maling nemen!'
IK (ALI): 'Is echt waar! Ik breng hem zelf naar bus.'
VOGEL: 'Waar bemoei jij je mee? Hou je er buiten! Zeven uur, kwart over zeven, krijg je ineens bezoek, het is hier het wilde westen niet!'
OSMAN *(geeft niet op)*: 'Maar meneer Vogel, hoe moet ik het dan doen. Ik ben er morgen toch niet meer, dan heb ik toch voor niets gewerkt!'

VOGEL: 'Je denkt zeker dat ik alles nog eens een keer door ga kauwen. Eruit met jullie!'

Buiten op straat krijgt Osman tranen in zijn ogen van woede: 'Hij heeft me belazerd met mijn geld. Nu ga ik voorgoed naar Turkije en kan ik er niets meer aan doen.'

Yüksels woede

Weer bij Thyssen. Gesprek met YÜKSEL ATASAYAR (20 *jaar) na afloop van het werk, doodmoe en onder het stof, wachtend op het busje dat ons komt ophalen.*

YÜKSEL: 'Ik speel voor 30 à 40 mark in de lotto. Niet altijd.'

IK (ALI): 'In één week?'

YÜKSEL: 'Vaak wel. Misschien heb ik geluk. Beter zo dan 30 à 40 mark aan sigaretten uitgeven. Denk je eens in: iedere dag sigaretten. Wat kost dat per maand? Reken maar uit: 4 x 30 mark.'

IK (ALI): 'Ja, 120 mark, 1.440 mark per jaar. Over 10 jaar 14.000 mark en met rente heb je over 20 jaar bijna 30 à 40.000 mark.'

YÜKSEL: 'Zou mooi zijn... als we over 20 jaar nog leven.'

IK (ALI): 'Als we in die troep moeten werken niet. Ben je over 2 jaar misschien dood. Krijg je kanker. Niet altijd meteen, soms pas 5 jaar later.'

YÜKSEL: 'Ja, eerst komt de pijn en dan opeens ben je dood. Liever een beetje sparen en alles uitgeven voor je dood bent. Als ik ooit de moed heb, maak ik er voor die tijd een eind aan. Hoe lang wil jij blijven leven? Wat een rotleven! Geloof je in God?'

IK (ALI): 'Nee, geloof in ons zelf, niks van buiten. Kun je niet op rekenen. Die helpt je niet.'

YÜKSEL: 'Als God bestaat, waarom heeft God dan Vogel geschapen?'

IK (ALI): 'Verkeerde constructie. Wilde vast iets anders maar is mislukt.'

YÜKSEL: 'Als God bestaat, dan kan hij, dan maakt hij geen fouten. Als hij bestaat. God is God. Die mág geen fouten maken, kán ook geen fouten maken.'

IK (ALI): 'Misschien een gek, een waanzinnige. Is ooit de kluts kwijt geraakt. Anders bestond er geen Vogel en ook dit rotwerk niet.'

YÜKSEL: 'Verdomme — ik spuug erop.'

Onder de Turkse collega's is de 20-jarige Yüksel Atasayar degene die het beste observeert. Hij weet precies wie van de Duitsers bevooroordeeld is tegenover Turken, ook al draagt hij dat niet uit. Yüksel ziet meteen in wat voor stemming de Duitse voormannen en ploegbazen zijn en waarschuwt zijn vrienden op tijd voor de grillen en chicanes die hun te wachten staan.

'Pas op, Zentel zoekt vandaag een slachtoffer,' zegt hij 's morgens op de verzamelplaats als de 'sheriff' nog in z'n Mercedes zit te dutten. Het zijn meestal onbenullige tekenen, maar hij voelt dat er onweer komt. En inderdaad krijgt Zentel een paar uur later een aanval van razernij en stuurt een Turkse collega naar huis omdat die tijdens de onbetaalde pauze het werk heeft durven verlaten en Zentel hem op zijn inspectietocht niet heeft aangetroffen.

Yüksel Atasayar is alleen van naam een Turk. Hij is in Duitsland opgegroeid, spreekt accentloos Duits en voelt zich ook een Duitser. Ook qua uiterlijk lijkt hij niet op wat men meestal onder een Turk verstaat. Hij heeft donkerblond haar en grijsblauwe ogen. Zijn vader is een Rus van afkomst. Alleen om z'n naam wordt hij uitgestoten en komt hij automatisch bij de Turken terecht, met wie hij communicatieproblemen heeft. Had hij een Duitse naam gehad, dan zou hij zich heus niet de haat van de ploegbaas Alfred op de hals hebben gehaald, die voortdurend om het minste of geringste zijn agressies op Yüksel en andere buitenlanders botviert.

Als Yüksel op een keer Alfred, die weer eens als een bezetene aan het werk is en de tijd totaal vergeten is, helpt herinneren dat het eigenlijk al lang tijd is voor de pauze, gaat Alfred wijdbeens voor hem staan en blaft hem toe: 'Eerst moet het werk af en dan is er pauze. Zo is dat in Duitsland altijd gegaan. Daar zijn wij Duitsers mee opgegroeid. Weet je wat jij eigenlijk bent? Voor mij ben je een klootzak, een hartstikke grote klootzak.'

En tijdens de pauze krijgt hij opnieuw een uitbarsting van woede en roept driftig: 'Mocht je Mengele ooit tegenkomen... Weet je wel wie dat is? Dat was een van de beste onderzoekers op medisch gebied. En hij leeft nog steeds. Die hebben ze niet kapot kunnen krijgen. Als Mengele op het laadperron staat en jij moet er voorbij, dan zegt hij beslist: naar rechts jij! De gaskamer in! Zelfs voor mijn proeven deug je niet! En weet je waarom?'

Yüksel is doodsbleek en durft niets terug te zeggen. Hij zegt alleen maar: 'Nee, waarom?'

'Omdat ze met jou niks kunnen beginnen. Je bent alleen maar hier naar toe gekomen om je te drukken voor de militaire dictatuur, om hier op de kleuterschool op te groeien en alles met de paplepel ingegeven te krijgen. Was maar gebleven waar je thuishoort. Dan had je misschien begrepen wat het betekent om fatsoenlijk te leven. Jullie Turken hebben nog nooit een democratie gehad. Jullie weten niet eens wat dat is. Leer eerst maar eens te leven met een militaire dictatuur in plaats van hier op onze zak te teren.'
Yüksel heeft er van afgezien zich tegen dit soort uitvallen te verweren. Hij heeft andere ervaringen opgedaan en weet hoe gemakkelijk de grens wordt overschreden en het recht in eigen hand wordt genomen. Hij geeft er de voorkeur aan verdere beledigingen uit de weg te gaan, neemt zwijgend zijn boterhammen mee en gaat ver in een hoek van de fabriekshal zitten, buiten gezichts- en gehoorsafstand. Als hij een kwartier later weer op het werk verschijnt, zijn er op z'n gezicht dat onder het stof zit, een paar lichtere strepen onder zijn ogen te zien. Alsof hij gehuild heeft.

Overigens is Yüksel de enige die doorheeft dat er iets niet klopt met mijn tas. Als ik 's morgens bij het inladen van het werkvee als laatste in de bus klauter met mijn tas, van waaruit de gebeurtenissen worden vastgelegd, om de schouder, rust Yüksels blik wat al te lang op mijn tas. Als ik in de ochtendschemering met langzaam draaiende bewegingen de indeling van de collega's op de verzamelplaats op de plaat probeer vast te leggen, kijkt Yüksel nieuwsgierig toe. En als ik bij een of andere woedeuitbarsting van Alfred of bij de chicanes van andere ploegbazen mijn tas razendsnel op een verhoging er tegenover neerzet of aan een haak hang van waar goed zicht is op de gebeurtenissen, gebeurt het wel dat Yüksel mij een knipoog geeft ten teken dat het zijn goedkeuring wegdraagt en geheel in zijn straatje is. Toch word ik onzeker en maak me ongerust. Ik weet namelijk niet of hij er met andere collega's over praat.
Op een gegeven ogenblik, na een uitermate inspannende, hete dag in de hoogovens, wijst hij, als we uitgeput tegen de muur van de fabriek op de grond zitten te wachten tot het busje ons ophaalt, op mijn tas en vraagt: 'Goeie camera?'
'Zeg het alsjeblieft tegen niemand,' maak ik van de gelegenheid gebruik, 'ik kan er nu nog niet over praten. Later krijg je alles wel te horen.'

Hij merkt dat ik geschrokken ben en dat het mij ernst is. Dus dringt hij niet aan. Al die maanden houdt hij zijn mond.
'Je moet alles vastleggen, alles wat die honden met ons doen,' fluistert hij me toe, 'je moet alles precies noteren.'
Hij schijnt te vermoeden wat ik van plan ben en helpt me regelmatig met relevante inlichtingen zonder me ooit uit te horen. Yüksel is niet bepaald politiek maar hoewel hij nog bijna een kind is, bewaart hij strikt het stilzwijgen, al weet hij meer. Waarschijnlijk omdat hij diep gekwetst is en uit de radeloosheid daarover een sterk gevoel van saamhorigheid is gegroeid.

YÜKSEL ATASAYAR *geeft een schets van zijn leven:*
'Toen mijn ouders twintig jaar geleden naar Duitsland kwamen, was ik net geboren. We komen uit Amassia. Waar dat precies ligt, weet ik eigenlijk niet. In ieder geval in de buurt van Armenië. Maar eerlijk gezegd weet ik het niet precies. Bij ons thuis wordt Turks gesproken. De gewone dingen en zo. Maar echt goed kan ik het niet. Een diepgaand gesprek zou ik niet kunnen volgen. Van wat in de krant staat, ik bedoel in de Turkse krant, begrijp ik ook maar de helft. Maar mijn ouders, die spreken perfect Turks. Die spreken alleen maar Turks met elkaar. Maar goed Duits spreken kunnen zij weer niet. Ik voel mij meer Duitser dan Turk.
Mijn vader werkt bij Thyssen in de walserij, niet via een koppelbaas, maar direct bij Thyssen in dienst. Die verdient ook heel weinig: 1200, 1300 mark.
Hoe ik daar terecht ben gekomen? Via een collega. Die heeft me naar Vogel toe gestuurd. Ik heb me toen alleen bij de voorman voorgesteld. Mijn collega zei dat ik gewoon werkplunje aan moest trekken. Heb ik gedaan. Ik vroeg of ze nog mensen nodig hadden. Hebben ze gezegd: ja, stap maar in de bus... Ik stapte in de bus en die reed toen door naar Thyssen. Daar werden we verder ingedeeld en naar de verschillende afdelingen gebracht.
De eerste dag was kloten. Alles. Overal troep, overal stof, en dan die walm! Hartstikke kloten voor de gezondheid. Heel slecht. We hebben in de gieterij schoongemaakt, gereedschap, machines, alles. Maar al die stof en die walm kreeg je ook naar binnen. Tot kotsens toe. Eentje is er flauwgevallen. Sommigen stortten in, die kregen geen lucht meer. We krijgen geen werkkleding en toeslag voor stoffig en smerig werk zit er ook niet in. Vogel belazert ons waar en wanneer

hij maar kan, hij behandelt ons als slaven. En van die hele loonbriefjes, daar klopt ook nooit een moer van. Over een hele maand heeft hij minstens vijftig à zestig uur in z'n eigen zak gestoken.
Je wordt echt razend als je zulk smerig werk doet... Hij zorgt niet eens voor werkschoenen. Die Vogel is iemand die met niemand medelijden heeft. Kan hem wat schelen of er iemand crepeert. Zal hem een zorg zijn of er iemand kapot gaat. Zo praat hij ook! Bijvoorbeeld over geld. Zo veel heb je helemaal niet nodig, vindt hij. Je bent toch niet getrouwd... wees blij dat je hier mag werken!
Kan hem wat schelen hoe het met je gaat. Hij lapt het aan zijn laars als er eentje onderdoor gaat. Het is een soort pooier. Het is hem een rotzorg wat er met het meisje gebeurt, of ze kapot gaat. Het laat hem koud wat voor klant ze krijgt. Dat bedoel ik. Hoofdzaak is: ze komt met geld aan. En met ons net zo. Hoofdzaak is: we brengen geld binnen. Een zuivere gangster, die zelf altijd op de achtergrond blijft.
Ik krijg ook nooit het juiste loon, zou nu nog meer dan 800 mark moeten krijgen. Dat ik maar 8,50 mark bruto (dat is 5,90 mark netto) krijg, heeft met getrouwd of ongetrouwd niets te maken. Is alleen maar dat hij meer in zijn eigen zak kan steken. Die vent is zo meedogenloos. Zelf doet hij niets. Hij incasseert alleen maar...
Wat denk je dat ik het liefst met hem zou willen doen? In de bak ermee. De bak in, niet doodmaken of zo. Kan hij lekker z'n straf uitzitten. En weet je wat ik ook zou willen? De banden van z'n Mercedes kapot steken. Op een goeie nacht doe ik dat. Maar wel alleen.
Soms is het vreselijk vermoeiend, voel je je echt bedonderd. Door het stof en de walm is het altijd wel erg. Je voelt je zó ellendig. Eigenlijk is iedere dag verschrikkelijk. Het werkt meteen op je longen, merk ik heel goed. Ik ben eigenlijk een sportief type. Vroeger ging ik altijd minstens een uur hardlopen. Maar nu merk ik het al na een paar minuten, voel ik pijn in m'n longen... Kijk maar naar oudere collega's. Die zien er behoorlijk beroerd uit. Ook die van Remmert.
Sommigen werken hier drie, vier jaar en zien er echt uitgeteerd uit. Zijn zo tussen de dertig en veertig, maar zien er uit als vijftig, soms wel zestig. Geen haar meer op het hoofd, vermagerd, een afgetrokken smal gezicht en doodsbleek.
Soms denk ik dat ik kanker krijg, longkanker; bij wat we daar allemaal inademen. Je kunt af en toe geen hand voor je ogen zien. Op de

oxystaal-afdeling is het soms heel erg. Ik ben bang dat we nog pijnlijk aan ons eind zullen komen. Daarvoor ben ik bang.
Eén keer had ik het gevoel alsof er een kernoorlog was geweest. Zó erg zag het er uit. Al dat stof en die walm! Ik weet het niet, het was echt verschrikkelijk. Zoals je wel op de film ziet, bijna te vergelijken met oorlog.
Op sommige plaatsen is het gevaarlijk om te werken. Op één plaats is bijvoorbeeld gevaar voor gas. Daar kun je kapot aan gaan. We moeten daar in van die ruimten werken waar het hartstikke gevaarlijk is. Hangen borden dat je dood kunt gaan als er teveel gas naar buiten stroomt. Maar van het gas merk je niets, dat kun je niet ruiken... Er was zo'n kleine controlemeter, waarop je het af kon lezen. Ik ben een paar keer duizelig geworden, had ook braakneigingen. Op sommige dagen is het bijna niet uit te houden. Dan had ik ook totaal geen honger, kon geen hap door m'n keel krijgen, heb alleen maar stof gegeten. Dat kon je echt eten, kon je gewoon doorslikken, zó dicht waren de stofwolken. Ik weet niet wat er allemaal in zit: lood, cadmium of wat het ook is. Soms ging ik in een hoek eerst even overgeven en daarna even zitten om weer lucht te krijgen.
Je moet het zelf hebben meegemaakt. Ook al heb je naderhand gedoucht, het blijft in je longen zitten, zet zich overal aan vast. Je bent dan uiterlijk wel schoon, maar van binnen zit nog van alles. Je staat praktisch alleen maar in de stront en ruimt stront op. En de volgende dag is er weer nieuwe stront. Steeds hetzelfde liedje.
En zo slecht betaald. Ik begrijp het niet. Ze willen zo rijk mogelijk worden en niets weggeven. En ze zijn al zo rijk. Als Vogel de bak in draait, ach, dan gaat Remmert gewoon door. Kapot ga je toch. En Thyssen weet dat ook. Thyssen vergeeft het werk, die moet het toch weten.
Voor mij betekent het leven eigenlijk niets. Heeft normaal gesproken toch geen enkele zin. In het begin, als je veertien, vijftien jaar bent, als je langzaam volwassen wordt, heb je een meisje en zo en wil je graag met haar naar bed. Nou en? Dat heb je dan gedaan – en wat dan nog? Nee, dat is ook niet alles. Als je uit jezelf, met je hoofd iets wil bereiken, dan heeft het leven zin maar anders... vergeet het maar. Dan heb je ook zin om iets te doen en zo... maar verder heeft het leven toch geen enkele zin. Wat heeft het eigenlijk te betekenen?
Wanneer ik het gelukkigst was? Je bedoelt in het algemeen? Dat was toen ik twaalf was, toen ik met mijn ouders op vakantie was in Turkije.

Het was fantastisch. Voelde me heel anders. En het ergste? Hier bij Thyssen, waar ik werk voor de firma Vogel. Dat is het allerergste. Ben nog liever dood.'

Douche voor noodgevallen

Minstens één keer per week worden we naar de oxystaal-installatie gestuurd om het stof op te ruimen dat zich daar voortdurend ophoopt. Op een hoogte van 50 tot 57 meter moeten we in gesloten ruimtes het stof op de machines met samengeperste lucht weg blazen tot het zich ergens vastzet, om daarna de laag stof van 1 tot 3 centimeter dik bij elkaar te vegen en in kruiwagens weg te brengen. De stofwolken slaan onmiddellijk op bronchiën en longen. Het stof bevat veel lood en andere schadelijke metalen zoals mangaan en titaan, en natuurlijk een hele hoop fijne deeltjes ijzer.

Een opzichter bij Thyssen, die ons werk controleert, zei een keer tegen Yüksel, die tijdens het werk een verschrikkelijke hoestbui kreeg en rochelend om een stofmasker vroeg: 'We hebben geen stofmaskers voor jullie. Maar ijzer is heel gezond. Goed voor je bloed. Als je lang genoeg ijzerhoudende stof binnen krijgt, kun je een magneet op je borst zetten. Ik garandeer je dat die blijft zitten.'

Later informeert Yüksel, die helemaal niet van grapjes houdt, bij onze ploegbaas of het waar is van die magneet. Hij wordt door de hele ploeg uitgelachen en voor 'Turkse idioot' uitgemaakt.

Als we bezig zijn, worden we steeds door sirenes en rode knipperlichten gewaarschuwd om de werkplek onmiddellijk te verlaten. Nog ten overvloede lichten er voortdurend bordjes op, waarop staat: 'Tijdens het blazen met samengeperste lucht deze plaats onmiddellijk verlaten! Gevaar voor explosie! Wegens vrijkomen van zuurstof!'

Maar we moeten doorwerken. Een Turkse collega, die bang werd en weg wilde kreeg van een opzichter van Thyssen te horen dat hij gewoon moest doorwerken. Anders betekende het dienstweigering en kon hij naar huis gaan. 'Anders hebben jullie meer pauze, dan dat je werkt.'

Later legt een voorman, vanuit zijn standpunt bezien, de zin uit van de regelmatige waarschuwingssignalen: 'Omdat er ooit iets is gebeurd, zijn de hoogovens verplicht een dergelijk alarmsysteem aan te leggen. Mocht er onder ongunstige omstandigheden ooit weer iets gebeuren,

dan is Thyssen niet verantwoordelijk. Jullie waren namelijk duidelijk genoeg gewaarschuwd om niet door te werken.'
Dat wil zeggen dat de August Thyssen-hoogovens niet verantwoordelijk zijn. Als er iets gebeurt, zijn we zelf schuld. We zijn voldoende gewaarschuwd. Dus is het onze eigen stomme schuld.
Maar gelukkig zijn er in deze gevaarlijke zone op verschillende plaatsen douches geïnstalleerd, waar je onder kunt gaan staan als je in brand bent geraakt. En om het ook aan buitenlanders die de Duitse taal niet beheersen, duidelijk te maken staat op emaille borden een figuurtje van een arbeider afgebeeld, die in vuur en vlam staat en in werkpak, met helm en al, onder de douche staat. Met het opschrift: *Douche voor noodgevallen.*

Eindelijk prettig werk bij Sintel 3. We staan op een dak en laten aan een touw emmers stof en modder in een container zakken. Lichamelijk is het werk wel zwaar en begin je al gauw te zweten, maar de lucht is draaglijk en je kunt over de industrieterreinen heenkijken, in de verte zelfs de Rijn zien. Je voelt je meteen een ander mens. Eindelijk weg uit die donkere, onderaardse holen vol stof en de frisse lucht in! De regen nemen we maar al te graag op de koop toe. Het vrije uitzicht, geen aanvallen van verstikking! Het verschil is bijna zo groot als gevangenis en vrijheid. Of om het heel banaal te zeggen: een verschil van dag en nacht.
Nadat we bijna drie uur lang van deze relatieve vrijheid konden genieten, worden we opeens weer overgebracht naar de oxystaal-installatie. In razende vaart rijden we er met de Mercedesbus heen, gehurkt op kruiwagens en ander gereedschap.
Op een nogal onoverzichtelijke plaats wordt een al wat oudere Turkse arbeider bijna door de bus overreden. Commentaar van de ploegbaas tegen onze Turkse chauffeur: 'Geef rustig gas. Staat een premie op. Wéér een Turk minder.'
Zentel, de ploegbaas, vertelt ons wat ons te doen staat. Het gigantische apparaat dat het ruwe ijzer aanvoert, is vastgelopen. De hele produktie ligt stil. Iedere minuut betekent een gigantisch verlies voor de hoogovens. Door de blokkering is ook nog een onderdeel gebroken. Een nieuw onderdeel is intussen aangekomen en wordt net gemonteerd.
Het is onze taak ons in de supersmalle, stoffige buizen te persen en te kijken hoe we de zaak weer aan de gang kunnen krijgen.

'Schiet op, aanpakken,' zegt de sheriff, 'jullie mogen er pas uit als de zaak weer loopt. Om uiterlijk 1 uur moet het geregeld zijn.' Via wankele ladders klauteren we spleten, nauwelijks ter breedte van onze schouders, binnen en proberen met breekijzers, reusachtige voorhamers en schoppen de aangekoekte korsten ijzererts los te kloppen. Maar het zit zó vastgekoekt dat het nauwelijks loslaat. Voorman Alfred jaagt ons op en krijgt een ware woede-aanval als hij ziet dat de troep slechts met stukjes en brokjes loslaat.

'Ellendige hottentotten, karpatenkoppen, komijnturken, knoflookjoden,' somt hij alle hem bekende nationaliteiten in één keer op. 'Vergeet het maar met jullie. Ze zouden jullie met z'n allen tegen de muur moeten zetten en een nekschot geven!'

Hij gaat als een wilde te keer, wordt bijna handtastelijk en smijt onze nieuwe Indiase collega een breekijzer naar z'n hoofd, dat rakelings langs hem heen gaat. 'Blijf toch in je eigen land,' blaft hij hem toe, 'ik ga toch ook niet bij jullie in Turkije werken.'

'De collega is uit India,' probeer ik (Ali) te verbeteren.

Maar Alfred blijft bij zijn standpunt: 'Ik kan al uit de verte zien of

Dagboeknotitie

Het was in de walserij. Somber, grauw, totaal donker. Je voelt je als een mol in deze gewelven. En plotseling heeft iemand ergens in de fabriek — zijn eigen oplossingen makend — met een voorhamer twee stenen uit de muur geslagen. Daar kun je door naar buiten kijken. Dat staat gelijk met een blik op de vrijheid. Daar gingen we allemaal wel eens heen om doorheen te kijken. Je ziet weliswaar alleen maar hoogovens en rook, die alles neerdrukt en somber maakt, maar je ziet tenminste de buitenwereld. Dat is al bijna een bevrijding op zichzelf. En er komt frisse lucht naar binnen. Nu zeg ik ook al frisse lucht tegen die troep die daarbuiten hangt.
Het lijkt wel oorlog, steeds nieuw gevaar, waarop je niet bent voorbereid. De voorman zegt het ook als we aan het werk gaan: in de aanval! Hier onder de Bremmstrasse in de onderaardse gangen, vliegen de gloeiende brokken erts je om de oren.
D. zegt dat ik de laatste tijd veel in mijn slaap praat, 's nachts. Ook in gebroken Duits.

iemand uit Anatolië komt of niet. En die daar heeft dezelfde maffe uitdrukking op z'n gezicht. Dat zie ik meteen, of iemand uit Anatolië komt. Daar hebben ze allemaal een klap van de molen gehad.'
Alfred had tegen een Duitse collega op het werk bij hoog en bij laag beweerd dat ik (Ali) ook uit Anatolië kwam. 'Die stelt altijd van die stomme vragen, dat hou je niet voor mogelijk.' En mijn antwoord op zijn vraag waarom ik niet alsjeblieft in Turkije was gebleven: 'Om politieke reden. Daar militaire dictatuur,' was voor hem aanleiding om tegen zijn Duitse collega te zeggen: 'Ali werkt hier omdat hij niet terug kan naar Turkije, omdat daar die idioot van een Komeini zit.'
En verder: 'Ali is een terrorist. Weet je wat er onder Hitler met die lui gebeurde? Op de knieën en een nekschot!'
Na een uur zinloos jagen en afbeulen door Alfred, verschijnt de sheriff en overtuigt zichzelf ervan dat het werk met ons primitieve gereedschap niet opschieten kán. Hij laat pneumatische hamers en beitels en lange krabbers aanrukken en onder de ergste stofwolken die je je maar kunt voorstellen, moeten we, zonder masker, de vastgekoekte ijzerhagel de lucht in blazen. Onder voortdurend gevloek,

Eens ziek, altijd ziek

Onderzoekers op het gebied van ziekte-oorzaken (epidemiologen) hebben al tientallen jaren lang onderzoek gedaan naar de gezondheidsschade die arbeiders in de cokesovens oplopen, overal ter wereld. Er bestaat daarom geen enkele twijfel: het werk in de cokesovens maakt ziek. Het grootste gevaar schuilt in het fijne vliegende stof in de uitstoot, omdat die teerdeeltjes bevatten. 'Teer, resp. teerstoffen, hebben een kankerverwekkende werking', schrijft de Hamburgse Professor dr. A. Manz in het vaktijdschrift *Arbeitsmedizin*. Hij voegt eraan toe: 'Dit gegeven is bekend en wordt in de medische wetenschap nergens serieus bestreden.'

Alleen over de frequentie van de kankergevallen bij arbeiders in de cokesovens worden verschillende opgaven verstrekt. Door de instanties in de Bondsrepubliek wordt tot op heden alleen huidkanker erkend als typisch gevolg van het beroepsmatig in aanraking gekomen zijn met steenkoolteer. Het grootste probleem zit echter allang ergens anders.

De arbeiders bij de cokesovens kennen drieëneenhalf keer zoveel ziektegevallen als de gemiddelde Duitse man, als het gaat om longkanker, en ongeveer twee maal zoveel als het blaas-, resp. maag-darm-kanker betreft. Vergelijkt men de arbeiders bij de cokesovens met witte-boordenwerkers, dan zijn de getallen nog veel alarmerender: cokesarbeiders hebben een tienmaal grotere kans, aan blaaskanker te overlijden, en lopen een achtmaal grotere kans longkanker te krijgen.

De oorzaak is de onderzoekers bekend: het Benzo(a)pyreen, een sterk kankerverwekkende stof van het steenkoolteer. Benzo(a)pyreen bevindt zich ook in sigarettenrook. Weliswaar in relatief geringere hoeveelheden: in de lucht rond de cokesovens is de concentratie 300 tot 400 keer sterker. Hoofdzakelijk vanwege het Benzo(a)pyreen eist het ministerie van Gezondheid dat er op de sigarettenverpakking een waarschuwing tegen het roken wordt afgedrukt. Maar in de cokesovens…

Een groot onderzoek dat onder Poolse arbeiders bij de cokesovens werd verricht, toont aan dat er een nauwe samenhang bestaat tussen 'niet-specifieke chronische aandoeningen van de luchtwegen (zoals bijvoorbeeld chronische bronchitis) en de gassen uit de cokesovens. Maar dat is niet alles. Wie eenmaal bronchitis heeft, loopt een bijzonder grote kans, andere ziekten op te lopen, omdat het immuunsysteem van het lichaam door het gas van de ovens duidelijk wordt aangetast. Eens ziek, altijd ziek, luidt het devies.

Professor Manz kent het resultaat: arbeiders bij de cokesovens hebben een duidelijk kortere levensverwachting.

op onze zij op de grond liggend, kruipen we in het binnenste van de machine rond. Het donderende lawaai van het pneumatische gereedschap dreunt in de nauwe, stalen buizen uiterst pijnlijk in je oren. Gehoorbescherming? Nooit van gehoord. Onze ogen branden en

Interniste DR. JUTTA WETZEL *bericht over haar buitenlandse patiënten:*

'In het algemeen worden buitenlandse werknemers onder de minst gunstige werkomstandigheden ingezet. Het is niet alleen het bekende smerige werk, vaak zijn het bezigheden (en dat telt veel zwaarder) die uren lang in de meest onmogelijke houdingen moeten worden verricht. Het gevolg is voortijdige slijtage van de wervelkolom en de gewrichten. Bovendien worden bronchitis en gastritis in de hand gewerkt door de sterke ontwikkeling van stof- en rookwolken. Daar komt nog bij dat het werken met schadelijke stoffen zoals bijvoorbeeld asbest, de gezondheid in nog grotere mate bedreigt.
Ik ken dit soort werk overigens alleen maar uit de geloofwaardige beschrijvingen van een paar patiënten. Ik heb het tijdens inspecties nooit zelf te zien gekregen, ook al had ik daar uitdrukkelijk om gevraagd. Ondanks het hoge percentage werklozen, kunnen de bedrijven maar zelden Duitsers vinden die dit werk willen doen. De grote ondernemingen (zoals hoogovens, mijnen, wegenbouw, scheepswerven, de chemische industrie en de autofabrieken) zijn daarom aangewezen op buitenlandse werkkrachten en nemen het relatief grote ziekteverzuim op de koop toe.
In het licht hiervan is het dan ook nodig het aantal zieken onder Duitse en buitenlandse werknemers in verhouding te zien tot de verschillende omstandigheden waarin deze mensen werken.'

iedereen is als een gek aan het snotteren, hoesten en rochelen. Het is een hel. In zo'n situatie, vertelt Mehmet later, zit je nog liever een paar maanden in de gevangenis dat dat je dit nog een paar uur moet verdragen. In zulke situaties hebben sommige collega's Vogel de meest vreselijke dood toegewenst, hebben ook wel besloten om alles op één kaart te zetten en een inbraak te plegen die de moeite loont, of zelfs een bankoverval. Want wie in zo'n situatie verkeert, heeft niets meer te verliezen. Voor hem is zelfs de gevangenis niet afschrikwekkend meer. Ondanks de werkbroek zitten onze knieën onder de schrammen en het bloed. De handschoenen zijn gescheurd. Maar de zaak krijgen we niet meer aan de gang. Het wordt één uur, twee uur, drie uur. We moeten met het zware gereedschap er op los bikken en maar stof slikken.
Tussendoor verschijnt er een hoge piet van Thyssen, loopt scheldend rond en roept dat de volgende ploeg al klaar staat om de installatie weer in werking te stellen. Of we maar even wat minder sloom willen zijn. Maar we spannen ons al tot het uiterste in, want we willen niets liever dan hier zo snel mogelijk weg.
'Jullie blijven net zo lang binnen tot de machine het weer doet,' zegt de voorman op gebiedende toon, 'al duurt het 20 uur.'

Yüksel heeft de moed om de 'hoge' van Thyssen bijna smekend om een stofmasker te vragen. Maar die antwoordt onbewogen: 'Die hebben we niet. Zorg maar, verdomme, dat het eindelijk klaar komt!'
Om kwart over zes, na twaalf uur, is eindelijk deze verschrikkelijke dienst voor ons afgelopen. Uitgeput dutten de meesten in de auto meteen in, ook al zitten ze in de meest ongemakkelijke houdingen en voor een deel bovenop het gereedschap.
Tijdens dit werk heb ik (Ali) letsel aan de bronchiën opgelopen en bijna voortdurend last van bronchitis. Als ik nu, na zes maanden, bij een hoestbui slijm opgeef, is het speeksel vaak nog helemaal zwart.

Loodzware ledematen

Hoewel de concentratie van stof in bepaalde werkruimten zó groot is dat we de troep niet alleen inademen maar regelrecht moeten vreten vindt men het niet nodig onze gezondheidstoestand of op z'n minst de rondhangende stoffen op zijn schadelijkheid te laten onderzoeken. Af en toe krijgen we een beetje melk. Dat is alles. Stiekem verzamel ik (Ali) monsters van het glinsterende stof in alle kleuren. Een handvol stof weegt even veel als een steen. Het materiaal wordt opgestuurd naar het onafhankelijke instituut voor milieu-onderzoek aan de universiteit van Bremen. Dit soort onderzoekingen horen in Bremen al jaren tot het routinewerk. Er werden daar bijvoorbeeld monsters van het fabrieksterrein van de batterijenfabriek 'Sonnenschein' in Berlijn onderzocht. Daardoor haalde dit bedrijf, dat vroeger eigendom van Schwarz-Schilling, minister van Posterijen en nu van diens vrouw is, de voorpagina's.
Vlak voordat dit boek gedrukt werd, hadden we de eerste uitslagen binnen. Het instituut had tot nu toe nog nooit zo'n grote concentratie van uiterst gevaarlijke, schadelijke stoffen vastgesteld. Alleen al de analyse van het eerste monster leverde voor de onderzoekers problemen op omdat de gevoelige apparatuur nauwelijks opgewassen was tegen dergelijke extreme concentraties. De uitslag ziet er uit als de 'Who's who' uit de wereld van de zware metalen: astaat, astapinium, barium, lood, broom, chroom, ijzer, gadolinium, kobalt, koper, molybdeen, niobium, palladium, kwik, rhodium, rubidium, rutenium, selenium, strontium, technetium, titanium, vanadium, wolfram, yttrium, zink en zirkonium. In totaal 25 verschillende schadelijke stoffen. Het allergevaarlijkst zijn twee metalen, die in grote concentratie voorkwamen: kwik en lood.
Het instituut van de universiteit in Bremen schrijft hierover:
'Lood is een gifstof die zich in het lichaam ophoopt, zelfs als het in geringe hoeveelheden door het lichaam wordt opgenomen. Deze opeenhoping kan tot een chronische loodvergiftiging leiden... Veranderingen in de persoonlijkheid, psychische storingen, verlamming en erfelijke kwalen' kunnen niet uitgesloten worden geacht.

Volgens de onderzoekers zijn de gevolgen van kwik niet minder gruwelijk: 'De eerste ziektesymptomen van kwikvergiftiging doen zich voor bij de zintuigen en uiten zich in het jeuken en afsterven van handen en voeten en verder in gevoelloosheid rond de mond. Tegelijkertijd treedt letsel aan het gezichtscentrum op waardoor het gezichtsveld beperkt wordt. Beschadiging van het gehoorcentrum leidt tot vermindering van het gehoor of zelfs tot doofheid. Daarna wordt het centrale zenuwstelsel aangetast, met als gevolg vermindering van de beweeglijkheid van de spieren en gebrek aan coördinatie van de bewegingen. Dit leidt tot ernstige evenwichtsstoornissen. Armen en benen worden vaak spastisch en door spierkrampen misvormd. De hersenen verschrompelen tot 35 procent...'
Zelfs de kleinste concentratie van deze twee elementen kan toxisch (vergiftig) werken. Daarom is de grootste hoeveelheid kwik, die volgens de wet in levensmiddelen is toegestaan, vastgesteld op 1 milligram per kilo (1 ppm), voor lood is dit 10 milligram per kilo (10 ppm).
Onze ongewilde Thyssen-'maaltijd' bevat 80 keer meer kwik (77,12 ppm precies) en 2.500 keer zo veel lood (2.501 ppm).
De Wereldgezondheidorganisatie (WHO) beschouwt een hoeveelheid van drie milligram lood per persoon per week als het hoogste, toelaatbare percentage. Heel verraderlijk is dan ook de uitdrukking 'loodzware ledematen', want deze uitdrukking komt overeen met de werkelijkheid: 90 procent van het lood dat het lichaam binnendringt, komt uiteindelijk in het beendergestel terecht. De in het lichaam opgeslagen hoeveelheid lood neemt toe naarmate men ouder wordt, want het zware metaal wordt maar heel langzaam afgebroken. Hetzelfde geldt voor kwik, de andere gevaarlijke stof. Ook kwik hoopt zicht op. 350 milligram van deze stof kan al dodelijk zijn. Bij twee vergiftigingsrampen in Irak en Japan zijn honderden mensen gestorven omdat grotere hoeveelheden kwik in voedingsmiddelen terecht waren gekomen (25 milligram per kilo geconsumeerde vis, resp. graan).
In welke concentratie deze schadelijke stoffen in longen, bloed en het beendergestel van arbeiders in de hoogovens terug te vinden is, kan alleen door een bloedproef worden vastgesteld. Maar de meeste collega's hadden steeds weer ernstige klachten, zoals ademnood, misselijkheid, gebrek aan eetlust, overgeven, stoornissen van de bloedsomloop en ernstige aanvallen van bronchitis.
De onderzoekers zijn het er over eens dat bronchitis direct te maken heeft met stof en dat de andere klachten tot de klassieke voorbeelden van vergiftiging door zware metalen gerekend kunnen worden, vooral van loodvergiftiging.

Mensen als proefkonijn

Osman Tokar (22), een Turkse collega van mijn werk, is zijn woning kwijtgeraakt. Vogel heeft hem met de uitbetaling van zijn loon steeds weer aan het lijntje gehouden. Zijn huisbaas liet dat echter niet meer met zich doen. Osman moest zijn huis uit en zijn paar armzalige meubelstukken achterlaten. De huisbaas heeft ze als onderpand in de kelder opgeborgen, totdat Osman de 620 mark aan huurachterstand betaald heeft. Sindsdien is Osman zonder vaste verblijfplaats. Soms slaapt hij bij een neef op een matras in de gang, dan weer mag hij een paar dagen bij vrienden overnachten. Voor langere tijd kan hij nergens blijven omdat iedereen voor zichzelf eigenlijk al te weinig plaats heeft.

Een paar keer heeft Osman — zoals hij me beschaamd bekent — de nacht in de open lucht, op een bank in het park doorgebracht. En nu wordt hij met uitwijzing bedreigd omdat hij geen vast woonadres kan opgeven en ook al een keer sociale bijstand heeft aangevraagd. Hij wil niet terug naar Turkije. Hij is daar weliswaar zo nu en dan op bezoek geweest, maar hij voelt zich in het kille vreemde Duitsland toch meer thuis dan in het vaderland van zijn ouders waar hij alleen zijn eerste twee levensjaren heeft doorgebracht. Hij spreekt iets beter Duits dan Turks, maar het zijn beide voor hem toch vreemde talen gebleven. Hij weet niet waar hij eigenlijk thuishoort, alsof men hem 'zijn ziel gestolen' heeft.

Ik bied Osman aan in de Dieselstrasse te komen wonen, maar dat wijst hij af. Hij heeft aan zijn werk bij Thyssen al een chronische prikkelhoest overgehouden en hij is bang om 'in het gifbed naast de cokesfabriek' te slapen. Soms denkt hij erover, er een eind aan te maken. Nadat ik een keer een ploegendienst lang met hem in een stofbunker heb gewerkt en we de troep met liters tegelijk inademden en moesten overgeven, zei hij, toen we in de korte pauze naar het daglicht waren teruggekropen: 'Ik heb er al eens van gedroomd, met een duiksprong het laaiende vuur van de hoogoven in. Een flinke sis en je voelt niets meer.' Ik (Ali) zwijg onthutst.

'We hebben alleen angst, omdat het nieuw voor ons is, en we het nog nooit hebben gedaan,' zegt Osman. 'Als een worm in het stof kruipen en opgejaagd worden, is toch veel erger nog.' Hij vertelt over een arbeider die bij een ongeluk in de hoogoven viel en onmiddellijk weggloeide. Omdat er niets van hem overgebleven was, werd er symbolisch wat staal uit de gloeiende massa gehaald en overgedragen aan de verwanten om te begraven. In werkelijkheid werd zijn lichaam met het staal tot blik gewalst — voor auto's, pannen of pantserplaat.

Osman vertelt dat hij in Ulm een oom wil opzoeken. Hij kan daar wonen en werk krijgen. Dat is weliswaar minstens zo ongezond als bij Thyssen, maar het wordt tenminste betaald. Aanvankelijk praat hij er een beetje omheen, waar het om gaat: 'Bij Thyssen moeten we stof slikken en veel zwaar werk doen. Bij ander werk alleen slikken en van ons bloed geven.' Osman zegt dat voor dit bijzondere werk vooral veel vraag is naar Turken en andere buitenlanders, zoals Indonesiërs, Latijns-Amerikaanse ballingen en Pakistani. Het gaat om menselijke proefkonijnen voor de farmaceutische industrie. Ik vraag hem of ik niet in zijn plaats kan meedoen aan een proef die een van de komende dagen begint. Als schadeloosstelling bied ik hem de helft van wat hij als loon derft: 1000 mark. Hij gaat akkoord. Het komt mij ook wel uit omdat ik vanwege mijn kapotte schouder en langzaamaan chronisch wordende bronchitis de zware lichamelijke arbeid bij Thyssen eigenlijk al lang had moeten opgeven.

Het 'LAB' in Ulm is een van de grootste particuliere test-instituten van Europa. De kartoteek omvat 2800 *proefpersonen,* mensen waarop de proeven worden uitgevoerd. Men kan het ook zo stellen: op hen wordt uitgeprobeerd wat de gezondheid van de winsten van de farmaceutische industrie bevordert, en als nevenwerking valt er ook nog wel eens iets af voor de patiënten. De meeste proeven op mensen dienen niet de menselijke gezondheid: nieuwe geneesmiddelen worden er niet mee onderzocht. Het gaat om verkoopstrategieëen, om marktuitbreiding, om reclamecampagnes voor bestaande geneesmiddelen die onder nieuwe namen nieuwe afzetmarkten moeten veroveren. Het gaat er simpelweg om, naast 100 geneesmiddelen die onder verschillende namen verkrijgbaar zijn maar allemaal gebaseerd zijn op vrijwel dezelfde chemische substanties, het 101ste volledig overbodige geneesmiddel op de markt te brengen.
Het is al vaak aangetoond hoe firma's zelf rapporten van respectabele specialisten vervalsen of herschrijven die in werkelijkheid gebaseerd zijn op proef-

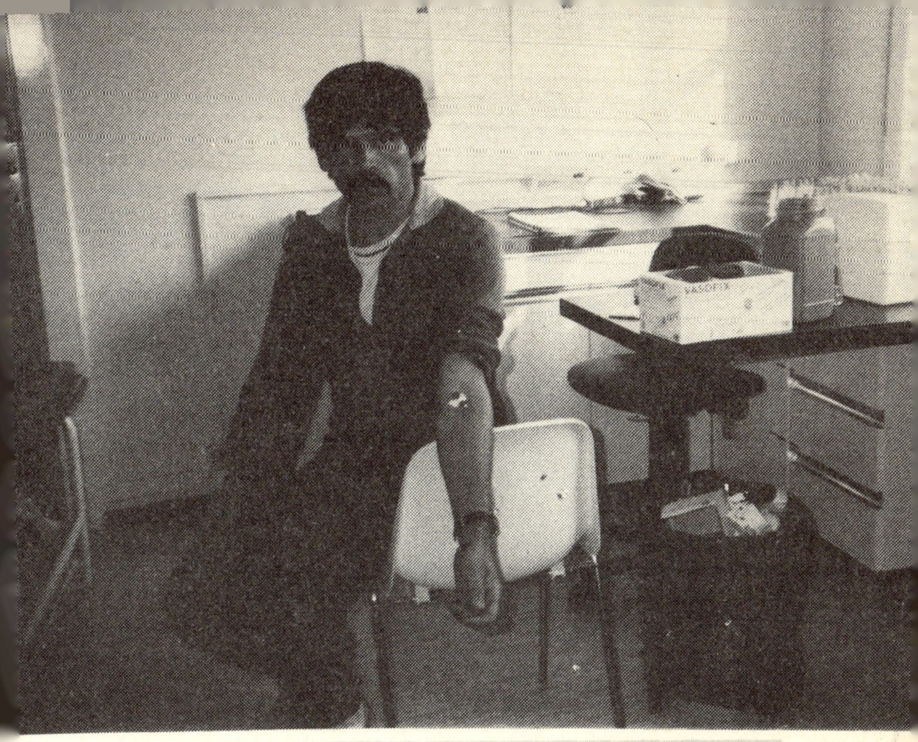

nemingen op mensen in openbare ziekenhuizen. Hoe zal het er dan wel niet aan toegaan in de vele particuliere instituten die de geneesmiddelen al in een eerder stadium op 'gezonde', betaalde proefpersonen testen en die praktisch geheel afhankelijk zijn van opdrachten uit de industrie.
Eén ding is duidelijk: negatieve of zelfs alarmerende resultaten zijn in ieder geval commercieel schadelijk, ongeacht of ze via artsen uit een kliniek of via testinstituten in de openbaarheid komen.

PROFESSOR EBERHARD GREISER, *leider van het 'Bremer Instituut voor Preventief Onderzoek en Sociale Geneeskunde* (BIPS)*', stelt daarover vast:* 'In de praktijk kan het erop uitlopen dat experimenten met geneesmiddelen die een negatief resultaat opleveren voor het onderzochte geneesmiddel, niet gepubliceerd worden. Dat is een ervaring, die veel rapporteurs met wie ik in de loop van de tijd in de commissie van toezicht (van het ministerie van Gezondheid) contact heb gehad, hebben meegedeeld.'*
Farmaceutische concerns geven weliswaar opdracht voor ontelbare reeksen proefnemingen op mensen, om daarover gerapporteerd te worden, maar aan de Centrale Gezondheidsdienst leggen ze alleen die resultaten voor die voor henzelf gunstig zijn. Over negatieve resultaten horen de officiële instanties

* Stellingname in een reportage van de ZDF, samengesteld door S. Matthies en E. Ebner, op 26 augustus 1985.

vrijwel alleen dan, als afzonderlijke artsen en/of individuele medewerkers uit de industrie deze praktijken niet langer kunnen verantwoorden en bepaalde informaties doorspelen. Van ambtswege weten de toelatings- en controle-instanties op het gebied van geneesmiddelen in de Bondsrepubliek nog niet eens waar welke onderzoeken überhaupt verricht worden. De macht van de farmaceutische concerns in ons land maakt dat mogelijk. In andere landen zijn er zeer strenge meldingsplichten en voorschriften.

Osman introduceert me bij het LAB-instituut in Neu-Ulm, een somber, imposant gebouw met de sfeer van een jeugdherberg uit de jaren vijftig. Aan de receptie zit een vrolijk opgeruimde 'jeugdherbergvader' van midden twintig. Hij probeert een ontspannen sfeer te scheppen zonder angst. In de wachtkamer een paar punkers met hanekammen die al tot de vaste klanten horen, een paar buitenlanders met zeer zuidelijke trekken en verschillende jeugdige werklozen. Plus twee zwervers zoals je ze wel rond de grote stations aantreft, met een lichte kegel van de drank.

Ik (Ali) overhandig het papiertje dat Osman me gegeven heeft en vraag de 'ontvangstchef' of die ook niet een wat minder gevaarlijke proef te vergeven heeft. Osman heeft mij (Ali) gewaarschuwd dat de test waar het dit keer om gaat, echt heftige, onaangename bijwerkingen met zich mee zal brengen. 'Wees maar niet bang,' probeert hij me gerust te stellen, 'tot op heden is iedereen hier weer levend vandaan gekomen.' En: 'We doen het hier allemaal heel rustig.'

De jeugdherbergvader hanteert met nadruk een familiaire omgangstoon met zijn proefpersonen, zegt tegen iedereen jij en legt mij (Ali) uit: 'We moeten eerst maar eens kijken of je überhaupt wel te gebruiken bent.'

Ik (Ali) word naar het voorgeschreven onderzoek gestuurd. Er worden verschillende bloedmonsters afgenomen, mijn urine wordt onderzocht, dan volgt er nog een ECG en ik (Ali) word gemeten en gewogen. Een arts doet het afrondende onderzoek. Ik schrik eerst nog: ik zie hem voor een landgenoot aan. Maar tot mijn geluk is het geen Turk, maar een uitgeweken Bulgaar. Hij kent 'mijn vaderland' echter goed en praat een beetje met me over Turkije.

Hij vertelt me dat er vroeger veel meer Turkse proefpersonen waren, maar verschillende van hen zijn de laatste tijd naar Turkije teruggekeerd. Hij denkt dat ze hier goede ervaringen hebben opgedaan met mijn landgenoten, want ze zijn 'hard in het incasseren' en ze 'beklagen zich niet over het eerste het beste pijntje.'

Hij schijnt me nog in mijn ogen en stelt daarbij vast dat ik contactlenzen draag. Gelukkig valt het hem niet op dat die erg donker gekleurd zijn. Ik (Ali) vertel hem dat die me zijn voorgeschreven vanwege het speciale laswerk dat ik gedaan heb, waarbij een bril een handicap gevormd zou hebben.
Ik (Ali) word deugdelijk bevonden, dat wil zeggen dat ik voldoende bruikbaar ben om als gezond persoon geneesmiddelen in de vorm van pillen of injecties toegediend te krijgen die mogelijkerwijs ziek zullen maken.
Ik (Ali) moet een akkoordverklaring ondertekenen voor de proef die met mij genomen wordt en krijg een informatiebrochure van vijf pagina's in het Duits ter inzage, waarin het een en ander wordt verteld over de geneesmiddelen die in dit geval zullen worden getest. 'Informatie voor proefpersonen over de studie naar vergelijkende biologische beschikbaarheid bij vier verschillende combinatie-preparaten met de werkzame stoffen Fenobarbital en Fenytoïne'. De namen van deze geneesmiddelen heeft hij nog nooit gehoord en ook de jeugdherbergvader heeft moeite, ze vlot uit te spreken. 'Je vergeet het toch zo weer,' zegt hij. De geneesmiddelen zijn ook helemaal niet tegen een ziekte gericht die iedereen misschien wel eens heeft, maar volgens de brochure tegen 'epilepsie en koortskrampen bij kinderen.'
Door vrijwel alle van de industrie onafhankelijke wetenschappelijke beoordelaars wordt het gebruik van dergelijke combinatiepreparaten heftig bekritiseerd. Door de starre combinatie van twee werkzame stoffen wordt de vaak noodzakelijke aanpassing van de dosering aan de individuele behoeften van een patiënt onmogelijk gemaakt.
De werkzame stof Fenobarbital behoort bovendien tot de chemische groep van de barbituraten waar men erg snel afhankelijk van wordt. Vanwege het grote verslavingsgevaar werden daarom de afgelopen jaren honderden geneesmiddelen die barbituraten bevatten, verboden. Een proefneming dus met al lang bekende combinatiepreparaten, die eigenlijk uit de handel genomen zouden moeten worden? Niemand kan uitleggen waarom die dan nog getest zouden moeten worden.
De proefneming zal zich in totaal over elf weken uitstrekken, inclusief vier maal een opname van 24 uur. Het totale honorarium bedraagt 2000 mark. Als bijwerkingen die relatief vaak optreden worden in de informatiebrochure vermeld: '...vermoeidheid, verandering van stemming, bewegingsstoornissen, verminderd functioneren van het

zenuwstelsel, beïnvloeding van het bloedbeeld, veranderingen van het gezichtsveld, allergische reacties met huidveranderingen.' En bij 'ongeveer 20 procent van de patiënten treden woekeringen van het tandvlees op.' Bovendien als men pech heeft, kunnen daarbij nog komen: 'jeukende huiduitslag, ademnood, verhit gevoel, misselijkheid en eventueel braakneigingen.' In 'zeldzame gevallen' kunnen 'levensbedreigende toestanden met verstikkingsaanvallen en anafylactische shock ontstaan, die onmiddellijk medisch ingrijpen noodzakelijk maken.'
Dat heet allemaal maar half zo erg, want in een noodgeval betaalt de verzekering: 'Mocht buiten verwachting in samenhang met deelname aan dit onderzoek schade aan de gezondheid optreden, dan wordt door het LAB of zijn opdrachtgever gratis medische verzorging aangeboden, waaraan geen maximum is gesteld.' Echter: 'Hiervan zijn uitdrukkelijk uitgesloten gevallen van schade die niet onmiddellijk samenhangen met de deelname aan het onderzoek (zoals bijvoorbeeld verkeersongevallen).' Wat zou er gebeuren als een proefpersoon met 'bloedsomloop- en bewegingsstoornissen' een verkeersongeluk krijgt?
Na de ondertekening van de akkoordverklaring krijg ik (Ali) een rooster voor het innemen van de geneesmiddelen en de elk uur te verrichten bloedafnamen overhandigd. Het onderzoek begint pas morgen, wordt me (Ali) verteld, maar toch mag ik (Ali) het terrein, dat wil zeggen het gebouw en de aangrenzende binnenplaats aan de achterzijde, vanaf nu niet meer verlaten. 'Vrijwillige gevangenneming.' Men reikt ons uit: een deken met overtrek, een laken en een kussensloop. Op de eerste verdieping bevinden zich de behandelruimten: het laboratorium, een ruimte voor bloedafnemen, en de proefzaal. Op de tweede verdieping liggen de televisie- en de slaapruimten. Daar zit een man op een van de onderste bedden. Hij kijkt niet op als ik binnenkom. Twee mannen aan tafel gaan door met het oplossen van hun kruiswoordpuzzels. Ik (Ali) ga naar de tweede ruimte die uitkijkt op de binnenplaats. Links ligt een autowerkplaats en daarvoor, tussen de muur en een afvalcontainer, staan een paar grauwe plastic tuinmeubelen. Rechts bevindt zich een loods van een groothandel in natuurprodukten. Op de achtergrond ligt het goederenstation. Een desolate omgeving.
Haast bezwerend benadrukken allen die zich als proefpersonen beschikbaar hebben gesteld, dat er in het geheel geen risico is. 'Voor hun is het risico veel groter dan voor ons,' zegt iemand. 'Want als

er wat zou gebeuren, dan zou dat een reuzenschandaal veroorzaken. Nou, dat kunnen ze zich bepaald niet veroorloven.' Er zijn erbij die het niet voor de eerste keer doen. Er zijn 'beroepsproefpersonen', waaronder veel buitenlanders, die van instituut naar instituut trekken en die zich vaak blootstellen aan levensgevaarlijke dubbelproeven. 'Farmatippelen' noemt men dat in de branche. Er zijn ronselaars en agenten die voor een premie per hoofd werklozen, daklozen, mensen in allerlei noodsituaties voor proeven werven.

's Avonds komt iedereen bij elkaar aan een rij aan elkaar geschoven tafels voor het eten. Vier vrouwen zitten bij elkaar. Zij moesten bij inschrijving een zwangerschapstest laten doen. Als ze gedurende de proefreeksen, die maanden kunnen duren, toch zwanger worden, kan er bij het kind zeer ernstige en blijvende schade optreden. Voor een dergelijk geval belooft het LAB toch 'medische en psychische hulp', wat dat ook mag inhouden.

Door een keukenluik heen krijgt iedereen een bord toegeschoven: brood, boter, een paar plakken kaas, een tomaat, een augurk, een paprika. In de televisieruimte loopt 'Bonny and Clyde'. De gordijnen zijn gesloten om de televisie van de avondzon af te schermen. De antenne is kapot, iemand moet hem vasthouden, om het beeld tenminste nog herkenbaar te houden. Het stinkt naar as en verschaalde rook.

Vrijwel niemand kan slapen. Het televisieprogramma is afgelopen. Zwijgend zitten we tot na middernacht op de binnenplaats, roken en drinken lauwig water uit kartonnen bekertjes. Dat is het enige wat we nog mogen hebben. Degenen die al naar bed zijn gegaan liggen naar het plafond te staren en proberen in slaap te komen. Iemand is naast zijn transistorradio in slaap gevallen. Met 'muziek na middernacht' op volle sterkte! Niemand doet het licht uit. Vanaf half drie klinkt de 'muziek tot de vroege morgen'. Dan zet ik de radio af en doe het schelle neonlicht uit. Van het goederenstation klinkt zonder ophouden het denderen van de rangerende wagons. De wind waait onder het open venster de kartonnen bekertjes de binnenplaats op. Iemand ligt zich onder zijn deken af te trekken, eindeloos, zonder verlossing te vinden.

Om 6 uur gaat de deur open: 'Opstaan!' Zwijgend, zonder een groet uit te wisselen staan we op. Iedereen is alleen maar met zichzelf bezig. Mijn urinefles draagt het nummer 4. Dat betekent: 6 uur 4 het permanente buisje in mijn arm, 7 uur 4 innemen van de geneesmiddelen, 8 uur 4 bloedafname, enzovoort.

De eerste keren gaan we nog in de rij staan. Later weten we wie er voor ons en na ons is en wanneer we aan de beurt zijn. Degeen die na mij komt, is pas uit de gevangenis ontslagen en kon geen werk vinden. Hier wordt hem niets gevraagd. Twee jonge types die de buisjes in onze armen aanbrengen, praten met elkaar over de komende examens. Ze hebben hun medische studie nog niet afgesloten. Ze zien toe op het innemen van de geneesmiddelen. Ik moet onder hun ogen twee capsules inslikken.
Eerst merk ik hoe mijn blikveld een beetje kleiner word. Ik probeer op de binnenplaats te kijken, maar de zon verblindt me te sterk en doet me pijn in mijn ogen. Ik lig op mijn bed en doezel. Als een slaapwandelaar loop ik naar het uurlijkse bloed afnemen. Iedereen ziet er bleek en ingevallen uit. Steeds vaker ontbreken er mensen die eerst uit hun bed moeten worden gehaald. Een vrouw klaagt over opwellingen van hitte, aanvallen van duizeligheid en storingen in de bloedsomloop. Ze zegt dat haar arm koud, dik en dood is.
De volgende dag voel ik me allerberoerdst. Een volstrekt onzinnige proefneming: alle bijwerkingen zijn bekend. We ondervinden ze nu aan den lijve. Ernstige versuffing, hevige hoofdpijn, totaal gevoel van afwezigheid, een ernstig verstoorde waarneming, en een voortdurende neiging in slaap te vallen. Ook het tandvlees bloedt sterk. Zeven maal bloed afgetapt en maar beschikbaar blijven. Ook de anderen hebben ernstige klachten. Pas als iemand er iets van zegt, blijkt dat iedereen hoofdpijn heeft. Men heeft kennelijk zijn mond gehouden uit angst, bij een volgende proefneming niet meer te worden toegelaten. Een proefpersoon (39), al drie jaar werkloos, vertelt me: 'Ik heb al veel ergere proeven op me laten doen. Op de afdeling 'intensive care' heb ik aan de slangen gelegen. De meesten van onze groep zakten in elkaar en verschillenden moesten daarna naar hun bed gedragen worden.' Hij praat over een instituut in München, waar 's nachts bijzonder gevaarlijke proeven worden uitgevoerd, 'ver boven de pijngrens. Die hebben daar altijd mensen nodig'. Een ander vertelt over een 'psychobunker' in de buurt van München, waar de proefnemingen, vaak vier weken lang, in het totale donker plaatsvinden. In een hartcentrum in dezelfde stad, vertelt een jongen van 18 jaar, kun je meedoen aan gevaarlijke experimenten en 'voor goed geld met je hart laten spelen'.
Ik (Ali) besluit na de eerste termijn, dat wil zeggen na de eerste 24 uur, af te haken. Normaal zou ik (Ali) de komende elf weken nog

driemaal voor een etmaal opgenomen moeten worden. En de bijwerkingen worden volgens de ervaring erger, niet minder, vertelt men me. Bovendien zou ik al die elf weken dagelijks — ook zaterdag- en zondagochtend om 7 uur — voor bloedafname hebben moeten verschijnen en ik zou gedurende de hele periode mijn urine hebben moeten verzamelen. Wie voortijdig met het onderzoek stopt, krijgt geen cent honorarium.

De Frankfurtse professor NORBERT RIETBROCK *acht* 'ongeveer tweederde van dergelijke biologische beschikbaarheidsonderzoeken onnodig.' 'Het zijn onderzoeken die voor commerciële doeleinden worden bijgesteld en waarbij kosten en baten niet meer in een juiste verhouding tot elkaar staan.'*

Twee jaar geleden stierf bijvoorbeeld in Dublin de 30-jarige 'beroeps'-proefpersoon Neill Rush tijdens een onderzoek met een middel tegen hartritme-stoornissen, dat in opdracht van Kali Chemie in Hannover werd uitgevoerd. Neill had op de dag ervoor op een ander instituut het sterke kalmeringsmiddel Depoxil geslikt. De combinatie van de twee middelen, aldus het sectierapport, had binnen enkele minuten het dodelijke effect gehad. Een minimale eis zou toch wel moeten zijn dat de farma-industrie pasjes zou uitreiken aan proefpersonen om dergelijke 'dubbel-proefnemingen' uit te sluiten.

Een van de proefpersonen bij LAB heeft mij (Ali) nog een adres toegestopt, van Bio-Design in Freiburg, Breisgau. 'Die hebben altijd mensen nodig en ze betalen goed. En vooral is het eten er beter dan dat voer hier'. Ik (Ali) ga er meteen heen. In tegenstelling tot het tamelijk verloederde LAB is Bio-Design een smetteloos, hypermodern gebouw, vormgegeven als een ruimtestation. De dame aan de receptie stelt dezelfde voorzichtige vraag als Vogel altijd doet als die een nieuw iemand aanneemt, zij het wat netter geformuleerd: 'Wie heeft u naar ons verwezen?' Ik (Ali) noem de naam van mijn lotgenoot bij het LAB. Men heeft al meteen een aanlokkelijk aanbod voor Ali: 2500 mark voor 15 dagen, maar dan wel volledig intern. Als ik (Ali) vraag: 'Moet belasting betalen?' wordt er geantwoord: 'Nee, dat geven we hier niet op. Het is een dienst voor de gezondheid.' Het klinkt als 'proost op de gezelligheid'. Ze schijnen juist voor dit onderzoek nog om flinke proefpersonen verlegen te zitten, want ze proberen me (Ali) met een voorschot in te palmen. 'Mocht u besluiten, aan

* Stellingname in een reportage van de ZDF, samengesteld door S. Matthies en E. Ebner, op 26 augustus 1985.

het onderzoek mee te doen, dan kunnen we bij uitzondering ook over een voorschot praten.' En: 'U wordt hier ook goed verzorgd. Het eten is gratis.' 'En waarom zoveel geld? Wat gebeurt er met Ali?' Een jonge medewerkster van het instituut legt het me (Ali) uit, met een diepzinnig lachje, zoals me opvalt.

'Het betreft een Aldosteron-antagonist. De werkzame stof heet Mesperinon. Die zorgt ervoor dat abnormale vochtconcentraties in het lichaam via de nieren worden uitgescheiden. Deze kaliumspaarder is van invloed op de hormoonhuishouding. De preparaten die inmiddels in de handel zijn, behoren tot de Spironolacton-groep. Bij deze stof heeft men vastgesteld, als die over langere tijd wordt toegediend, dat er bij mannen vrouwelijke kenmerken optreden, zoals borstvorming... Bij dit onderzoek over twee weken ligt dát nu niet direct voor de hand.' 'Is dat zeker?' informeer ik (Ali). 'Het wordt niet verwacht, maar daar gaat het onderzoek nu juist over. Zeker kunnen we nooit zijn.' 'En als het gebeurt, gaat dan ook weer weg?' Sussend wordt meegedeeld: 'Ja, o zeker, dat verdwijnt dan weer.' Hier verschaft de medewerkster van het instituut duidelijk verkeerde inlichtingen. Een gynaecomast, zoals borstvorming bij mannen in medische vaktermen genoemd wordt, moet operatief verwijderd worden. Dat is tenminste de eenstemmige opvatting uit de hoek van de wetenschap.

Ook op een ander punt spreekt ze onwaarheid. Op de vraag van Ali: 'Hoe is het met de potentie? Blijft?' komt het antwoord: 'Wel, in dat opzicht wordt nergens voor gevreesd.' In werkelijkheid zijn er met de toediening van Mesperinon aan mensen zo goed als geen ervaringen opgedaan. In de begeleidende tekst bij het onderzoek wordt uitdrukkelijk vastgesteld dat rekening moet worden gehouden met bijwerkingen als 'hoofdpijn, versuffing, verwardheid, maagklachten, huidaandoeningen' en, bij hogere doseringen, zelfs met 'gynaecomast resp. impotentie.'

Bio-Design probeert zijn proefpersonen onder alle omstandigheden vast te houden. In het contract dreigt het instituut: 'In geval van onmiddellijke opzegging kan Bio-Design GmbH van de proefpersoon gedeeltelijke vergoeding verlangen van de kosten die voor de voortzetting van het onderzoek voor hem zijn gemaakt...' Dat dit wurgverdrag zonder meer immoreel is, stoort Bio-Design kennelijk niet. De proefpersonen worden ermee onder buitengewoon zware druk gezet om ondanks alle eventuele pijn en bijverschijnselen in ieder geval vol te houden. De gladde, vriendelijke facade als van een schoonheidssa-

lon komt op mij over als het voorkomen van een moderne, ijskoude dr. Mabuse die in opdracht van grote farmaceutische firma's in nood geraakte mensen uitlevert aan de verkoop-strategische experimenten van de chemie.
Ik ben gelukkig niet afhankelijk van de aanlokkelijke hoge geldsommen en ik (Ali) kan het me veroorloven, vriendelijk te bedanken. Vele anderen kunnen dat niet. Firma's als LAB en Bio-Design profiteren van de economische crisis die steeds meer mensen in hun armen drijft.
De verantwoordelijke mensen praten zich eruit met behulp van 'ethische commissies' die over alles rapporten mogen uitbrengen en waar ook geestelijken in zitten. Ethiek is in deze samenhang een cynisch begrip. Dergelijke commissies kunnen te allen tijde, als het de firma's waarvoor ze in het leven zijn geroepen uitkomt, vervangen worden of gewoon ter zijde geschoven. En zelfs als het daarbij zou gaan om officiële instanties, zoals in andere landen wel het geval is, dan nog kunnen de 'ethische commissies' op z'n best over *medische problemen* oordelen. De *menselijke ethiek* zou op zijn minst vereisen dat men zich bemoeit met de vertwijfelde mensen die aan de rand van de samenleving zijn terecht gekomen en bereid zijn op te treden als kandidaat-zelfmoordenaars op termijn.
Ik heb een voorstel. Er zou een wet moeten komen die de mensen die de hoogste inkomens in de farmaceutische industrie verdienen, verplicht zichzelf beschikbaar te stellen voor de proefnemingen. Het voordeel daarvan is geweldig: die mensen zijn lichamelijk meestal in een veel betere toestand dan vele van de uitgeteerde beroeps-proefpersonen en zij zouden zich op grond van hun inkomen ook veel langere vakanties en herstelkuren kunnen veroorloven. Het aantal proefnemingen zou drastisch verminderd worden en tot een zinvol minimum beperkt blijven. Zo dwaas is mijn voorstel trouwens helemaal niet. Nog zo'n 60 jaar geleden probeerden de farmaceutische onderzoekers nieuwe werkzame stoffen eerst op zichzelf uit.
Hoe vaak de zogenaamd zeldzame bijwerkingen optreden, ondervond ik aan den lijve. Na mijn terugkeer van de trip door de farma-laboratoria begon het tandvlees van mijn onderkaak te zwellen en te ontsteken. De tandarts stelde 'woekeringen van het tandvlees' vast en veronderstelde meteen: 'Gebruikt u medicijnen waar Fenytoïne in zit?' Toen ik dat bevestigde, concludeerde de tandarts meteen: 'Dan bent u zeker epilepticus?'

De promotie

Ik voel me zo kapot en ellendig dat ik het niet meer aankan om bij Thyssen te blijven werken, hoewel ik (Ali) genoeg collega's ken die ondanks ziekte of wat voor letsel dan ook voor Vogel blijven ploeteren. Mensen, die ondanks griep en koorts, 16 uur achter elkaar blijven werken uit angst dat in hun plaats een ander zou worden ingehuurd. Neem bijvoorbeeld Mehmet, die tijdens het werk een stuk ijzer op z'n voet kreeg. Omdat hij geen werkschoenen aanhad met stalen neus, zwol zijn voet zo verschrikkelijk op dat hij zijn eigen schoen aan de zijkant open moest snijden en er een touw omheen moest wikkelen om de schoen bij elkaar te houden. Met veel pijn, de tanden op elkaar, kwam hij aangestrompeld en beklaagde zich tijdens het werk met geen woord.
Ik kan het me permitteren alles op één kaart te zetten en van de nood een deugd maken. Ik heb gehoord dat Vogel problemen heeft met zijn manusje van alles, annex chauffeur en probeer met een truc dat baantje te krijgen. Ik (Ali) heb mijn bezoek aangekondigd omdat ik nog geld te vorderen heb. Zoals gewoonlijk is Vogel onbeschoft, vraagt wat ik eigenlijk wel denk, want ik was een paar dagen afwezig. Maar als ik (Ali) me verontschuldig en zeg dat ik (Ali) weer helemaal gezond ben en dat dit nooit meer zal voorkomen, toont hij zich welwillend en zegt dat ik (Ali) de volgende dag maar moet terugkomen: 'Maar wel op tijd alsjeblieft, klokslag 2 uur.'

Het is weer het oude liedje. Wie er de volgende dag niet is, is Vogel. Drie uur later, tegen vijf uur, krijg ik (Ali) hem thuis te pakken.
VOGEL *(blijft afstandelijk):* 'Nee, dat gaat nu niet. Dan moet u maar vroeger komen. Ik ga net in bad.'
IK (ALI): 'Kan wel wachten, ga zo lang op trap zitten. Heb buiten al drie uur gewacht.'
VOGEL: 'Geen sprake van. Kom morgen maar terug.'
IK (ALI): 'Wil geen geld, wil alleen maar wat vragen...'
VOGEL: 'Nee, dat gaat niet. Bel morgen maar op.'

VOGEL
INDUSTRIEMONTAGEN KG

4200 OBERHAUSEN

Industriemontagen
- Rohrleitungsbau
- Behälterbau
- Stahlbau
Entrostung und Anstrich

Unsere Zeichen HV/UH — Datum 26.7.1985

<u>Z e u g n i s</u>

Herr Ali Levent Sinirlioglu, wohnhaft Dieselstr. 10,
41 Duisburg ist bei uns beschäftigt.
Durch seine hervorragende Arbeit, Pünktlichkeit,
Fleißigkeit auf verschiedenen Baustellen hat er
sich so verdient gemacht, daß wir ihn seit einiger
Zeit als Cheffahrer einsetzen.
Ihm obliegt die Wartung und Pflege sowie die Fahrerei
mit unserem Mercedes 280 SE.
Wir sind mir Herrn Sinirlioglu sehr zufrieden.
Wir beabsichtigen, ihn zu einem späteren Zeitpunkt
als Führungskraft einzusetzen.

VOGEL
INDUSTRIEMONTAGEN KG
4200 Oberhausen 11

Bankverbindungen:
Kommanditgesellschaft

IK (ALI): 'Vijf minuutjes maar, ben meer dan een uur hierheen onderweg geweest.'
VOGEL: 'Bel morgen maar op. Dan kunnen we het door de telefoon bespreken. Ik kan er niets aan doen.'
IK (ALI): 'Ik heb goed ding, kan u helpen.'

Vogel *(nieuwsgierig en geschrokken):* 'Waarmee dan?'
Ik (Ali): 'Moet u helpen, anders gebeurt iets.'
Vogel: 'Mij? Waarom? Hoezo?'
Ik (Ali): 'Ik kom terug, want was toch in bad?'
Vogel: 'Nee, wacht even, kom maar even binnen.'
Aarzelend loopt Ali achter hem aan zijn kantoor binnen en maakt hem duidelijk dat één van zijn collega's, aan wie Vogel nog geld schuldig is, hem even een lesje wil geven, maar dat Ali dat niet zal toestaan. Ali *speelt in de volgende scène de rol van een al te ijverige, domme hannes, die bereid is zichzelf voor zijn meester te offeren, al moest hij over lijken gaan.*
'Ik heb karate geleerd, speciaal Turkse karate, heet Sisu.'
Dit is natuurlijk volslagen onzin. Ik kan helemaal geen karate en 'Sisu' is een Fins woord en betekent: 'geduld, uithoudingsvermogen.'
Maar dat weet Vogel niet.
'Ik u helpen, als ze u iets doen. Ik kan één slag en dan zijn ze weg.'
Ter ondersteuning van mijn besluit geef ik (Ali) met volle kracht een vuistslag op Vogels bureau. Half onder de indruk, half geïrriteerd kijkt Vogel Ali onderzoekend aan.
'Wat willen ze van mij?' *vraagt* Vogel *op zijn beurt.* 'Dat is prima, zo moet het ook, dat je mij wil verdedigen. Wat voor smeerlap wil mij iets doen?'
'Ik weet geen naam,' *zegt* Ali, 'maar heb gezegd, wie Vogel wil ombrengen, moet over mij, moet over Ali. Ik ben man van Vogel.'

Vogel heeft toegehapt. Ongeveer vijf minuten lang leest hij de namen van Turkse en Arabische medewerkers voor, zowel die van vroeger als die van nu. Kennelijk is hij ze allemaal nog geld schuldig en zijn het in zijn ogen allemaal potentiële moordenaars.
Bij het horen van een paar namen spitst Ali de oren, laat de naam nog een keer herhalen, maar schudt daarna steeds vol overtuiging zijn hoofd. De naam van de wreker is er niet bij. Om geen van zijn collega's verdacht te maken, verzin ik (Ali) een wreker uit het niets, een 'Arabier die lid is van een Turkse worstelclub,' met zulke 'schoppen van handen' (Ali geeft zogenaamd een demonstratie) en die laatst een Duitser die hem 'beledigd en bedrogen' had, 'in één klap halve gezicht had weggeslagen.'
'Kapotte neus, oog dicht en heel scheef gezicht.'
Vogel kijkt onrustig rond en Ali brengt nog meer ter tafel wat in zijn

dab
OB-UV 85

voordeel spreekt. Dat hij niet alleen 'karate kan, maar ook taxichauffeur' is geweest en vroeger ook 'chauffeur van andere baas die grote fabriek had.'

'Wat voor fabriek?' *vraagt* VOGEL, *ter zake kundig.*
'Maken spreekapparaten,' *verklaart* ALI.
'Je bedoelt walkie-talkie,' *zegt* VOGEL *en maakt inderdaad de juiste combinatie.*
'Heb uniform nog in de kast,' *pocht* ALI, 'goeie stof en met mooi pet.'
'Heel interessant,' *zegt* VOGEL, 'kun je eigenlijk goed autorijden?'
'Ja, geen probleem,' *zegt* ALI, 'baas kon altijd slapen als Ali reed. En ik kon alles repareren als auto kapot was.'
Het is alles volkomen gelogen, maar ik (Ali) denk dat ik er op kan rekenen dat de relatief nieuwe Mercedes 280 SE *van Vogel, speciaal uitgevoerd en van de laatste snufjes voorzien, nauwelijks voor reparatie in aanmerking komt.*
'Daar kunnen we over praten,' *zegt* VOGEL, 'er valt altijd wel iets te rijden en jij houdt me die kerels dan van het lijf. Je hoeft alleen maar hun naam te noemen. Ik heb een directe verbinding met de vreemdelingenpolitie. Dan vliegen ze eruit nog voor ze merken wat er aan de hand is.'
'Laat mij maar doen,' *probeer* Ik (ALI) *hem af te leiden.* 'U hoeft niet bang meer te zijn. Want ze weten dat ik agent van Vogel ben. Eén klap van Ali en ze zijn dood. Met één klap weg. Politie niet nodig. Ik doe het beter.'
'Heel goed,' *zegt* VOGEL, 'kom maandag maar om half elf. Dan kunnen we het eens proberen.'

En zo kwam het dat Ali 'promotie' kreeg. Van stofslikker en fabrieksslaaf werd ik (Ali) chauffeur en lijfwacht van Vogel. Er bestaan in onze maatschappij dus toch nog mogelijkheden om op te klimmen. Zelfs voor de meest onbenullige gastarbeider.
Vogel probeert me natuurlijk met mijn nieuwe baantje onmiddellijk te belazeren. Dat is nu eenmaal zijn aard.
'Je bent toch nog ziek?' zegt hij. 'Nou pas op, we melden je meteen bij het ziekenfonds aan. Dan ga je naar de dokter en laat je ziek verklaren. Dan hoef ik je niet te betalen, maar betaalt het ziekenfonds. En jij rijdt intussen als mijn chauffeur.'
Maar het zou een vreselijke zelfverloochening worden Vogel de ko-

mende weken rond te moeten rijden. Hij had op alles aanmerkingen: 'Rij alsjeblieft serieus.' 'Nu moet het uit zijn met dat gevaarlijke gedoe.'
'Rij eindelijk eens verstandig. Hoe vaak moet ik je dat nog zeggen? Je rijdt hier niet zo maar in een auto. Dit is een wagen die heel veel geld kost.' 'Ik wil wel graag dat je een beetje veilig rijdt. Jij bent verantwoordelijk dat de auto en ik veilig thuiskomen.'
En dan te bedenken dat Ali heel langzaam en voorzichtig rijdt. Minstens drie keer zo langzaam als met zijn eigen auto. Je kunt het eigenlijk geen rijden meer noemen, het lijkt meer op zweven of zacht van de grond komen. Maar Vogel is overdreven bang. Misschien heeft hij dat eeuwige gemopper wel nodig als zelfbevestiging.
Meestal wordt Ali 20 tot 50 minuten te vroeg bij Vogel thuis ontboden. Ali voelt zich min of meer misbruikt als 'porder'. Hij belt aan. Het duurt een tijdje vóór Vogel op slaperige toon naar beneden roept: 'Wacht maar even buiten. Duurt ongeveer tien minuten.'
Maar het duurt altijd eeuwen. Als het regent kan Ali nergens schuilen. Vogel komt ook niet op het idee om de sleutel naar beneden te gooien zodat Ali alvast in de Mercedes gaat zitten. Omstreeks acht, negen uur komt er leven in de villawijk. Rolluiken worden opengetrokken en geleidelijk gaan er ramen open. Deuren van garages worden automatisch geopend en de beter gesitueerden rijden hun goed onderhouden sleeën naar buiten, het zakenleven in. Een echtgenote zet een prachtige vogelkooi met exotische vogels voor het raam. De voortuinen zijn goed onderhouden en het gras keurig gemaaid.
Een enkele keer wordt Ali al om 7 of 8 uur 's morgens besteld om pas een half uur tot een uur later met zijn baas weg te mogen rijden. Maar normaal gesproken begint de dag voor Vogel niet vóór 10 of 11 uur en eindigt daarentegen vaak al rond 2 of 3 uur of op z'n laatst om 4 uur 's middags. Tussendoor neemt hij vaak nog een uur middagpauze. Dikwijls beperkt zich het dagelijks werk van Vogel tot een bezoek aan verschillende banken in Oberhausen en Dinslaken om te controleren wat er op de rekening is binnengekomen. Vreemd genoeg bevinden alle banken zich buiten zijn woonplaats. Tussendoor wordt meestal nog een bezoek bij zijn vriend en zakenpartner Remmert afgelegd. Bijna altijd op een tijdstip dat er geen personeel van het werk komt en 'brutale vragen' of 'onbeschaamde looneisen' kan stellen. Meestal schakelt Vogel ook nog de alarminstallatie van zijn auto in: je kunt immers nooit weten! Op de terugweg doet hij dan vaak

nog de tennisbaan annex café-restaurant in Duisburg aan om 'nog even de juiste persoon te vinden' of voor een ontmoeting met zijn 'belastingontduiker', d.w.z. zijn goede vriend de belastingadviseur. Officieel geeft Vogel als jaarlijkse omzet 'tussen de 500.000 en 1 miljoen' mark op, waar nauwelijks reële onkosten tegenover staan. In werkelijkheid maakt de omzet bij het soort zaken dat hij doet, waarschijnlijk een veelvoud van dit bedrag uit, als je alleen al de premies voor niet aangemelde, illegale arbeiders bij elkaar telt.

Het is een kwelling om chauffeur van Vogel te zijn. Hij heeft steeds iets aan te merken en voortdurend ziet hij zijn leven bedreigd. Ali heeft vaak de indruk dat hij niet een mens van vlees en bloed maar een uiterst tere mummie van perkament in een glazen kastje vervoert, die bij het minste of geringste afremmen uit elkaar dreigt te vallen. Vogel maakt voortdurend geïrriteerde opmerkingen of blaft hem af. 'Niet inhalen, stommeling, langzaam rijden!' of zijn standaardformule: 'Rij een beetje serieus' of 'Rij alsjeblieft serieus, we zijn geen maniakken!' en dat alles bij nog geen 50 kilometer in de stad of nog geen 140 op de snelweg. Daarbij gaat het hem niet om de verkeersveiligheid van anderen maar om zijn eigen kostbare leven. De angst om zijn waardevolle leven is abstract, maar directe angst heeft hij voor politie-agenten. Als hij al uit de verte een agent of een politiewagen ziet, laat hij mij ergens afslaan of een geweldige omweg maken. Alleen maar om zo snel mogelijk buiten gezichtsbereik van de politie te zijn. Maar hij heeft ook een prettige kant; hij kijkt nooit om, waardoor hij mijn vrienden van de filmploeg niet kan ontdekken, die af en toe openlijk met hun camera achter ons aanrijden. Hij werpt nooit een blik naar achteren. Dat is zijn lijfspreuk. Want achter je laat je 'verschroeide aarde', zoals in zijn lievelingslied, de smartlap over de huurlingen: '1.000 man en één bevel. Het is een weg die niemand wil. Dag in, dag uit, wie weet waarheen. Verschroeide aarde. Maar wat is de zin?'
Bijna werd ik (Ali) een keer ontmaskerd. Hij had namelijk gezien dat ik tegen mijn vrienden van de filmploeg, die ons de andere kant uit zagen rijden, mijn hand opstak ten teken van groet. 'Tegen wie zwaaide je?' vraagt hij nogal wantrouwig. 'Niks zwaaien,' probeer ik hem af te leiden, 'was reactie voor karatetraining. Als ik lang zit, moet ik snelle reactie oefenen en arm, been en hand heel snel opsteken.'

En ter bevestiging van mijn verhaal maak ik (Ali) tijdens het rijden bliksemsnelle bewegingen met armen en benen, die hij aanvankelijk nadenkend en verbaasd gadeslaat. Ter ondersteuning van het verhaal over mijn vlijtige training vertel ik hem ook nog (mede om hem bij een eventuele ontmaskering op afstand te houden) dat men op de karateclub buitengewoon bang is voor mijn razendsnelle reacties. Een clubgenoot die per ongeluk een klap van mij had opgelopen, had daarna '4 dagen in coma' gelegen. Dat ik 'twee bakstenen, wél oude, geen nieuwe' met één slag van mijn hand in tweeën kan slaan, had bij een andere gelegenheid al grote indruk op Vogel gemaakt. 'Eén klap van Ali, en je bent dood,' zeg ik terwijl ik met mijn hand zijn richting uit sla. Maar om hem niet ongerust te maken voeg ik (Ali) er aan toe: 'Maar we moesten ondertekenen dat we alléén doen als we erg aangevallen worden. En nooit eerst beginnen.' Hij kan niet weten dat ik principieel een afkeer heb van gebruik van geweld en van wapens en dat ik in dat soort situaties gewoon wegloop!
'Laat die vreemde toeren als je in mijn auto zit. Op die manier ruk je nog de hele voorbank uit elkaar. Doe dat maar als je buiten bent,' schreeuwt hij plotseling zonder reden, want de stoelen zijn zó stabiel dat mijn onbenullige bewegingen ze beslist niet kunnen beschadigen. Om de ernst van mijn karatetraining meer kracht bij te zetten en aan zijn oorspronkelijke argwaan voorgoed een eind te maken, maak ik voor de auto boksbewegingen en doe alsof ik aan het schaduwboksen ben als ik bij de afdeling warmtetechniek van Ruhrkohle in Essen een tijd op hem moet wachten. Daarmee veroorzaak ik een oploopje bij de secretaresses van de ziekenfondsvereniging aan de overkant. Ze staan met z'n allen voor de ramen van het hoge gebouw om naar de wild geworden lijfwacht bij de luxe slee te zwaaien en hem soms ook aanmoedigende kreten toe te roepen. Ali zwaait terug en het lukt hem om bij de 'ziekenfondssecretaresses' een werkonderbreking van minstens een kwartier te veroorzaken. Als Vogel terugkomt, Ali's gespartel in de ruimte en de samenscholing bij de ramen ziet, wordt hij kwaad: 'Hou daar onmiddellijk mee op, idioot. Je brengt me nog in opspraak. Doe dat maar in dat apehok van je in de Dieselstrasse of op de Turkse vereniging.'
Ali zegt: 'In orde. Maar u zei dat ik buiten doen mag.'
Hij rukt het portier open voor z'n baas en gaat onderdanig weer achter het stuur zitten.

Soms vangt Ali gesprekken van zijn baas via de autotelefoon op, waarin deze lastige of 'opstandige lui' de bons geeft. Dan heeft zijn stem niet de geïrriteerde klank die je zou verwachten. Integendeel, hij praat eerder op voldaan wellustige toon. 'Hallo, m'n beste, luister eens,' zegt hij vleiend, 'ik ben net weer van één van die aasgieren af. Was daarnet bij Ruhrkohle. T. wordt morgen ontslagen. Is dat niet geweldig?'
Of terwijl hij vrienden uit het bedrijfsleven en de politiek (onder andere een afgevaardigde uit de Bondsdag) via de autotelefoon voor een weekendje op zijn motorjacht in Holland uitnodigt, zegt hij tegen één van zijn zakenvrienden: 'Weer een klootzak minder. Vandaag er uit gegooid! Opgeruimd staat netjes. Ik héb me geërgerd aan die vent.'
Een andere keer filosofeert hij door de telefoon: 'Soms moet je keihard ingrijpen. Daar ontkomt niemand aan. Het ergste is medelijden. Dan kun je meteen wel inpakken!'
Hij kan het zich veroorloven de mensen naar willekeur te ontslaan. Door de steeds grotere werkloosheid werpen zich steeds weer nieuwe mensen in zijn armen, die uit radeloosheid bereid zijn ieder werk op bijna iedere voorwaarde te doen.
Sommige van de slachtoffers van zijn uitbuiterspraktijken kent hij niet eens, hoogstens van naam. Hij incasseert alleen maar.
Een ander telefoongesprek in de auto: 'Komt Ruhrkohle naar me toe, is net een nieuwe installatie geplaatst, en zegt: luister eens, we mogen niemand meer in dienst nemen. Er is een volledige personeelsstop, maar we hebben elektriciëns nodig. Zijn ze naar het arbeidsbureau gegaan, ergens voorbij Keulen, hebben daar een paar trucjes uitgehaald en elektriciëns aangenomen. Liep praktisch helemaal via mij. Ik heb die lui nooit gezien. Kreeg wel iedere maand keurig geld (hij lacht). Je moet alleen de weg weten. Als je wil, vind je altijd wel een oplossing.'
En een andere keer: 'Ik werk het liefst met grote bedrijven. Steag, zit ik overal in. We hebben in alle elektriciteitscentrales al gewerkt. Thyssen, Ruhrkohle, Ruhrchemie, General-Electric in Holland, allemaal bedrijven van wereldnaam. In het algemeen durft geen instantie iets te ondernemen, ook de arbeidsinspectie niet. We kunnen doen en laten wat we willen. De mensen mogen daar uren maken tot ze er bij neervallen. Voor de bedrijven is het belangrijkste dat de opdracht snel en discreet wordt uitgevoerd. Hoe minder mensen, hoe

beter. Dat valt minder op. Ik kan het af met de helft van de lui en de kas klopt toch!'
Soms geeft hij jaloers toe dat een paar concurrenten hem in koelbloedigheid en gewiekstheid nog overtroeven. Hij vertelt hoe sommigen met giftige afvalstoffen, die ze voor bepaalde bedrijven moeten 'dumpen', 'dubbel geld verdienen'.
'F. heeft van Ruhrkohle opdracht gekregen afval uit de Emscher weg te werken. Die verdient zich er suf aan. En aan het afval verdient hij óók nog een keer een bom duiten. Hij maalt de troep in de kolenmolen fijn en verpatst dan de poederkool nog eens om te verstoken. Het enige probleem is dat kolenstof niet in silo's kan worden opgeslagen. Komen namelijk gassen en dampen vrij die vanzelf ontploffen. Met de slakkenberg hier in Oberhausen gaat het precies zo. Heeft de gemeente aan een Hollander uitbesteed. Die vent krijgt per kubieke meter betaald voor het verwijderen van een slakkenberg, je weet wel, die hoop langs de snelweg. Wat doet die kerel? Hij maalt de troep fijn en verkoopt die weer voor veel geld aan tennisbanen. Daar zit op het moment nog eens handel in. Maar er zitten wel zuren en alle mogelijke gifstoffen in. Krijg je lelijke wonden van, als er op de tennisbaan eentje valt. Maar het blijft een kunst: twee keer geld slaan uit één hoop stront. Mijn god, sommige lui steken hun vinger in de stront en als ze hem er uit trekken zit er goud aan!'*

Ook al heeft Vogel een vermogen verdiend met troep, stof en vuiligheid of om zijn eigen woorden te gebruiken: met stront, in zijn eigen omgeving moet alles even proper en zindelijk zijn. Hij heeft een bijna aan hysterie grenzende angst om met het vuil van deze wereld in aanraking te komen. Zijn slaven zijn voor hem een kaste van onreinen, van paria's. Hij walgt van ze en wil zo veel mogelijk op een afstand blijven. En als ze hem steeds weer thuis komen opzoeken om hun loon op te eisen, raakt hij niet zo zeer in paniek over de dreigende, financiële klap, als wel over de directe confrontatie met zweet, vuil en ellende. Ook al komen ze met hun verzoek altijd schoon gewassen en netjes aangekleed bij hem aankloppen.
De enige uitzondering was ik (Ali) altijd. Heel bewust kwam ik in de propere villawijk in mijn smerige werkplunje aan, onder de olievlekken en vol troep, m'n gezicht nog zwart van het stof en het roet. Tot zijn grote schrik verscheen ik in levende lijve bij hem op de deurmat als de haveloze, totaal vervuilde werkezel.

* Dit verhaal blijkt overigens, voorzover valt na te gaan, geen juiste weergave van de feiten (zie Ronald Frisart in *Haarlems Dagblad*, 30.10.86). (De uitgever)

Intussen heeft Ali zich wat kleding betreft aan de Mercedes aangepast. Een vouw in de broek, een schoon overhemd, wit of grijs, een das, geen afgetrapte, zeiknatte werkschoenen maar glimmend gepoetste, leren instappers. Toch hoort Ali net als vroeger voor Vogel bij de 'Untermenschen' uit de proletarische onderwereld. Alleen al zijn adres in de Dieselstrasse brandmerkt hem. In de ogen van Vogel woont daar het ergste gajes in de grootste troep en werkt bovendien ook nog in de allerergste stront.

Als ik (Ali), zijn chauffeur, weer eens 's morgens vroeg om 7.30 ruim een half uur voor zijn huis sta te wachten, moet ik plotseling dringend naar de wc. Ik (Ali) bel aan en vraag of ik even bij hem naar de wc mag.
VOGEL: 'Een grote of een kleine?'
IK (ALI): 'Alles...'
VOGEL *(vol walging):* 'Doe dat buiten maar.'
IK (ALI): 'Waar, buiten?'
VOGEL: 'Om de hoek of zo. Kan me niet schelen.'
IK (ALI): 'Waar in de hoek?'
VOGEL: 'Zal me een rotzorg zijn.'
Hij stuurt Ali als een hond de straat op. In zijn tuin schijten is ook onmogelijk. Van alle kanten is er inkijk. Eigenlijk wil ik een grote hoop op de motorkap van de Mercedes doen, bovenop de ster. Als Vogel tien minuten later naar beneden komt, vraag IK (ALI):
'Is toilet kapot of zo?'
VOGEL: 'Nee, die is niet kapot. Maar ik heb dat niet graag. Je weet maar nooit met vreemde mensen en zo. Ik zal het je eerlijk zeggen: omdat we bang zijn voor ziektes. Je weet nooit of je een infectie oploopt en zo. Begrijp je dat? En dáár is het gevaar voor infectie bijzonder groot!'
IK (ALI): 'Als er gasten zijn, moeten die altijd naar buiten?'
VOGEL *(in verlegenheid gebracht, aarzelend):* 'Ik heb om zo te zeggen nooit gasten, omdat... Maar mijn monteurs en zo komen bij mij niet op de wc. En dat weten ze ook. Niemand zal het vragen. Ik ben wat dat betreft ontzettend voorzichtig.'
IK (ALI): 'Bent u ook bang voor eds?'
VOGEL: 'Je bedoelt aids? Niet alleen bang. Dát is, denk ik, iedereen. Nee, ...ik neem voorzorgsmaatregelen. Als ik ergens voor het eerst ben, ga ik bijvoorbeeld nooit naar het toilet of zo. Ik ga nooit op een vreemd toilet.'

IK (ALI): 'Hm.'
VOGEL: 'Nergens. Niet op openbare toiletten en ook niet als ik ergens op bezoek ben.'
Peinzend zegt VOGEL: 'Ik geef ook bijna niemand een hand of zo. En als ik iemand een hand moet geven, was ik onmiddellijk daarna mijn handen.'
IK (ALI): 'Als alle mensen zo denken als u, zou dan niets meer gebeuren?'
VOGEL: 'Natuurlijk. Zouden er geen ziektes meer voorkomen. Maar niet iedereen denkt er zo over. Sommige mensen zijn wat dat betreft echte varkens. Als ik er aan denk, word ik al niet goed.'

Eigenlijk zou Vogel de toiletten ter plekke bij Remmert eens moeten bekijken. Er zijn er trouwens maar twee voor de arbeiders. Geheel verstopt van de stront. Toiletpapier is er niet en de firma laat zo goed als nooit schoonmaken. Eén van de toiletten heeft niet eens een deur. Maar omdat het er altijd een drukte van belang is, gaan ze ook zo wel zitten. Een Duitser heeft met een viltstift in de wc geschreven: 'Alleen voor wilden.'
Soms gaat Vogel, als alle telefoontjes zijn afgehandeld, op de snelweg tussen Oberhausen en Essen of richting Wesel wel eens filosoferen, terwijl het landschap aan ons voorbijtrekt. Dan zet hij zijn lievelingszender 'Radio Luxemburg' aan, die hij van 's morgens vroeg tot 's avonds laat kan aanhoren om zich in slaap te laten sussen met liedjes die van geen problemen in de wereld weten. Of hij luistert naar het nieuws in het kort.

Hoewel hij meestal zwijgzaam en stil tegenover zijn Turkse chauffeur is, komt het om de vijf, zes dagen voor dat Vogel, de ondernemer in opkomst, ineens zin heeft zich principieel uit te spreken over de toestand in de wereld. Hij wil die dan in een aantal zinnen nader toelichten. Op de radio schalt net de pittige song 'Goedemorgen Duitsland, ik hou van jou...', als ALI *vraagt:* 'Hoelang bent u eigen baas en ondernemer, mijnheer Vogel?'
VOGEL: 'Sinds vijf jaar' *en legt uit dat hij vóór die tijd hoofdinkoper was bij de hoogovens van* MAN, *de 'Gutehoffnungshütte'.* 'In die vijf jaar heb ik meer geleerd dan ooit tevoren. Ook wat schurken betreft en zo.'
IK (ALI): 'Ook veel geld verdiend, als nooit?! Wat is dat: schurken?'

VOGEL: 'Geld verdienen hoort er nu eenmaal bij. Maar er zijn hier in Duitsland een heleboel boeven die te lui zijn om te werken en voortdurend een greep in je portemonnaie willen doen. Ze willen je alleen maar verneuken. En onze eigen mensen, onze eigen arbeiders, zijn al lang niet meer zo vlijtig en flink als de Duitse arbeiders vroeger waren. Hitler was wél een dictator, maar in dat opzicht...'
IK (ALI): 'Maar heeft mensen omgebracht.'
VOGEL: 'Klopt. En ook oorlogen gevoerd die niet bepaald nodig waren.'
IK (ALI): 'Omdat hij verloren heeft?!'
VOGEL: 'Ja, omdat hij veel te snel zijn macht wilde uitbreiden en steeds groter en belangrijker wilde worden. Vooral wat hij met de joden heeft gedaan, daarover kunnen de meningen uiteen lopen. Maar ze staan nergens in aanzien, de joden... Men vergeet tegenwoordig maar al te graag dat hij iedereen brood en werk heeft gegeven. Naderhand, toen hij aan de macht was, waren er geen werklozen meer... Als er nu nog één, twee miljoen werklozen bijkomen, krijgen we weer een soort Hitler. Dáár kun je op rekenen. Maar dan breekt de hel los, met politieke rellen en zo!'
IK (ALI): 'Ja, dan zijn wij aan de beurt, dan zijn wij de joden'.
VOGEL: *(lacht)*: 'Wees maar niet bang. We zullen jullie heus niet zo gauw vergassen. Geloof ik niet. We hebben jullie toch nodig voor het werk. Met die joden, dat is een traditie van duizenden jaren. Weet je, de joden, die hebben altijd alleen maar handel gedreven. Die hebben het volk, ik bedoel andere mensen, voor zich laten werken. En wat die andere mensen gemaakt hadden, hebben zij goedkoop opgekocht en voor veel geld verkocht. Dat is hun manier. Joden zijn van huis uit lui en willen niet werken, hebben zich altijd op kosten van anderen verrijkt. Daarom zijn ze nergens gezien, niet in Duitsland of Amerika en ook niet in Rusland of Polen. Met de Turken is dat iets heel anders. Dat weet je zelf het beste. Jullie kunnen werken. Wees nou maar niet bang. Er zouden wetten worden gemaakt dat ze allemaal binnen een jaar Duitsland moeten verlaten. Als er nóg een miljoen werklozen bij zouden komen.'
IK (ALI): 'U bedoelt, er komen meer?'
VOGEL: 'Dat zegt tenminste iedereen die er verstand van heeft. De politici en de toplui van de industrie. Onder elkaar is iedereen het er over eens. Je kunt het alleen niet zo duidelijk tegen de mensen op straat zeggen. Daar heerst al genoeg onrust die niet meer is tegen

te houden. Er zijn bijvoorbeeld steeds meer computers en robots. Neem bijvoorbeeld mij als ondernemer. Als ik voor de mensen die ik in vaste dienst heb, en met wie ik iedere dag wel moeilijkheden heb, als ik díe kon vervangen door machines, dan zou ik dat doen. Dat zou per machine 100.000 mark kosten. Dat wil zeggen 3 man minder in dienst. Dan heb ik ook geen problemen meer. Met machines heb je geen last.'

IK (ALI): 'Mmm,'

VOGEL: 'Begrijp je? Een machine is veel betrouwbaarder. Dan zijn er ook geen spanningen. En dat is de trend, overal. Kijk maar naar de grote ondernemingen. Daar is alles geautomatiseerd. En dat gaat steeds verder. Neem nou bijvoorbeeld de produktie van staal of de buizenfabricage. Dat werk wordt in andere landen zoals Nigeria of de DDR veel goedkoper gedaan dan bij ons. Omdat bij ons onder andere de loonkosten veel te hoog zijn. Op die manier kunnen we niet meer concurreren. Er wordt altijd gezegd dat we de werkloosheid moeten terugdringen. Dat zegt iedereen. Het lukt alleen niet, het kan niet. In ons economische stelsel is dat niet mogelijk. Integendeel. Er komen er steeds meer. Jonge mensen bijvoorbeeld, de schoolverlaters, die willen werk. Maar er is geen werk. Het is allemaal lapwerk. De VUT? Kun je vergeten. Het is net als in het oude Egypte. Toen zeiden ze tegen de mensen: er komen zeven vette en daarna zeven magere jaren. Bij ons is het zo dat we 40 vette jaren achter de rug hebben. En nu moeten we ons instellen op zeven magere jaren, totdat er misschien weer een oorlog komt of iets dergelijks, waardoor er weer nieuwe dingen geproduceerd moeten worden.'

IK (ALI): 'Bedoelt u, komt weer oorlog?'

VOGEL: 'Ja, als er nog meer werklozen komen in Duitsland, krijgen we op z'n minst een burgeroorlog. Daar moeten we wel op rekenen. Als er nog eens een miljoen werklozen bijkomt, dan gaan die de straat op, op de barricaden. Dát wordt me een chaos! Dan is het afgelopen met onze rechtsstaat.'

Een bericht via de autoradio: 'De verblijfsvergunning van buitenlanders zal met terugwerkende kracht verkort of ingetrokken worden als er sprake is van een gestrand huwelijk met een Duitse vrouw.'

VOGEL: 'Daar heb je het nou!'

Radio: '... de eis van een Turk af, die sinds vijf jaar in de Bondsrepubliek woont. Zijn Duitse vrouw had echtscheiding aangevraagd en het voogdijschap over hun kind al gekregen. Daarna verkortte de gemeente

Kassel achteraf de verblijfsvergunning van de man tot eind augustus van dit jaar.'
VOGEL: 'Zie je wel? Je hoort het nu overal!'
IK (ALI): 'Maar wat zegt u? Die zijn getrouwd, vrouw heeft misschien andere man en weg, eigen man weggestuurd! Mag eigen kind niet meer zien!'
VOGEL *(zonder enige emotie):* 'Hij moet terug. Is toch duidelijk. Nu hoor je het zelf. Was altijd al een fout van de Duitse politiek. Tijdens het 'Wirtschaftswunder' hebben we de sluizen toch veel te ver geopend. Alle Turken, die wilden, konden komen. Alle Italianen, die wilden, konden komen. Dat was de grote fout van de Duitse politiek. Hadden ze nooit moeten doen.'
IK (ALI): 'Maar wij zijn niet zelf gekomen. Hebben ons gehaald. Toen waren geen computers. Hadden mensen nodig.'
VOGEL: 'Ja, maar het mes sneed aan twee kanten. En daar hebben ze nu spijt van. Toen zijn de Turken gekomen, het grove werk werd door buitenlanders gedaan. Maar de Duitser werkte niet meer. Die voelden zich te goed voor dat werk. En nu zitten we nog met die mentaliteit. De Duitsers willen niet meer werken en maken alleen maar problemen. De belangrijkste fout was: ze hadden nooit zo veel buitenlanders binnen moeten laten. Ik ben er van overtuigd dat we heel wat minder werklozen zouden hebben... rechts af! We hebben op het ogenblik 2,3 miljoen werklozen... Als alle Turken weg waren. Maar met de Turken zelf heeft dat niets te maken.'
IK (ALI): 'Ik begrijp niet. Dus als...?'
VOGEL: 'Laten we aannemen dat alle Turken weg zijn. We hebben op het ogenblik 2,3 miljoen werklozen. Laten we zeggen... Hier rechtsaf! En gebruik de richtingaanwijzer!'
IK (ALI): 'Ja.'
VOGEL: 'Als alle Turken weg zouden zijn, dan hadden we wel wat minder werklozen, misschien 2,2 miljoen, maar dat zet geen zoden aan de dijk.'
Radiobericht: '...is wegens medeplichtigheid aangeklaagd.
Door de bijdragen van Veba, Klöckner, Krupp, Mannesmann en nog elf andere bedrijven, zou hij medeplichtig zijn geworden, omdat hij...'
IK (ALI): 'Zal minister van economische zaken... gaat hij gevangenis in?'
VOGEL: 'Nee, onmogelijk. Dan zou ongeveer de hele regering de

gevangenis in moeten. Dat kan toch niet.'
IK (ALI): 'Maken miljarden winst en willen steeds meer.'
VOGEL: 'Natuurlijk. Jij wil toch ook altijd geld van mij? Dat zit toch in de mens. Of niet soms?!'

De bedrijfsvergadering

'Bedrijfsvergadering' noemt Vogel de door hem ingelaste bijeenkomst van 'zijn' mensen in een zaaltje van café 'Sportlereck' in de Skageragstrasse op 10 minuten lopen van de parkeerplaats bij de firma J.P. Remmert.
Terwijl ik hem erheen rijd, voert hij via de autotelefoon een gesprek met één van zijn vertrouwelingen. Hij zegt onder meer dat 'alles eerst maar eens moet betijen', dat er 'een lijn in de handel' moet komen en dat hij 'liever een vaste ploeg een tijdje legaal wil laten meedraaien dan dat hij naderhand in de stront zit.'
De toespraak tot de ploeg is om 4 uur 's middags gepland. Men is verplicht om te verschijnen, ook al is het in onbetaalde vrije tijd. Ik (Ali) moet zijn attachékoffertje dragen. 'Je wijkt niet van mijn zijde,' zegt hij tegen mij en: 'Als iemand mij te na komt, grijp je in en maakt korte metten.' 'Begrepen,' stel ik hem gerust, maar ik heb een misselijk gevoel in mijn maag omdat ik voor mijn vroegere collega's en vrienden van het werk nu als streber en lijfwacht van Vogel moet verschijnen. Als er werkelijk iemand buiten zichzelf zou raken en hem dan een mep zou willen geven, dan weet ik in ieder geval wat me te doen staat, ook al zou mijn rol daardoor voortijdig uitgespeeld zijn. Ergens is er een grens aan de zelfverloochening.
De collega's zitten al rond een grote tafel. Er zijn een paar nieuwe gezichten bij. Vogel gaat aan het hoofd van de tafel zitten en geeft mij een teken om naast hem, aan de hoek van de tafel me er tussen te wurmen. Een paar collega's geef ik een knipoog. Ik betwijfel of ze het begrijpen. 'Stilte nu!' maakt Vogel een eind aan hun gesprekken en voegt er (voor de meesten totaal onbegrijpelijk) aan toe: 'We zijn hier niet in een jodenkerk.' Onmiddellijk is het stil. Ze kijken Vogel gespannen aan, benieuwd naar wat hij hun te vertellen heeft. Zijn toespraak begint heel ongebruikelijk: 'Zo, beste medewerkers.' Kemal stoot mij onder de tafel met z'n voet aan en kan z'n lachen nauwelijks inhouden. 'Ik heb jullie hier laten komen omdat we eindelijk eens orde op zaken moeten stellen. Men heeft beweerd dat er

bij ons zwart gewerkt wordt. In dat verband is ook de solide naam Remmert gevallen. Op de radio zelfs. Zoiets is natuurlijk uiterst schadelijk voor de zaak en ik waarschuw dan ook iedereen die zoiets durft te beweren. Zoals het er nu voorstaat, willen we een vaste ploeg van arbeidscontracten voorzien. We zullen dankbaar gebruik maken van het middel dat de regering ons vriendelijk genoeg aan de hand heeft gedaan om voorlopig tijdelijke arbeidscontracten van een half jaar met een stel betrouwbare mensen af te sluiten. Mede om de mensen eens te testen en om te kijken wie er goed voor ons is, en wie minder geschikt! Je ziet van de mensen immers alleen maar de buitenkant! En als er dan een goed team is, dan kunnen we alsnog over één en ander praten. Een aantal firma's bij Thyssen gaan helemaal niet zo legaal te werk als wij.'

Hij legt uit dat Thyssen hem '3.000 uur per maand gegarandeerd' heeft, naast speciale opdrachten en dat dit, naar hij hoopt, 'ieder jaar zo doorgaat!' 'Vooropgesteld dat de conjunctuur zich zo verder ontwikkelt als nu het geval is en Thyssen niet van vandaag op morgen zegt: nu is het afgelopen.'

Hij laat mij (Ali) de serveerster halen en zegt grootdoenerig: 'Zo, iedereen één drankje: cola, bier of een sapje. Dit rondje is voor mij.'

Dan licht hij 'zijn beste medewerkers', die er deels sceptisch, deels angstig bijzitten, verder in: 'Luister allemaal! Ik vertel jullie nu hoe de tarieven zijn.'

Hij spreekt over de door hém alleen willekeurig vastgestelde hongerlonen als over 'tarief-lonen', alsof het om officiële, bindende afspraken gaat die na onderhandelingen met de vakbond tot stand zijn gekomen. 'Volgens de tarieven betalen we dus — laat dat even glashelder zijn — 8,50 mark aan mensen van 18 tot 21 jaar. Vrijgezellen boven de 21 krijgen 9 mark. Mensen die getrouwd zijn 10 mark.'

Bijna niemand van ons is getrouwd.

'Ik heb de lonen een beetje laten oplopen,' rechtvaardigt hij zichzelf, 'omdat een getrouwde man wat meer onkosten heeft. Dat is natuurlijk duidelijk. De tarieven heb ik dus, om zo te zeggen, op sociale gronden laten oplopen.'

Vogel kijkt streng in het rond. 'Wie het hiermee niet eens is, kan opstaan en verdwijnen!'

Niemand verroert zich. Niemand durft zijn mening te geven. Voor de meesten gaat het niet eens om het levensonderhoud maar om overleven. Iedereen weet dat er voor hem tientallen anderen staan

te wachten die zonder voorwaarden meteen zijn plaats zouden innemen.
'Is dat 8,50 mark netto?' vraagt Nedim schuchter.
Vogel (kort): 'We betalen alleen bruto lonen uit.'
Nedim: 'Maar dan blijft netto tussen de 5 en 6 mark over.'
Vogel: 'Ik heb de tabellen voor ongehuwden niet precies in mijn hoofd. Dat kan wel kloppen. Maar laat één ding duidelijk zijn: we kennen alleen maar brutolonen. We betalen niet alleen naar prestatie maar ook naar sociale omstandigheden. Er valt maar één koek te verdelen en dan moet er ook rekening worden gehouden met de sociale aspecten!'
De koek van Thyssen betekent voor Vogel al 52 mark de man per uur. Daarbij zijn toeslagen voor stoffig en smerig werk inbegrepen, alsook voor werkzaamheden bij hoge temperaturen en werk dat schadelijk is voor de gezondheid. Over een toeslag voor overwerkuren wordt helemaal niet gepraat. Voor Thyssen zijn deze 52 mark voor mensen van Vogel altijd nog goedkoper dan eigen personeel het werk te laten doen. Betaalde vakantie, kerstgratificatie, doorbetaling van het loon in geval van ziekte en alle andere sociale voorzieningen zoals bijvoorbeeld bescherming tegen ontslag, vallen weg. Die 52 mark per persoon deelt Vogel met Remmert. Remmert incasseert 27 mark, Vogel 25 mark. Gaan we er ten gunste van Vogel van uit dat hij dit keer, geheel tegen zijn gewoonte in, de sociale premies nu eens niet in z'n eigen zak steekt en gemiddeld 9 mark doorgeeft, dan blijven er 16 mark per uur voor hem over. 16 x 3.000 = 48.000 mark per maand voor Vogel, alleen nog maar van Thyssen.
'Zo... dan zullen we de kameraden stuk voor stuk eens noteren.' Als hij de bedremmelde, soms zelfs vertwijfelde gezichten van zijn 'desperado's' ziet komt hij met één van de troostende woorden uit zijn standaardrepertoire aan: 'Goed, ik weet dat dit op dit ogenblik niet al te veel is. Maar ik ben gaarne bereid, zoals ik al zei, ...we kennen elkaar nog niet zo lang... als we elkaar over een half jaar beter hebben leren kennen, dan kan er met mij ook over een loonsverhoging worden gepraat en dan valt er vast wel het een en ander te regelen.'
Iedereen die Vogel een beetje kent, weet dat dit loze beloften zijn.
'Ja, en dan nog iets,' Vogel steekt zijn hand op voor stilte, 'voortaan mag niemand meer wegblijven. We maken nu schoon schip en nemen ook geen andere mensen meer in dienst. Maar wie voortaan niet op het werk verschijnt, hoeft niet meer terug te komen. In zijn plaats

komt dan een ander. Ik hoop dat dit duidelijk is. We maken er geen kippenhok van!'

Hij kijkt de 23-jarige Mustafa scherp aan: 'Dat geldt ook voor jou. Dat was de laatste keer, dat je eergisteren gewoon bent weggebleven.'

Mustafa verontschuldigt zich. Hij moest zijn vrouw naar het ziekenhuis brengen omdat ze een kind kreeg. Een zoon. In plaats van hem te feliciteren doet Vogel alsof hij het niet gehoord heeft en herhaalt: 'Dat was echt de allerlaatste keer.'

Hoewel er tot nu toe geen ziekengeld werd uitbetaald en we vaak voor niets op het werk verschenen om meteen weer naar huis te worden gestuurd, beschikt hij over onze tijd en over ons leven alsof we lijfeigenen zijn.

Ook tegen de Duitser Walter Recht vaart hij onbehouwen uit: 'Met die eeuwige afwezigheid van jou is het nu ook afgelopen, anders...'

Walter (bedeesd): 'Mijnheer Vogel, we hebben zaterdag en zondag 20 uur gewerkt. Ik kwam pas om kwart voor drie thuis en om half vier moest ik de ambulance bellen voor mijn vrouw, die onmiddellijk voor een spoedoperatie in het ziekenhuis moest worden opgenomen. Maar ik had het mijnheer Lachmann laten weten.'

Vogel neemt er geen notitie van en maakt nog eens duidelijk: 'Als jullie niet meedraaien, doe ik net als vroeger. Als iemand zich ziek had gemeld, ging ik naar z'n huis en heb de koorts opgenomen. Had hij geen koorts, dan was hij op staande voet ontslagen.'

Dan gaat hij ineens weer op de sociale toer: 'Als we tegen die tijd een beetje aan elkaar gewend zijn, weten we tenminste wat we aan elkaar hebben. En als we dan in december weer bij elkaar gaan zitten (als we dan tenminste nog bij elkaar zijn), bij een kerstfeestje of zo, dan kunnen we misschien wat vaste contracten afsluiten. Dat zou moeten kunnen. Dat is duidelijk! Vanaf nu vormen jullie een vaste ploeg en ik wil geen geblèr om geld meer horen. Morgen en zaterdag mogen jullie overuren maken, dan kunnen jullie er meteen tegenaan!'

'Zo, dat was het dan,' zegt hij ten afscheid. 'Morgenochtend precies op tijd aanwezig. Schoon gewassen, schone nek en ook van onderen een beetje proper, haha...'

En hij roept Mustafa achterna: 'Heeft Mustafa zijn eigen biertje wel betaald? Dat ik tenslotte niet ook voor jullie verteringen kan opdraaien!'

'Zo, dat is voor elkaar,' zegt hij tegen Wormland, zijn zwager in spe, voorman en vertrouweling.

Hij laat mij zijn attachékoffertje naar de wagen brengen en legt aan Wormland uit: 'Ali is nu mijn lijfwacht. Kun je rustig tegen de jongens zeggen. Hij kan karate en heeft een pistool.' (Ik had hem alleen maar een stiletto laten zien, G.W.) 'Ali heeft de hele tijd achter mij gezeten en me niet uit het oog verloren. Er kwamen er twee op me af, die wilden onmiddellijk geld zien. Ik dacht: ze pakken me.'
Wormland (geamuseerd): 'Ik heb gehoord dat je nu iedereen officieel in dienst neemt?!'
Vogel (knipogend): 'Zo letterlijk moet je dat nou ook weer niet nemen. Hoofdzaak is dat we de zaak eerst laten betijen.'
Plotseling kruipt Vogel weg in de hoek van de bar als een jong echtpaar het café binnenkomt. De man werpt Vogel een woedende blik toe, de knappe blonde vrouw die bij hem hoort, kijkt met opzet de andere kant uit.
'Let op, je moet me dadelijk misschien verdedigen,' zegt Vogel tegen mij (Ali) en op bluffende toon tegen Wormland: 'Je weet dat ik hier nogal wat weerstanden oproep.'
Maar er is geen reden tot bezorgdheid: er komt geen ruzie.
Later vertelt hij een zakenvriend in het café over de 'bedrijfsbijeenkomst': 'Nou, ik heb het uurloon zó kunnen drukken dat ze nu helemáál uit zijn op overuren en dubbele ploegendiensten. Om te voorkomen dat ze na afloop met elkaar kletsen, heb ik ze stuk voor stuk naar huis gestuurd. Ik heb gezegd: jij gaat hierheen en jij daar naartoe. Je moet met die lui verdomd goed oppassen.'

Aan de andere kant van de bar heeft Walter Recht post gevat. Hij drinkt het ene glas bier na het andere en zoekt duidelijk contact met Vogel, want een paar keer heft hij het glas en proost met Vogel die dit kennelijk nogal storend vindt en hem bewust negeert. Als Walter, de nieuwe collega, ongeveer 25 jaar oud en heel bleek en mager, zich met een stuk of tien bier moed heeft ingedronken, gaat hij naar Vogel toe en smeekt hem op veel te luide, indringende toon: 'Mijnheer Vogel, geef me nog een kans, geeft u me alstublieft nog een kans. Ik ben ooit bij een firma als machinebankwerker in de leer gegaan. Toen werd ik ziek en heb vlak voor het examen de boel de boel gelaten. Ik vertel u dat heel open en eerlijk. Ik was toen ook nog niet getrouwd. Nu heb ik twee kinderen die te eten moeten hebben. Bij de volgende firma moest ik steeds achter mijn geld aan.' Hij doet zijn vroegere baas na: '"Jij kunt niet werken," schreeuwde hij tegen

mij, "jij bent alleen maar op mijn geld uit." En de derde firma, een scheepsbouwonderneming ging failliet toen ik net was ingewerkt. Als het er op aankwam ging altijd alles fout. Maar ik kan echt iets. Ik heb alle lassersdiploma's. Ik kan zelfs zinkstof lassen en vanaf tekeningen werken. Geef me alstublieft een kans en geef me ander, gekwalificeerd werk. Ik kan van die 6 tot 7 mark mijn gezin toch niet onderhouden en ook nog de huur betalen.'
Het stoort Vogel blijkbaar dat iemand hem hier in zijn vrije tijd (én bij zijn 15de pilsje) aanklampt, want hij scheept hem af: 'Zorg eerst maar dat u morgen op tijd op het werk bent!' En verwijtend: 'Waarom was u er vandaag eigenlijk niet?'
Walter (opgewonden, stotterend): 'Maar ik heb u daarstraks toch gezegd dat mijn vrouw met spoed in het ziekenhuis moest worden opgenomen. Ze is toch geopereerd.'
Vogel (afwimpelend): 'Zorg eerst maar dat u steeds op tijd op het werk verschijnt. Dan kunnen we later nog eens praten.'
Walter: 'Daar kunt u van op aan. Ik sta iedere morgen om drie uur op. Ik kom op de fiets. Er kan dus niets fout gaan. Ik ben er altijd. Ik rijd iedere dag 30, 40 kilometer. Dat is voor mij geen punt.' En steeds weer herhaalt hij als een grammofoonplaat waarop de naald is blijven hangen: 'Geef me alstublieft nog een kans.'
Vogel vindt hem steeds hinderlijker worden en keert hem de rug toe met de woorden: 'Wie altijd op tijd is en steeds gewerkt heeft, wordt *ook* betaald. Daar kun je niet onderuit,' en wendt zich weer tot Wormland. Later op het toilet spreekt Walter mij aan: 'Zeg, die baas van je, die laat me toch niet zitten, hoop ik? Die is toch helemaal niet zó als jij me de eerste dag verteld hebt!'
Ik (Ali) laat hem maar in z'n illusie en zeg niets. Walter zegt nog: 'Heb je gezien hoe hij keek, toen hij zag dat we hetzelfde pak aanhadden?!'
Ook nu kan Ali het niet over z'n hart verkrijgen om zijn collega op de feiten te wijzen. Ze dragen wél alle twee een blauw streepjeskostuum, maar dat van Vogel is op maat gemaakt en héél duur, terwijl Walter een goedkoop confectiepak uit het rek aanheeft. Na z'n achttiende biertje merkt Walter, die zich (om z'n laatste kans te grijpen) als voor een sollicitatiegesprek nog in een wit hemd met das gestoken heeft, dat Vogel niet met hem wil praten. Hij verlaat het café en stapt wankelend op z'n fiets om de 15 kilometer naar huis terug te rijden.

Vogel heeft intussen z'n twintigste glas bier te pakken en is in een felle woordenwisseling met Wormland geraakt. Vóór z'n twintigste biertje kon hij zich nog met kernachtige, heldere zinnen uiten en beleidsplannen ontwerpen als: 'We moeten het op het juiste spoor zetten. De leidinggevende krachten behandel ik als juwelen.' 'Stellen jullie maar een een concept op hoe we de kosten kunnen miniseren.'
Maar nu valt Vogel Wormland steeds feller aan omdat die het gewaagd heeft hem, Vogel, tegen te spreken: 'Zo kun je niet omspringen met je mensen. Als H.', hij noemde een naam van een vroegere Duitse collega, 'tegen jou procedeert, heeft hij groot gelijk. Als ik geen familie van je was, had ik dat ook al lang gedaan.'
Waarop Vogel (opgewonden): 'Je bent een verrader. Je bent op de hand van die dagloners, die dagdieven en struikrovers. Je hoort zelf bij dat schorem en gespuis!'
Wormland is de kalmte zelf. Ik (Ali) kon hem op het werk niet goed lijden maar hier toont hij toch ineens zoiets als karakter. In ieder geval geeft hij blijk van zijn minachting voor Vogel en houdt voet bij stuk.
Hij draait Vogel min of meer de rug toe, spreekt hem (om distantie te scheppen) een aantal keren met 'u' aan en antwoordt: 'Ik sta helemaal niet aan hun kant maar als iemand op zijn recht staat...'
Vogel kan er niet tegen dat iemand hem durft tegen te spreken: 'Voor mij besta je niet meer. Je bent ontslagen. Ga je morgen maar in Hannover melden voor montagewerk.'
Wormland: 'Doe ik niet. Ik blijf bij Thyssen. U kunt toch niet zonder mij. Ik laat me niet zo maar afschepen.'
Waarschijnlijk maakt hij een toespeling dat hij het een en ander weet van Vogels illegale handelingen en gemene streken want, hoewel Vogel nog een paar keer paars van woede verklaart dat Wormland ontslagen is en voor straf wordt overgeplaatst naar Ruhrkohle in Hannover, blijft Wormland onbewogen en werkt hierna gewoon door als ploegbaas bij Thyssen.
Vogel is bijna aan z'n vijfentwintigste biertje en gaat nu op de sentimentele toer. Met glazige blik staart hij naar Ali: 'Ali blijft me tenminste trouw. Die zou mij met z'n leven verdedigen.'
En met een groots, pathetisch gebaar: 'Die haal ik nog eens een keer uit de goot, uit dat smerige krot in de Dieselstrasse. Ik zal hem in uniform steken, dan past hij tenminste echt in mijn Mercedes.'
Hij is ontroerd over z'n eigen edelmoedigheid en verzinkt in gepeins:

'Als ik maar wist hoe ik Ali intellectueel kon taxeren!'
Hij werpt mij (Ali) een bemoedigende blik toe. Ik doe alsof ik geen idee heb waarover het gaat.
'Weet je wat ik bedoel? Weet je wat dat betekent: intellectueel?'
'Ja,' zeg ik (Ali), 'als je alles begrijpen en doorzien.'
'Inderdaad, welk niveau heb je. Begrijp je wat ik bedoel met niveau?'
'Ja,' antwoord ik (Ali), 'als je hoort bij dure mensen. Hangt af van werk. Die moeten kunnen veel meer dan men ze doen laat!'
Wormland bindt opnieuw strijd aan (tegen Vogel): 'Je merkt toch dat hij het niet snapt. Hij drukt zich slecht uit en praat ook zo langzaam.'
Vogel probeert ons tegen elkaar uit te spelen: 'Dat is nog de nawerking van de medicijnen die ze op hem hebben uitgetest. Hij is helemaal niet zo dom en begrijpt meer dan jij denkt.'
'Ik zeg niet altijd alles wat ik denk,' steun ik (Ali) hem (Vogel), 'ik vaak meer begrijp dan ik zeg.'
Eén moment kijkt Vogel me met waterige blik onderzoekend en doordringend aan, alsof hij achter Ali's woorden iets meer vermoedt. Maar kennelijk is hij gerustgesteld als ik (Ali) doorga: 'Ik weet niet of ik alles altijd goed begrijp. Kan niet alles weten. U mij vragen en zelf zien.'
Vogel denkt kort na om Ali daarna aan een speciale IQ-test te onderwerpen: 'Wie is de kolossus van Rhodos?' is zijn eerste vraag. Ik geef met opzet een verkeerd antwoord en doe net alsof ik de zonnegod, één van de zeven wereldwonderen, met Atlas verwissel die de hemel stut: 'Moet hele wereld op schouders dragen,' geef ik ten antwoord, 'is heel zwaar en staat krom. Kan bijna niet dragen.'
'Heel goed, geweldig,' prijst Vogel mij en laat daarmee blijken dat hij het zelf niet precies weet.
Zijn tweede vraag: 'Hoe heet de bondskanselier?', wordt door Ali goed beantwoord. Eveneens de vraag: 'Hoe heette de vorige?'
En ook op de vraag naar de naam van de partijleider van de Sovjet-Unie weet Ali het juiste antwoord te geven. Tot grote verbazing van Vogel weet hij zelfs razendsnel de naam van de Franse president te noemen.
'Niet te geloven,' constateert Vogel bewonderend. Hij beschouwt zijn slaven als halve wilden, aapmensen en 'Untermenschen' en voelt zichzelf geestelijk en cultureel mijlen ver boven hen verheven.
Een paar plaatsen verder aan de bar windt een belastingambtenaar

De volgende getuigenissen van Turkse collega's laten zien hoe de praktijken van Vogel zijn en hoe gevaarlijk het werk is.

HÜSEYIN ATSIS (56) die in Turkije al het smerigste werk moest doen, heeft bij Vogel het gevoel dat het 'in Siberië beter is dan bij dit werk'. Gevaarlijker werkomstandigheden heeft hij eerder 'nog nooit meegemaakt.'

'Nooit lette iemand erop met wat voor schoenen je werkte. Velen droegen alleen maar simpele gymschoenen of gewone zomerschoenen. En we werden gewaarschuwd door de veiligheidsmensen dat we onze schoenen met modder zwart moesten maken maken zodat niemand zou merken dat het geen echte werkschoenen waren. Ik heb voor menige collega een helm uit de afvalbakken gehaald, want helmen gaven ze ons niet, hoe gevaarlijk het ook was. Met handschoenen was het precies hetzelfde. Uit de afval bij Thyssen konden we soms handschoenen halen die al gescheurd en kapot waren.

In de nieuw gebouwde oven in Hamborn moesten we bijvoorbeeld buizen naar beneden slepen vanaf de zevende etage. Ik herinner me hoe we met zijn tweeën zo'n buis naar beneden sjouwden. We moesten onderweg verdomd goed opletten, want het was duidelijk dat het onze dood kon worden.

We moesten op een kraan van zo'n 70 meter hoog klimmen om daar stof te ruimen en in zakken van 50 kilo naar beneden te sjouwen. Dat was heel gevaarlijk en erg smerig. Toen heb ik de voorman gevraagd waarom ik dit werk steeds moest doen. Toen zei hij: 'Ja, luister eens, jij bent tenminste verzekerd, jij hebt je papieren, die anderen hebben geen verzekering. Als er iets gebeurt, dan kunnen we nog iets voor je doen.' Ze zeiden dat Vogel maar heel weinig mensen had die legaal werkten, maar een paar die volgens de regels verzekerd waren.'

Hüseyin Atsis moet heel wat doen om zijn loon in handen te krijgen. Toen hij het tenslotte na veel aandringen stukje bij beetje ontvangen had, was het totaalbedrag veel minder dan wat hij op grond van het overeengekomen uurloon en de vele overuren had moeten krijgen. In plaats van het overeengekomen uurloon van 10 mark kreeg hij maar 9 mark. Bovendien waren er onduidelijke posten afgetrokken. Voor 184 uur kreeg Hüseyin slechts 724,28 mark: 'Toen ik het geld kreeg, heb ik tegen mezelf gezegd, met die mensen valt niet te werken. Misschien brengen ze je wel zo in moeilijkheden dat je uitgewezen kan worden. Ik zei tegen mezelf: ik kan maar het beste proberen mijn papieren van hem terug te krijgen en het geld laat ik dan maar zitten. Maar hij zei: Ik geef je je papieren niet terug. Teken eerst maar een briefje dat je alles gekregen hebt waar je recht op hebt. Dan geef ik je je papieren terug.

Volgens mijn berekening is hij me minstens 2500 mark schuldig, 300 uur, en dat betekent als je de overuren precies berekent, bijna 3000 mark.

Dat is zo zijn tactiek. Als iemand een opmerking heeft, is het meteen: Jij kunt wel gaan, ik ken je niet. Je hebt nog nooit voor me gewerkt. De meesten zijn toch nergens aangemeld. Ik was later ook bang, de zaak bij het arbeidsbureau aan te geven, want tenslotte was ik ook zwart daar. Hij heeft me ook nooit volledig aangemeld, merkte ik later. Terwijl ik hem toch al mijn papieren had gegeven. Toen heeft hij het formeel zo gedraaid dat ik alleen maar als invaller had gewerkt en nooit meer dan 390 mark in de maand had gekregen, dat ik nooit meer dan een bepaald aantal uren had gewerkt.'

SAIT TÜMEN (25) *vertelt:* 'Ik had al drie maanden bij Vogel gewerkt en moest voortdurend achter mijn geld aan. Al die tijd heb ik nooit een behoorlijke afrekening gekregen. Ik kreeg nu eens 100 mark, dan weer 200 mark. Maar gewerkt heb ik bijna iedere dag. Ik moest steeds geld van mijn vrienden lenen om te kunnen leven. Ik zei tegen hen: Krijgen jullie meteen terug als ik mijn geld van Vogel heb. Want Vogel had beloofd dat ik het geld binnen een paar dagen zou krijgen. Toen ik mijn vrienden niet kon terugbetalen, hebben die natuurlijk gedacht dat ik ze bedroog en hebben niet meer met mij gepraat. Op die manier raakte ik mijn vrienden kwijt.
Toen heb ik geprobeerd ergens anders een baan te krijgen. Maar ze wilden steeds mijn papieren zien, anders kreeg ik geen werk. Toen ben ik naar Vogel gegaan en heb gezegd: ik heb ander werk als ik mijn papieren kan laten zien. En ik eiste de rest van mijn geld. Toen zei Vogel: Je krijgt je papieren alleen als je een briefje ondertekent dat je geen geld meer van mij krijgt.
Ik heb even nagedacht. Ik zou die nieuwe baan niet krijgen als ik mijn papieren niet binnen een paar dagen kon laten zien. Ik wist niet wat ik moest doen! Bovendien was mijn nieuwe baas een goede vriend van Vogel. Daarom heb ik ondertekend en van de rest van het geld afgezien. Het was een standaardformulier, waarvan hij er natuurlijk een hele hoop had. Er stond op:
'*Bevestiging*
Hiermee bevestig ik dat ik vanwege mijn voor tijdelijk aangegaan dienstverband bij de firma Vogel Industriemontagen KG geen enkele aanspraak meer heb op geld.'

OSMAN TOKAR (22): 'Iedere week trok hij er wel een paar uur af, die hij niet betaalde. Dan gingen we naar hem toe en dan zei hij: 'De rest krijg je bij de volgende afrekening.' Maar we kregen natuurlijk niets. Wij weer naar hem toe. Zei hij: volgende keer, volgende keer. En zo heeft hij ons steeds weer er uit gebonjourd. Toen ik weer eens een keer bij hem aankwam, zei hij: 'Als je niet wil werken voor die 9 mark minus 40% sociale lasten, dan hoef ik alleen maar een advertentie in de krant te zetten en dan staan er de volgende dag meer dan 1000 man op de stoep. Jullie zijn toch buitenlanders, wees blij dat je werk hebt,' zei hij tegen ons.
Ook hij vertelt over ziek makende arbeidsomstandigheden:
'We moesten bij een installatie werken, daar kon je door het stof bijna niets zien, en we kregen nauwelijks lucht meer. Dat was zo verschrikkelijk. Na een paar dagen had ik vreselijke pijn. Van die steken in mijn hart en longen. Toen zei een collega van Thyssen tegen me: dat ijzerstof was heel gevaarlijk, daar kon ik wel dood aan gaan. Ik moest snel een stofmasker van de chef zien te krijgen. Ik naar de voorman van Thyssen, maar die gaf me geen masker. Zo erg was het volgens hem nou ook weer niet, ik moest me niet zo snel aanstellen en gewoon snel doorwerken. Hij zette ons erg onder druk: als we niet in 20 uur klaar zouden zijn moesten we blijven om door te werken. We mochten er niet uit. Toen ik vrij was ben ik meteen naar de dokter gegaan, ik hoestte verschrikkelijk en de dokter heeft me onderzocht en onmiddellijk gevraagd

waar ik werkte. Ik zei bij Thyssen, via een koppelbaas. Hij vroeg waar ik precies werkte, of daar gas of ijzerstof was, of iets anders gevaarlijks voor de longen. Ik heb hem toen verteld van dat ijzerstof. Hij zei toen dat ik niet de enige was van Thyssen die met zulke problemen bij hem kwam. Als ik werkelijk gezond wilde worden, moest ik ander werk zoeken, zei hij toen hij een recept uitschreef.'

van rond de vijftig zich op over Vogels uitvragerij: 'Wat hebben die stomme vragen eigenlijk te betekenen?'
Vogel reageert geërgerd: 'We hebben hier een zakelijke bespreking. Van dit soort opmerkingen ben ik niet gediend.'
Het examen gaat door: 'Wie is de ministerpresident van Nordrhein-Westfalen?... Goed zo! ... En de minister voor milieubescherming?'
Nu brengt hij mij in verlegenheid. Ik ken namelijk Gunnar Mathiesen persoonlijk van een paar bijeenkomsten in Sleeswijk-Holstein en weet hem als één van de meer progressieve politici van de SPD te waarderen. Misschien is het een strikvraag en wordt hij wantrouwig als ik de naam van zo'n uitgesproken links iemand ken.
'Dat weet ik niet,' zeg ik voorzichtigheidshalve, maar Vogel wimpelt het af en zegt: 'Die hoef je ook niet te kennen. Die kun je vergeten. Dat is één van die wereldverbeteraars die ons een hele hoop narigheden veroorzaken. — Bäumer, zijn voorganger, is al sinds jaren een goede vriend van mij. Die heeft de juiste opvattingen en de vooruitziende blik van een ondernemer. Op mijn laatste verjaardag was hij er ook. Dat is nog eens een man van wie je op aan kunt.'
(Ik ben blij te weten wie bij Vogel de politieke peetvaders op de achtergrond zijn. Als voorzitter van de SPD Nederrijn stond Bäumer erom bekend steeds tegen zijn vooruitstrevende leden van zijn partij te intrigeren. Het was bijvoorbeeld aan hem te danken (in samenwerking met de voormalige bondskanselier Helmut Schmidt) dat een man als Karl-Heinz Hansen uit de partij werd gestoten.)
Vogel is beslist geen zeldzaam, onbekend moerasgewas in ons maatschappelijke leven. Hij is geheel geaccepteerd, een gewaardeerde en geziene persoon. Degenen die hem beter kennen, weten hoe hij zijn geld verdient. Al te krasse 'onsmakelijkheden' worden edelmoedig over het hoofd gezien. Vanaf een bepaalde orde van grootte geldt in deze kringen de slagzin: 'Over geld wordt niet gesproken. Je moet het hebben.' Waar dat geld vandaan komt, ten koste van wie en gepaard met welke misdrijven — ik ben er vrijwel van overtuigd dat

Bäumer daarover nooit met vriend Vogel gesproken heeft. Men weet het, houdt het vóór zich en geniet met elkaar van de aangename kanten van het leven: in clubs of op het eigen jacht. Misschien ook wel tijdens een gemeenschappelijke vakantie op Hawaii, één van de vakantieoorden waar Vogel het liefst heen gaat.
In het Ruhrgebied is het lidmaatschap van de SPD gunstig voor het zaken doen en de carrière. Ik weet zeker dat Vogel, als hij in Beieren zou wonen, lid van de CSU zou zijn.
In een ander verband beroemde Vogel zich erop alleen al in de afgelopen vijf jaar 200.000 mark aan steekpenningen te hebben uitgegeven om bepaalde opdrachten binnen te krijgen. Maar meestal is dat niet eens nodig. Vaak is al voldoende dat men uit dezelfde stal komt om elkaar de baantjes en opdrachten toe te spelen. Om deze reden ook is Vogel lid van de uiterst sjieke golfclub van Düsseldorf. Borg voor hem staat zijn 'oude vriend Alfred Gärtner, de vice-president uit Düsseldorf.'
'Als jij je waarmaakt,' zegt Vogel tegen Ali, 'geef ik je een leidende functie.'
Als Ali hem niet begrijpend aankijkt, legt hij uit: 'Je moet alles doen wat ik je zeg, en nog iets meer.'
Ali begrijpt het nog steeds niet.
'Je moet zorgen dat je vat krijgt op je Turkse collega's. Je hebt toch een goed contact met ze? Je moet toezicht houden en mij alles vertellen, bijvoorbeeld als er iemand over me kankert of een grote bek durft op te zetten. Die vliegt er dan meteen uit. Nog vóór die ene rotte appel de andere aansteekt. Van nature zijn de jongens wel braaf, maar je kunt ze niet uit het oog verliezen. Anders komen ze in opstand vóór je er erg in hebt. Wist ik maar of je deze taak aankon.'
Ik voel me wat slapjes. Zó ver wil ik beslist niet gaan. Het wordt langzaam tijd dat ik afhaak. Ik bevind mij in een afschuwelijke situatie tegenover mijn vrienden en collega's. Knipoogjes geven helpt hier niet meer. Ik voel me ineens als een kleurling in Zuid-Afrika die tot nu toe aan de kant van de zwarten stond, misschien zelfs met hen heeft meegevochten en die nu opeens (misschien juist omdat de zwarten vertrouwen in hem hadden) door de blanken er uit wordt gepikt om tot verrader te worden gedresseerd. Ik krijg nu een oppassers- en halve spionnenfunctie toegeschoven. En tegelijk ben ik als een soort gedresseerde aap zijn lijfwacht. 'Als het moet, moet je ook maar eens hard optreden. Dan blijf je meteen in training met je

karate,' probeert Vogel me nog te strikken. 'Als het allemaal lukt, zorg ik dat je een huisje bij mij in de buurt krijgt. En later krijg je een auto tot je beschikking. Je hoeft dan alleen maar in mijn buurt te zijn en altijd beschikbaar. De Dieselstrasse is niks voor jou. Daar ga je de vernieling in.'
Hij merkt mijn aversie en dringt aan: 'Ik laat je heus niet meteen op je eigen landgenoten los. Ik heb trouwens op het moment minder problemen met Turken dan met Duitsers. Die maken er echt een beestenboel van. Er zijn er een paar, die hebben het gewaagd mij voor de rechtbank te dagen om geld van me los te krijgen. Ik stuur jou er op af en dan pak jij ze even aan. Begrijp je? Die smeerlappen durven mij zwart te maken voor de rechtbank. Ga jij daar nu naar toe en pak die lui eens even aan. Dan trekken ze hun aanklacht wel in.'
Hij geeft mij naam en adres van twee Duitse collega's die al een poosje niet meer bij ons werken. Ik probeer hem duidelijk te maken dat we op de karate-club schriftelijk moesten beloven onze kundigheid alleen in geval van zelfverdediging te gebruiken.
'Dat is het hem juist. Ik moet mezelf verdedigen. Zij bedreigen mij en jij moet mij beschermen.'
Als ik (Ali) nog steeds sceptisch ben, bindt hij in: 'Laat nog maar even zitten. We leven tenslotte in een rechtsstaat. Ik heb heel goede advocaten. Laat eerst de rechtbank maar eens een uitspraak doen. Maar als ik mijn recht niet kan halen, dan heb ik geen andere keus. Dan moet je er naar toe en die lui aanpakken. Ik sta volkomen in mijn recht.'

Jürgen K. (26) is één van de twee die 'aangepakt' moeten worden als Vogel zijn zogenaamde recht niet kan halen. Ik (Ali) neem een tijdje later contact met Jürgen op om hem alvast te waarschuwen en hoor dat het hem als Duitser niet beter is vergaan dan mijn buitenlandse collega's. Jürgen was meer dan een jaar werkloos. Hij was indertijd zijn baan kwijt geraakt vanwege herniaklachten en had bij de grote, plaatselijke bedrijven, waaronder Thyssen, tevergeefs gesolliciteerd. Via een advertentie komt hij bij Vogel terecht.
'Op het eerste oog maakte hij helemaal niet zo'n slechte indruk. Hij stelde verder geen vragen en deed grootse beloften. Hij vroeg alleen: "Lid van de bond? Nee? Goed. Je kunt komen" en: "Eerst even kijken hoe het gaat op het werk" of "We worden het in ieder geval wel met elkaar eens" en: "Het kan niet mis gaan. Wie goed werkt,

krijgt ook goed betaald." En wat ik me voorstelde te verdienen? Dat lag bij mij om de 13 mark 50. Dat was hem, zei hij, veel te veel, dat was het loon van een vakarbeider. En omdat ik nu eenmaal uit een ander beroep kwam, kon hij me dat niet betalen. "Ben je akkoord met 9 mark netto?" vroeg hij. Ik heb toen snel bedacht dat 9 mark ook zowat 13 mark 50 bruto is, dus ik heb ja gezegd. 24 januari kon ik beginnen. Ik wilde hoe dan ook officieel werken, vanwege de AOW en zo. Maar hij zei: "Voor die korte tijd tot 1 februari is het de moeite niet waard om u officieel op te geven." Ik heb in januari dus zeven dagen gewerkt zonder op de loonlijst te staan. Dat wil zeggen: zwart.'

Pas een maand later ontdekt Jürgen dat hij ook daarna niet op de loonlijst staat, namelijk als zijn vriendin bij het ziekenfonds een verwijsbriefje voor de arts aanvraagt. Op dat moment komt Vogel er niet omheen hem nog dezelfde dag (25 februari) bij het ziekenfonds op te geven. Aangezien er een clausule bestaat dat bedrijven hun werknemers binnen een maand nog met terugwerkende kracht kunnen aanmelden, kunnen aasgieren zoals Vogel en consorten het zich permitteren hun mensen pas wanneer er iets gebeurd is (ongeval of ziekte), alsnog aan te melden. Ze doen dan net alsof de medewerker pas net of een paar dagen tevoren in dienst is getreden.

'Wat dát voor een verkeerde vogel is, heb ik pas langzaam maar zeker ondervonden,' vertelt Jürgen, 'Ik ben beslist niet lui, heb geploeterd als een gek. En wat krijg je ervoor? 5,91 mark per uur. Géén toeslag voor overuren, nachtwerk of werk op zon- en feestdagen. En dan klopte de afrekening ook nog niet eens. Ik werd gewoon in de maling genomen. "Ja, door de bank genomen, heb je je geld op de vijftiende," zei hij. "Open een rekening, want contant betalen doe ik niet." Ik dus naar de bank, een rekening geopend. Op de vijftiende geen geld, op de zestiende nog niet. Bel ik Vogel op: waar blijft het geld nou? "Dat is al weg", zegt hij, "dat had je al moeten hebben". Het zou vandaag of de volgende dag wel komen. Ik er weer heen, en de dag erop ook. Inmiddels was het al zo ver dat er geen geld meer was om te tanken. Mijn verloofde reed me namelijk altijd naar mijn werk. Voor reisgeld werd natuurlijk ook geen cent betaald. In ieder geval: hoe kwam ik naar mijn werk? En toen heeft mijn verloofde hem opgebeld, zo rond de 20ste: "Meneer Vogel, er is nog steeds geen geld op de rekening." Toen lachte hij haar aan de telefoon uit: "Daar kun je ook lang op wachten!" "Hoezo?" vroeg ze, "komt dat geld niet op de bank?" "Nee, ik heb dat geld toch aan een collega van uw man gegeven?" "Hoe bedoelt u?" vroeg mijn verloofde. "Ik heb het aan hem gegeven, maar ik kan hem op het moment niet bereiken, want hij maakt overwerk!" Toen ben ik als een idioot door de fabriek gelopen, om die Walter te zoeken voor het loonzakje. Dat is de toekomstige zwager van Vogel, die liep daar met mijn geld rond te stappen! Toen ik hem vond, had hij zich net omgekleed, dus er klopte niets van dat hij over moest werken, om precies 14 uur was hij vrij. Ik zeg: "Walter, heb jij m'n loonzakje?" "Ja," zegt hij, en geeft me een kwitantie: "Teken maar." "Nee," zeg ik, "eerst natellen." Er zat 610 mark in voor de maand februari. Hij had 79 uur betaald, en tegen 9 mark bruto! En ik had 126 uur gewerkt! Er misten dus meer dan 40 uur. Toen ben ik op de barricaden gegaan en heb gezegd: "Dat gaat zo niet langer!" "Volgende maand krijg je de rest," zei hij als troost, "en ook meer loon." En de volgende maand was het weer hetzelfde liedje. Ze kunnen met ons doen wat ze willen. Ik werd ook gechanteerd: "Je draait twee diensten achter elkaar of je hoeft morgen niet meer terug te komen." Of de voorman zei als ik op het werk kwam: "Heeft de baas je niet gebeld? Je hoeft vandaag niet te verschijnen." En dan kon ik weer naar huis. En omgekeerd: kom ik van een dubbele dienst bij Thyssen om 11 uur 's avonds thuis, ligt er een treinkaartje van Vogel: moet onmiddellijk naar Hamburg. 's Nachts om half een ging de trein. 's Morgens om zeven uur kom ik in Hamburg aan (geen couchette natuurlijk en in de overvolle trein geen oog dicht gedaan). En dan acht uur achter elkaar bij BAT (British American Tobacco Company) werken en weer terug naar Duisburg. Ik ben toen ongeveer 36 uur op de been geweest zonder één uurtje slaap.'

Jürgen laat mij de briefjes zien waarop de uren door de voorman of de ploegbaas zijn afgetekend. In maart voortdurend diensten van 16, 17½ uur, 14 en 20½ uur 'achter elkaar'.

Soms zijn, heel royaal, een paar uur slaap tussendoor toegestaan. Bijvoorbeeld op 12 maart: van 6 uur 's morgens tot 10 uur 's avonds doorgewerkt (16 uur), even naar huis en anderhalf uur geslapen. Om half een 's nachts begint de nieuwe ploeg. Tot de volgende avond 9 uur doorgejakkerd (20½ uur). Twee dagen later weer twee diensten achter elkaar, van 4 uur 's middags tot de volgende dag 2 uur (= 22 uur).

18 maart: begin van de dienst om 6 uur 's morgens tot 2 uur 's middags

(8 uur, normaal). Voordat je thuis bent: half vier. Slapen tot 8 uur 's avonds (4½ uur). Snel iets gegeten. Nieuwe ploegendienst: van 9.30 uur 's avonds tot 7 uur 's morgens (9½ uur). Slapen van 8.30 uur tot 14 uur (5½ uur) en weer werken van 4 uur 's middags tot de volgende middag 2 uur. Aan één stuk door (22 uur).

'We hebben ons voortdurend verbeten, maar niets gezegd,' zegt Jürgen, 'want ik had tenslotte werk. Ik dacht: zonder werk zou het nog erger zijn. En als de voorman iemand nodig had, zei hij: "Luister, wil je overwerken?" In het begin zei ik zonder meer: als u iets voor zaterdag of zondag hebt, zeg het dan. Ik verdien zo weinig, ik moet de ploegendiensten hebben, anders kom ik niet aan mijn geld. De meeste anderen, de Turken — het waren vrijwel alleen maar Turken bij Vogel — die zaten nog een beetje slechter. Daar was het eenvoudig: jij werkt over! Niet? Dan hoef je morgen niet meer terug te komen. Wat zeg ik, morgen? Je kan meteen wel gaan!'

Jürgen kreeg zijn baas maar zelden te zien.

'Die laat zich niet zien. Hij drukt zich voortdurend omdat hij iedereen altijd belazert. Ik heb hem gezien toen ik werd aangenomen, een keer op het werk en een keer bij de rechtszitting. Alleen als hij iets wil, belt hij op en zadelt je dan op met werk: "Je moet vanavond werken. Speciale dienst." Hij zei nooit "als je kunt", altijd "je moet". Zeg je nee, dan weet je wat dat betekent: opgehoepeld, weg.'

'Het was bovendien werk voor strafgevangenen die hun ouders of kinderen om zeep hebben geholpen,' zegt Jürgen: 'En toen hingen we dus in die warmtewisselaar. De spiralen moesten worden schoongemaakt. Ontzettend heet en heel erg stoffig. Giftige alkalistof. Met drie man hebben we die dagen in één stuk doorgebuffeld. De collega's van Thyssen vroegen al: "Hoe zit dat? Worden jullie nooit afgelost!?" Het was zo'n 30, 40 graden. En hoe dichter je bij de spiralen komt, hoe warmer. Dat schoonmaken van die spiralen, dat doe je allemaal met de hand, het wordt met stangen er uit geklopt. Er zaten slakresten vast die gewoonlijk door de schoorsteen oplossen. Maar nu zat dat spul er spijkervast, direct onder de oven. Als je daar 16 uur in geweest was, in die stervenshitte, dan wist je wel waar je mee bezig was geweest! We waren met z'n drieën, die ene ploeg. De twee anderen waren tweemaal bij de geneeskundige post, ik een keer, omdat onze ogen zo rood en opgezet raakten door dat stof daarbinnen. Maskers hadden we niet, wel van die dunne doorlaatbare mondbeschermers, maar geen volledige maskers. Bovendien, een behoorlijke afzuiging was er ook niet dus die lucht met al die troep bleef er gewoon hangen en je kan noodgedwongen ook niet elke twee minuten eruit lopen. Eén ding stond voorop: 's middags om twee uur moest het absoluut klaar zijn, dan zou dat ding met gas gevuld worden. Dus wij klooien. Een keer 36 uur lang binnen twee dagen, en dan steeds afwisselend: de ene dag beneden in die stervenshitte, de volgende dag op de vrije grond, midden in de winter, het was een keer 20 graden onder nul. Dan moesten we met ijshouwelen werken. Dat sloeg verschrikkelijk op je rug, ook vanwege dat voortdurende temperatuursverschil. Er waren dagen dat ik vanwege mijn rug alleen nog maar op m'n knieën rondkroop, maar ik had het geld toch nodig? In de winter precies zo, werkten we op een werkvloer vol met kolenslib. We moesten transportbanden voor cokes schoonmaken. Ik kon me nauwelijks nog bewegen. Een Turkse collega van me heeft daar zijn arm gebroken. Alles was bevroren en hij is onderuit gegaan. Na zes weken werd hij weer volledig ingezet. Met die wond hield hij geen rekening, hij moest weer volledig aan de slag. Ik heb één grote fout gemaakt: ik had nooit weg moeten gaan uit de mijnen. Ik werkte vroeger op de mijn. Daar heb ik m'n geld heel wat sneller en gemakkelijker verdiend! In vergelijking met dit is de mijn een peuleschilletje! Ondergronds op een puinwals is in vergelijking hiermee een prachtbaan! Af en toe moet je natuurlijk flink aanpakken. Nogal logisch! Mag geen puinhoop worden. Maar bij Thyssen was het alleen maar puin. En alles met de hand! Loodzware staven ijzer moesten we met twee man naar buiten slepen omdat dat goedkoper was dan een hijskraan.'

Door Vogels tactiek van zoethouden kreeg Jürgen voor 9 weken slavenarbeid 861 mark uitbetaald. Hij kon zijn gezin met twee kleine kinderen niet meer onderhouden. Zijn moeder moest als werkster uit werken gaan. 'Anders hadden we echt honger moeten lijden. Ik moest geld lenen. Schulden hier, schulden daar. Ook nu heb ik nog schulden.'

Jürgen was genoodzaakt, zich tot de Sociale Dienst te wenden. 'Die gaven me in het begin 500 mark per maand, maar dat moest ik dan wel terugbetalen. Ze zeggen: "Tenslotte heeft u toch gewerkt!" Ik vraag me alleen af, terugbetalen waarvan?'

Jürgen meent in februari dit mensonwaardige spelletje al door te hebben. Hij zegt tegen Vogel dat hij van plan is om op te zeggen. Maar Vogel doet nieuwe beloften.

'Ik zeg tegen hem als dit zo doorgaat, smeer ik 'm. Toen zegt hij:

bal van! Bij de rechtszitting heeft hij openlijk toegegeven: “Ik heb nooit iemand aangenomen die meer dan 9 mark bruto verdient!”’

Laat dit Jürgen een troost zijn: er zijn buitenlanders die er nog slechter aan toe zijn. Vogel had bijvoorbeeld Pakistani in dienst die voor 6 mark bruto moesten werken. En die hadden geen verblijfsvergunning.

De 'menselijke factor' in de kerncentrale

De straling

Eigenlijk staat mij (Ali) nog een klus te wachten in de kerncentrale Würgassen, één van de oudere kerncentrales (in 1971 in bedrijf gesteld), die bijzonder storingsgevoelig is. Voor de jaarlijkse controle worden nog betrouwbare mensen gezocht. Bij voorkeur worden daar buitenlanders voor in dienst genomen, vooral Turken. Ik neem aan omdat deze zo mobiel zijn.
Over de latere gevolgen van regelmatig blootstaan aan geringe stralingsdoses zijn in de Bondsrepubliek geen nauwkeurige wetenschappelijke gegevens beschikbaar. De meeste buitenlanders die in de kerncentrales als reparatie- of schoonmaakploegen in het hete, buitengewoon stralingsintensieve gedeelte worden gestuurd, komen jaren of tientallen jaren later niet in de statistieken terecht, ook al zijn ze ziek geworden of gestorven aan bal-, prostaat- of schildklierkanker. Ze wonen dan in andere steden of zijn teruggekeerd naar hun verre geboortestreken en niemand informeert meer of zij misschien lang, lang geleden een paar dagen, weken of maanden betrekkelijk licht en schoon werk in een Duitse kerncentrale gedaan hebben.
Juist daarom hebben de exploitanten van kerncentrales er belang bij om met een betrekkelijk kleine kern van eigen mensen in vaste dienst te werken. Voor het relatief gevaarlijke werk nemen zij via koppelbazen steeds weer nieuwe mensen voor korte tijd in dienst, die dan binnen een paar dagen, een paar uur of soms zelfs binnen een paar seconden de maximale stralingsdosis van 5000 millirem, die per jaar is toegestaan, oplopen. Ik heb Turkse en Duitse arbeiders ondervraagd die zich voor 10 mark per uur verhuurd hebben.*
Een ex-werknemer vertelt: 'Bij defecten worden in de regel Turken ingezet. Ze moeten als 'invallers' het besmette, hete gebied binnen en moeten daar net zo lang blijven tot ze hun jaardosis van 5000 millirem binnen hebben. Dat kan uren duren, maar in bijzondere gevallen ook minuten of zelfs seconden. De collega's noemen dat "verstoken".'*

* De stellingnamen van betrokkenen en informanten, die hier worden geciteerd, zijn onder ede schriftelijk vastgelegd.

Volgens voorschrift zijn ze daarmee voor de rest van het jaar 'geschorst'. 'Maar er zijn methodes,' maakt één van hen mij duidelijk, 'om ergens anders toch aan de bak te komen.' 'Welke?' Dat wil hij niet verklappen: 'Anders krijg je nergens meer werk.'

Om deze soms levensgevaarlijke arbeidsomstandigheden zelf van dichtbij mee te kunnen maken en met bewijzen aan te kunnen tonen, heb ik (Ali) mij voor dit werk in Würgassen aangemeld. Het probleem is dat hieraan een onderzoek door de veiligheidsdienst voorafgaat. Ik heb naam en adres van mijn dubbelganger opgegeven en bovendien alle plaatsen waar hij de afgelopen tien jaar heeft gewoond, zodat de binnenlandse veiligheidsdienst zijn naspeuringen kan beginnen. Op de registratiekantoren spannen de computers hun olifantengeheugen in: deelgenomen aan demonstraties? Andere activiteiten? Ook het Bundeskriminalamt (de federale recherche van West-Duitsland) wordt ingeschakeld.

Normaal gesproken duurt zo'n onderzoek zes weken. In ingewikkelde uitzonderingsgevallen soms wel drie maanden. Bij mij, d.w.z. bij mijn dubbelganger, schijnen heel nauwkeurige naspeuringen te worden gedaan. In ieder geval is er na twee maanden nog geen uitslag binnen, noch positief, noch negatief. Misschien heeft het met de vakantietijd te maken. In ieder geval komt mij die vertraging goed van pas om het onderwerp anders aan te pakken dan oorspronkelijk de bedoeling was. Een bevriende arts, röntgenoloog en expert op radio-actief gebied, die ik in mijn plan had ingewijd mij als 'Turk' in de kerncentrale aan straling bloot te stellen, had me bovendien uitdrukkelijk gewaarschuwd. Mijn gezondheid had al behoorlijk te lijden gehad: de door het stof bij Thyssen veroorzaakte chronische bronchitis en de algehele verzwakking ten gevolge van de proeven met geneesmiddelen. Als ik mijn lichaam nu ook nog aan radio-actieve stralen zou blootstellen, betekende dat volgens hem dat er mogelijk tot waarschijnlijk blijvende schade zou worden aangericht.

Hoewel ik mij niet bepaald in een toestand van sprankelende levensvreugde bevind (integendeel, ik ben zo langzamerhand op, want ik heb mij steeds meer geïdentificeerd met mijn rol en de bijna uitzichtloze situatie van mijn vrienden en collega's deprimeert mij meer en

* Van de kernindustrie onafhankelijke wetenschapsmensen vrezen dat een dergelijke in recordtijd verworven maximale dosis op den lange duur stralingskanker zal veroorzaken. (Ook in de begintijd van de toepassing van röntgenstralen schatte men de maximaal toegestane stralingsbelasting te hoog in.)

meer), ben ik toch bang om langzaam maar zeker, aangetast door kanker, weg te kwijnen en een misschien wel jaren lang durende doodsstrijd te moeten voeren. 'Het kan je de genadeslag geven,' zo had mijn vriend, de röntgenoloog, mij gewaarschuwd. Ik geef dus toe dat ik in dit geval laf ben en mij op grond van mijn bevoorrechte positie 'druk'. Honderden, duizenden buitenlandse arbeiders, die op die manier werk kunnen krijgen, zetten noodgedwongen hun gezondheid, soms zelfs hun leven op het spel, ook al zijn ze lichamelijk in een nog slechtere conditie dan ik. Het verleidelijke is juist dat aan het werk meestal geen lichamelijke inspanning verbonden is zodat ook zieke, oudere en geheel uitgeputte mensen het zonder meer aandurven.

Daar komt nog bij dat de meeste buitenlanders over de speciale gevaren van dit werk helemaal niet worden ingelicht.

Ook toen ik (Ali) mij daar aanmeldde en uitdrukkelijk informeerde: 'Is werk ook niet gevaarlijk?' stelde de personeelschef mij gerust: 'Niet gevaarlijker dan elders in de industrie.'

Hoe het werk in Würgassen werkelijk is, wordt geïllustreerd door enkele getuigenverklaringen:

FRANK M., *voorman in Würgassen:* 'Enerzijds is het een baan waarmee je snel en veel geld kunt verdienen. Als voorman had ik op mijn laatste loonbriefje 2500 mark netto. Aan de andere kant zou ik er nooit langer dan vijf jaar blijven werken, al zou ik daarmee mijn baan verliezen. Na vijf jaar meld ik me nog liever werkloos. De belasting van de straling is er veel te hoog, de reactor veel te oud. Bovendien is het een kokend water-reactor. Daar is de straling nog veel hoger dan bij hoge druk-reactor. Volgens mij is ieder koffiekopje daar besmet. Alleen al bij binnenkomst wijst de dosismeter 10 millirem aan. Dan ben je nog niet eens begonnen met je werk.'

De dosismeter is een meetinstrument dat iedereen in de gevaarlijke zone bij zich moet hebben. Hij geeft de straling aan die in de loop van de dag op de plaats van het werk ontstaat. Maar uit angst niet genoeg uren te kunnen maken, wordt er vaak gemanipuleerd. Iemand die vroeger in Würgassen gewerkt heeft, zegt: 'Het is zelfcontrole. Je legt de dosismeter gewoon weg op een plek met weinig of geen radio-activiteit. Merkt toch niemand. Niemand bekommert zich erom. Zolang ik hier in Würgassen gewerkt heb, heeft niemand er naar gevraagd. Als er niks is, kan dat ding ook niks opnemen... Ik weet van Reinhold & Mahler, de koppelbazen, dat er iets gebeurd was. Ze hadden een heel stel Joegoslaven laten werken, ongeveer achttien man. Ze waren allemaal illegaal, zonder papieren. En die nemen het vaak niet zo nauw met de veiligheidsvoorschriften. Toen dat uitkwam moesten ze weg. Heel onopvallend werden ze afgevoerd. In Grohnde bijvoorbeeld: van alle lassers die daar rondlopen is misschien op z'n hoogst twintig procent Duitser. Verder allemaal buitenlanders.'

FRANK M.: 'Onze onderaannemer heeft ongeveer 2500 man in dienst. Minstens 1500 daarvan zijn buitenlanders. Die doen gewoon hun werk en als de revisie is afgelopen, dan worden ze gewoon ontslagen. De meesten zijn er maar een paar weken. Die lui worden ook het meest 'verstookt'. Ze komen binnen en krijgen even zo en zo veel straling mee. Bij de firma waar ik werk, zijn opzichters en voormannen. Normaal gesproken blijven die langer. De rest is tijdelijk. Als die een arbeidscontract voor een bepaalde tijd hebben, voor mijn part voor een revisie, en ze hebben binnen twee weken de dosis voor een kwartaal binnen en de afdeling stralingsbescherming van de reactor zegt: jullie komen er niet meer in — dan worden ze ontslagen. We hebben ook veel Turken die speciaal voor korte tijd uit Turkije worden overgevlogen en dan net zo lang moeten lassen tot ze de volle dosis hebben gehad. Als er lassers nodig zijn die in de radio-actieve zone moeten werken, waar, zeg maar, de straling 1000 millirem per uur is, dan worden die Turken opgehaald. Ze werken twee uur. Dan worden ze afgelost en naar huis gestuurd. Dan komen de volgenden. Die werken ook weer twee uur, hebben dan ook weer 2000 millirem te pakken en moeten ook terug naar huis. Er wordt steeds afgelost. Net zo lang tot het klaar is. Normaal gesproken gaat het zo: als ze aankomen, weten ze van niks. Ze weten niet waarom ze na twee dagen of na twee uur al weer moeten ophouden. Ze krijgen alleen te horen: "U bent geschorst." Dan moeten ze weg en gaan naar huis.'

En over de werkzaamheden van schoonmakers bij het reactorbassin: 'Als de centrale wordt uitgeschakeld, wordt gemiddeld dertig procent van de splijtstofstaven vervangen. Die komen dan in het opslagbassin. Daar blijven ze ruim een jaar zodat de radio- activiteit minder wordt. Als de staven vervangen worden, staat er water in het bassin. Zodra de revisie begint, zijn er altijd mensen van ons aanwezig die rondom het bassin de vloer schoon moeten houden zodat de radio-activiteit

'Menselijke factoren'

In de Bondsrepubliek wordt op de veiligheid in de kerncentrales (ook voor degenen die er werken) toezicht gehouden door de 'Technische Controlevereniging', TÜV. Het Instituut voor het Onderzoek naar Ongevallen van de TÜV-Rheinland in Keulen heeft de minister van Binnenlandse Zaken een rapport over 'Menselijke factoren in de kerncentrales' aangeboden, dat tot op heden nog niet openbaar is gemaakt. De TÜV onderzoekt in dat rapport 'de problemen' die het gevolg zijn van tewerkstelling van 'hulppersoneel' in de kerncentrales — dat wil zeggen: problemen voor de bedrijfstak, niet voor het betrokken personeel. 'In eerste instantie vinden de problemen hun oorsprong in de samenwerking met ongekwalificeerd hulppersoneel van dienstverleningsbedrijven, dat vooral voor stralingsintensieve werkzaamheden wordt ingezet ter ontlasting van de vaste werknemers van de centrales. Op grond van uitspraken van het kaderpersoneel kan worden vastgesteld dat de hulpkrachten in veel gevallen slecht gemotiveerd zijn. De werklust is gering...' Geen wonder — wie gaat er nu voor zijn plezier een kerncentrale binnen? Op een andere plek vermeldt het rapport echter: '...met het oog op een planmatige vervulling van de noodzakelijke werkzaamheden is het ondenkbaar dat zou kunnen worden afgezien van de inzet van uitzendkrachten.' Regelmatig ontstaat er 'personeeltekort op grond van de stralingsbelasting en de daarmee verbonden verminderde inzetbaarheid van het eigen personeel.' Bovendien: 'De toegelaten stralingsdoses worden vaak binnen zeer korte tijd (enkele minuten) opgenomen.' Verder heet het: 'De vaste werknemers dienen, speciaal bij werkzaamheden die vanwege blootstelling aan straling snel en exact verricht moeten worden, het hulppersoneel adequaat te instrueren... Exacte aanwijzingen zijn vaak niet mogelijk (bij hoge straling) of hetgeen noodzakelijk is voor de instructie staat in geen verhouding tot het nuttig rendement van de inzet van uitzendkrachten. Het TÜV-instituut stelt droogweg vast: 'De meerderheid van het hulppersoneel is in het algemeen onervaren wat betreft de bestaande risico's... De gebrekkige kennis van de installatie en de processen vormen een extra negatieve factor, temeer daar een nauwkeurige supervisie niet mogelijk is waar het hulperoneel juist ingezet wordt om het eigen personeel te ontlasten (ter beperking van de stralingsdoses)... Onvoorzichtig gedrag van het met stralingsintensieve taken belaste hulppersoneel wordt bovendien nog bevorderd door een gevoel van hulpeloosheid tegenover een in hoge mate onbekend gevaar.'

niet door het hele gebouw verspreid wordt. Eén man werkt direct bij het bassin, een ander houdt hem vast aan een touw. Als er water in het bassin staat en hij valt er in, dan zou binnen tien seconden een reddingsboei aanwezig moeten zijn. Want in het water kun je niet zwemmen.

Het is er erg warm, minstens 35 tot 40 graden. De lui die bij het bassin werken, moeten overschoenen aan en daarover nog een paar. En over de normale overall (een witte) nog eens een gele. Degenen die in het bassin afdalen, moeten ook nog een "pedi" met masker aantrekken. Een "pedi" is een rubber pak. Ze zijn luchtdicht. Wat het lichaam aan warmte uitstraalt, blijft allemaal in de pedi zitten, in de vorm van zweet dan. Als je een uur met een pedi aan bij 40 graden werkt, dan staan je handschoenen en schoenen vol water. Dat werkt op de bloedsomloop. Er zijn al heel wat mensen flauwgevallen. Een pedi en twee overalls bij 40 graden! Stel je eens voor... Als je daarin een half uur moet staan, ben je óf goed in vorm, of je valt flauw. Negentig procent van de mensen die daar werken, nemen peppillen, anders is het niet uit te houden.'

De Joegoslavische arbeider DRAGAN V.: 'Ze hebben mij, toen ik in dienst kwam, niets verteld over stralingsgevaar. Dat wist ik toen ook nog niet. Toen ik begon heeft trouwens niemand mij iets gezegd. Ze hebben alleen gezegd: de dosis per kwartaal is 2500 millirem en per jaar 5000. Meer niet. Hoe gevaarlijk het is en óf het gevaarlijk is — daarover werd niet gesproken.'

Op 20 augustus 1982 werden 14 arbeiders van koppelbazen bij het vervangen van een zogenaamd 'zandfilter' in de gasafvoer zo ernstig met radio-activiteit besmet, dat ze naar de radiologische kliniek in Düsseldorf gebracht moesten worden. De directie van de kerncentrale gelastte strikte geheimhouding over het voorval.
Het verslag van een arbeider die dit ongeluk in Würgassen meemaakte: 'Ik ben altijd bang als ik daar binnen werk. Vooral sinds dat ongeluk. Eerst werd het werk tijdelijk gestaakt. Maar de mensen hebben nog een half uur binnen moeten werken. En toen opeens mocht er helemaal niet meer gewerkt worden. Onze slijpers waren nog beneden, zeven meter diep. De rest zat in het trappenhuis. Dat was verbonden met een ruimte waarin ze hun gereedschapskisten hadden staan en waar ook kabels vandaan kwamen. Daarom stond de deur natuurlijk open. En daaruit is die hele troep naar beneden gekomen. Niemand had het gemerkt. Tot er werd aangekondigd dat het werk gestaakt werd. En toen wilden ze bij de uitgang langs de automatische meetapparatuur. Maar ze waren al besmet.
En toen begon het: ze moesten zich douchen en nog eens douchen. Maar het was al te laat. Wij waren al buiten en zij waren nog steeds

aan het douchen. Tot 's middags drie uur hebben ze onder de douche gestaan en hun huid er bijna afgeschrobd. Vanaf half twaalf. Om drie uur kwamen ze eindelijk naar buiten. Wij gingen even voor drieën weer naar binnen. Konden we weer aan het werk. Alleen de machinekamer en de spoorlijn van de centrale waren nog verboden terrein. De volgende dag, een zaterdag, hebben we ook weer gewerkt. De uren moesten worden ingehaald. Iedereen was op komen draven. Naar binnen en weer douchen tot 's middags. Van 's morgens zeven tot twaalf uur, maar het ging er niet af. 's Maandags dan eindelijk weg naar Düsseldorf. Radiologische kliniek. Maar ze hebben daar alleen metingen verricht, verder niets. En toen was bijna iedereen voor de rest van het jaar besmet verklaard, mocht de kerncentrale niet meer in.'

De Duitse arbeider Horst T. had eveneens een ongeluk: 'Op een dag scheurde ik in de condensatorruimte mijn overall. Toen ik na het werk door de meetapparatuur bij de uitgang ging, begon het hele apparaat van boven tot beneden te flikkeren. Ik dacht: dat kan toch niet! Toen ben ik gaan douchen. Bijna twee uur. Steeds weer: douche, meetapparatuur, douche, meetapparatuur. Naderhand heb ik mijn haar niet meer geföhnd. Het gaat namelijk in de poriën zitten en dan kun je uren lang blijven schrobben. Ze zeiden dat ik alles bij elkaar ongeveer 2800 millirem had opgelopen. Maar hoe kan ik weten of het niet veel meer was? Toen hebben ze mij gewoon ontslagen. Zogenaamd gebrek aan werk. Bovendien was ik niet geschikt voor dit werk.
Toen wilde ik mijn stralingspas hebben, waarin alles moet worden genoteerd wat je daar oploopt. Na lang zeuren kreeg ik hem eindelijk — maar er was niets aangetekend. Ik moest hem naar Kassel sturen, naar de onderaannemer. Dat heb ik gedaan. En veertien dagen later belden ze mij op of ik weer wilde beginnen. Ik heb nu weer een nieuwe stralingspas. Toen ik die moest ondertekenen heb ik hem eens doorgebladerd. Er stond niets in. Helemaal niets. Alsof ik hier nooit gewerkt had...'

Bijna niemand van de werknemers krijgt inzage in de stralingspassen. De passen blijven op het kantoor van de betrokken koppelbaas, raken soms zoek of zijn bij een overheidscontrole van geflatteerde gegevens voorzien. Per slot van rekening nemen de koppelbazen hun eigen

Kankerrisico's in kerncentrales

Arbeiders in Britse kerncentrales en andere nucleaire bedrijven lopen een hoger risico, prostaatkanker te krijgen dan de gemiddelde burger. Volgens een recent in Londen openbaar gemaakt rapport van de Britse Medische Onderzoeksraad ligt bij een groep van 1000 arbeiders die aan relatief hoge stralingsdoses waren blootgesteld, het aantal aan prostaatkanker gestorvenen acht keer hoger dan bij het nationale gemiddelde.
De onderzoekers die de resultaten publiceerden in het vaktijdschrift *British Medical Journal* onderzochten 3373 sterfgevallen onder 40.000 mannen en vrouwen die tussen 1946 en 1979 werkzaam waren in de Britse nationale atoom-industrie.
Volgens het onderzoek was ook het aantal sterfgevallen, veroorzaakt door leukemie, schildklier- en balkanker hoger dan het gemiddelde. De medici vonden bovendien bij vrouwen die langere tijd bloot gestaan hadden aan relatief zwakke straling, een hoger aantal dodelijke gevallen van eierstok- en blaaskanker.
Bericht uit de Frankfurter Rundschau van 21.8.1985

soort van verantwoording voor hun mensen op zich...
De kernindustrie bagatelliseert het gevaar van een voortdurend contact met kleine en grotere hoeveelheden radio-activiteit, waar en wanneer ze de kans krijgt. Wie bijvoorbeeld de kerncentrale Würgassen betreedt om in de 'hete' zone te gaan werken, wordt met videofilms in kleur 'voorgelicht': 'De straling is te vergelijken met het licht van de zon', deelt een vlotte spreker uit de branche van de reclamefilm mee en op het scherm zien we het trillende beeld van een bruingebrand meisje dat onder een parasol op een of ander strand aan de Stille Oceaan ligt.
Arbeiders vertellen hoe voormannen hun de angst uit het hoofd praten: 'Wat betreft de intensiteit van de straling is het net als twee weken vakantie aan de Noordzee.' Het luchtige devies van Würgassen dat in iedere 'voorlichtingsfilm' een paar keer herhaald wordt, luidt: 'Vermijd onnodige stralingsbelasting en reduceer *onvermijdelijke* stralingsbelasting tot het minimum...'
Inderdaad calculeert de industrie van te voren een bepaald percentage doden in. Op papier althans. Wat in werkelijkheid met de mensen gebeurt, wordt door niemand gecontroleerd.
PROF.DR. INGE SCHMITZ-FEUERHAKE, *radiologe in Bremen:*
'We weten tegenwoordig dat elke stralingsdosis, hoe groot of klein ook, schade kan aanrichten. Deze schade kan zich uiten in kanker

of in genetische beschadigingen bij de nakomelingen. Het griezelige van de door straling veroorzaakte kanker is dat deze meestal pas zeer lange tijd na de bestraling aan de dag treedt, vaak pas na twintig, dertig jaar. In de Bondsrepubliek is de nucleaire techniek nog niet lang genoeg in gebruik om nu al de resultaten te kunnen bestuderen.' Maar wie kan bewijzen dat dodelijke kanker na zo lange tijd door een baantje in de 'hete' zone van een kernreactor veroorzaakt is? De arbeiders van de koppelbazenfirma's worden van tevoren medisch gekeurd — na beëindiging van het werk gebeurt dit niet. Is dit moord op termijn? Een heimelijke, massale moord, zonder getuigen, zonder bewijzen: jaarlijks werken tienduizenden schoonmakers en lassers in Westduitse kernreactoren (alleen al in één jaar werden in Würgassen 5000 mensen de gevaarlijke zone ingestuurd). Ongeveer de helft daarvan zijn buitenlanders die vaak naar hun vaderland terugkeren, voordat de gevolgen zich openbaren. Alleen insiders en geleerden zijn in staat om berichten, zoals dat van 29 juli 1982 in de 'Frankfurter Allgemeine', onmiddellijk te ontcijferen. Onder de kop 'Duizend man voor vervanging van buizen' brengt het blad verslag uit over reparatiewerkzaamheden in Würgassen en het vermeldt in de geheimtaal van de nucleaire industrie, dat op '1000 men-rem' gerekend moet worden. 'Duizend men-rem'? Het klinkt als een geheime code uit de spionagewereld of eventueel als de frequentie van een korte golfzender. Maar de concerns weten heel goed waar het om gaat. Met deze mysterieuze meeteenheid kunnen deskundigen heel snel uitrekenen hoeveel gevallen van kanker te verwachten zijn. De voormalige leider van de afdeling stralingsbescherming in het Amerikaanse centrum voor atoomonderzoek Oak Ridge, Carl Z. Morgan (die door de geleerden vaak als 'de vader van de stralingsbescherming' beschouwd wordt) deelt mee dat bij '1000 men-rem' op ongeveer 6-8 sterfgevallen aan kanker gerekend moet worden. Zuiver statistisch! Voor de onderzoekers die net als Morgan ervan uitgaan dat alle regelmatige stralingsdoses, hoe klein dan ook, dodelijk kunnen zijn, is het voldoende om te weten aan hoeveel radio-activiteit de mensen tijdens het werk direct blootstaan. Als deze hoeveelheid straling, theoretisch, ineens vrij zou komen, dan waren alle omstanders tot een ogenblikkelijke dood veroordeeld. Als deze hoeveelheid zich verdeelt in de ruimte, dan is het dodelijke risico voor een deel van de betrokkenen (die op langdurige beschadigingen moeten rekenen) toch nog steeds zeer groot. En dat zou net zo goed een man van Vogel kunnen overkomen als iemand van één van de andere syndicaten in mensenhandel, die kerncentrales van menselijk 'stralingsvoer' voorzien. Bijvoorbeeld 'Celten' in Holzminden of 'Kupfer' in Landshut of 'Jaffke' in Bremen. Of noem maar op...

Weten zij ook niet hoe gevaarlijk dit werk is? Een zeer duidelijke test bewijst dat Vogel het niet eens weten wil, ook al wordt het hem nadrukkelijk verteld.

De geënsceneerde opdracht

'De vermetelheid van kapitaal is evenredig aan het profijt. 10 procent profijt en het kapitaal kan overal ingezet worden; bij 20 procent wordt kapitaal levendig; bij 50 procent roekeloos in positieve zin; voor 100 procent stampt het alle menselijke wetten de grond in; 300 procent en er bestaat geen misdaad die het niet riskeert, zelfs met het risico van de galg. Leveren rellen en gevechten profijt op, dan zal het beide aanmoedigen.'
(KARL MARX, *Das Kapital I,* MEW 13, p. 788, noot 250. Marx citeert hier de Engelse vakbondfunctionaris Thomas Joseph Dunning: *Trade Unions and Strikes,* Londen 1860).

Vogel heeft zijn mensen dus ook in de kerncentrale Würgassen. Zo wil het toeval. Niet veel natuurlijk, dat is zo zijn manier. Liever onopvallend en gedecentraliseerd. Hier dertig, daar tien. Mocht hij in Hamburg, tegen de verwachting in, tegen de lamp lopen, dan is er in ieder geval nog niets aan de hand in het Ruhrgebied bij Thyssen,

Steag en MAN. En ook bij Ruhrkohle in Zuid-Duitsland niet. Hoe luidde zijn devies ook weer? 'Vele kleintjes maken één grote' en 'Wetten zijn er om ontdoken te worden!' De mensenhandel van Vogel met de kerncentrale Würgassen is ongeveer even beangstigend als een zakenrelatie tussen 'Mr. Hyde' en 'Dr. Mabuse' zou zijn. De criminele energie van een Vogel, ingezet ten behoeve van de 'technische vereisten' van de nucleaire industrie. Handelswaar: Turken om te verstoken.
Ik wil een keer laten zien hoe het in het ergste geval zou kunnen zijn en ontwerp een scenario. Vrienden en collega's zijn bereid om mee te spelen: de Keulse acteur Heinrich Pachl neemt de rol van veiligheidsinspecteur Schmidt van de kerncentrale op zich en mijn collega Uwe Herzog speelt de rol van Hansen, de deskundige assistent van Schmidt.

De geheime opdracht
De kerncentrale Würgassen kan vanwege een technische storing niet worden aangesloten op het elektriciteitsnet. Verliezen lopen in de miljoenen. Er worden Turkse arbeiders gezocht die de geheel door radio-activiteit besmette ruimte moeten binnengaan om de schade te herstellen. Er moet rekening mee worden gehouden dat ze aan stralingsdoses worden blootgesteld die zó hoog zijn, dat daardoor de gezondheid zeer ernstig wordt geschaad en waarschijnlijk later kanker zal optreden. De voorwaarde: de Turken mogen van het gevaar van de opdracht niets weten en moeten na het volbrengen van hun taak zo snel mogelijk naar hun land worden teruggestuurd. Vogel, verklaart Schmidt, staat als zeer betrouwbaar bekend bij dit soort opdrachten. Het eerste contact wordt gelegd via de autotelefoon.

IK (ALI), *chauffeur van Vogel, rijd deze net van de Ruhrkohle/Wärmetechnik in Essen naar Oberhausen terug als het telefoontje binnenkomt.*
PACHL/SCHMIDT: 'Goedemorgen, mijn naam is Schmidt van de afdeling stralingsbescherming kerncentrale Würgassen. Mijnheer Vogel, het volgende probleem doet zich voor. Ik zeg u meteen waar het om gaat. We hebben een storing die we technisch niet alleen afkunnen. En toen schoot me te binnen dat u de juiste persoon bent om dit voor ons te regelen. We hebben tamelijk veel personeel voor een betrekkelijk korte tijd nodig. Omdat de zaak nogal dringend is,

heb ik de volgende vraag aan u: kunnen we elkaar misschien ontmoeten? Ik ben toevallig hier in de buurt. Zullen we afspreken over een uur? Ik doe u het volgende voorstel, als u dat tenminste uitkomt: snelwegrestaurant Lichtendorf. Tussen de verkeerspleinen Westhofen en Unna. Zullen we zeggen om half twee?'
VOGEL *haalt de detailkaart van het Ruhrgebied uit het zijvak in de deur en bestudeert die nauwkeurig. Dan tegen mij (Ali):* 'We moeten ons haasten. Breng me snel naar Remmert in Oberhausen. Om half twee moet ik weer ergens anders zijn. Snelwegrestaurant Lichtendorf. Daar wacht een klant. Nieuwe opdracht'.
Op de terugweg van Remmert doet hij erg gejaagd. Hij spoort mij (Ali) aan snelheidsbeperkingen te negeren. 'Geef gas, ik kan het me niet veroorloven te laat te komen.' *Als een vrouw achter het stuur na een inhaalmanoeuvre niet direct naar de rechterrijbaan terugkeert, verkeert hij in alle staten:* 'Stomme trut, kutwijf, sneller, dan gaat ze vanzelf opzij. We komen nog te laat.' *Nu hij in tijdnood is, heeft hij het plotseling, tegen zijn gewoonte in, over 'wij'. Eindelijk komen we bij het wegrestaurant aan. Vijf minuten te laat. Hij grist zijn attachékoffertje uit de auto en snelt met grote stappen op de nieuwe opdracht af. Maar niet zonder mij (Ali) eerst nog een karwei te hebben opgedragen:* 'Pak de borstel en stofdoek uit het handschoenenvak en zorg dat de wagen er van binnen piekfijn uitziet. Gooi ook de asbak leeg. Als ik terugkom wil ik geen stofje meer zien.'
IK (ALI) *antwoord kort maar nadrukkelijk:* 'Alles duidelijk.' *Dat is het antwoord dat hem (zoals ik al gemerkt heb) het meeste aanstaat. De wagen van mijn vrienden staat er al, stel ik opgelucht vast. Terwijl ik de auto aan het poetsen ben, sleept hij in het restaurant een nieuwe opdracht binnen.*

Deze eerste ontmoeting tussen Vogel en de gevolmachtigde van de kerncentrale vindt plaats op woensdag, 7 augustus, 13.30 uur.
PACHL/SCHMIDT: 'We zitten vreselijk in tijdnood. Vrijdag moet alles voor elkaar zijn...'
VOGEL: 'Ik ben een middelgrote ondernemer. Wij doen alles wat er gevraagd wordt. Ik heb als klant de grote industrieën zoals Ruhrkohle, de Steag en nog een paar andere. We hebben al vaker voor u gewerkt.'
PACHL/SCHMIDT: 'We hebben twee mogelijkheden overwogen. In dit geval zoeken we acht betrouwbare arbeidskrachten. Het is niet nodig dat ze het werk al eens eerder gedaan hebben...'

VOGEL: 'Ik begrijp het.'
PACHL/SCHMIDT: 'Die moeten dus naar binnen gebracht worden. Dat is het eerste punt. Het is mogelijk dat de storing snel verholpen is, maar het kan ook langer duren.'
VOGEL: 'Luister, mijnheer Schmidt, ik kan morgen meteen acht of tien man naar u toesturen. Maar er is nog iets anders: kunnen we iets regelen wat betreft de stralingspassen?'
PACHL/SCHMIDT *(eist voor het eerst een handelwijze in strijd met de wet):* 'Nee, inderdaad, dat zou in dit geval volslagen zinloos zijn, omdat het geheel buiten de normale procedures...'
VOGEL: 'Goed, zonder stralingspassen.'
ASSISTENT HERZOG/HANSEN: 'Ja natuurlijk, zonder stralingspassen. Het is namelijk een kwestie van tijd. Wat ons betreft moet de storing op z'n laatst vrijdag om 18 uur verholpen zijn.'
PACHL/SCHMIDT: 'Zonder stralingspassen dus.'
VOGEL: 'Morgen acht man dan? Zonder stralingspassen. Goed! Ik doe mijn werk, u doet uw werk... Het blijft onder ons. Top secret, en ga zo maar door.'
PACHL/SCHMIDT: 'Prima. Het belangrijkste is dat de mensen niet uit deze contreien komen, dus buitenlandse arbeiders die meteen weer afgevoerd kunnen worden... Er kan zich natuurlijk altijd iets voordoen. Maar er is nooit maar één oorzaak als er zich iets voordoet. Ik bedoel: bij kanker is er nooit maar één oorzaak, dat kan een incubatietijd van 20 jaar hebben...'
VOGEL: 'Precies.'
PACHL/SCHMIDT: 'Je kunt het dus nooit direct bewijzen.'
HERZOG/HANSEN *(laat tekeningen zien die elke twijfel over het levensgevaarlijke karakter van de onderneming uitsluiten):* 'Kijk, dit zijn de buizen. Die hebben een doorsnee van 67 cm. Daar moeten de mannen inkruipen...'
VOGEL: 'Waar is eigenlijk... de kern?'
HERZOG/HANSEN: 'Dit hier is het veiligheidsdrukreservoir. En dit zijn de buizen die direct in de turbine uitkomen. Er is nóg een probleem: we doen op het ogenblik in het kader van het materiaalonderzoek de laatste experimenten met onze muis.'
VOGEL: 'Hmm, hmm.'
HERZOG/HANSEN: 'Misschien kent u dat apparaat. Het is een klein laserapparaat dat de buizen aftast. De muis is ergens blijven hangen. We krijgen hem er niet uit. Dat is het probleem. Daar moeten die

mensen dus naar binnen... en dat is lichamelijk niet inspannend... Maar de mensen moeten wel gezond zijn.'
VOGEL: 'Dat zijn ze. Natuurlijk.'
HERZOG/HANSEN: 'Ze moeten naar binnen. Het punt is alleen: om technische redenen kunnen we nu nog niet zeggen hoe groot de straling daar is. Die zou wel eens verdomd groot kunnen zijn.'
VOGEL: 'Wacht even, moeten we soms meetapparatuur meesturen of zoiets?'
HERZOG/HANSEN: 'Wij zorgen voor de dosismeters. Dat is geen probleem. We hebben ook veiligheidspakken, pedi's, alles. De vraag is alleen hoe ernstig de zaak daar radio-actief besmet is. Dat kunnen we eigenlijk pas goed beoordelen als ze er weer uitkomen.'
VOGEL *(praat als een souteneur over zijn arbeiders)*: 'Nou, ik heb bij Thyssen bijvoorbeeld mensen zitten. Daar haal ik er morgen acht weg. Ik zal de besten uitzoeken. Morgenochtend zijn we er, met de bestelwagen... het zijn dus wel... het zijn buitenlanders. Er is één Duitser bij, maar in principe zijn het allemaal buitenlanders. Die hebben het niet door... en natuurlijk: kop dicht, dan weten ze van niks en over een week zijn ze weer hier onder de pannen. Heeft u soms een mogelijkheid, — ik bedoel, daar ben ik als zakenman in geïnteresseerd, weet u — om nog andere mensen op langere termijn aan het werk te zetten? Voor mij zou dat ideaal zijn. Schoonmaakwerkzaamheden en van dat soort dingen. Op lange termijn...'
PACHL/SCHMIDT: 'Ik doe u het volgende voorstel: eerst handelen we deze zaak af. Ik denk dat als dit tot tevredenheid van ons beiden verloopt... En dan nemen we nog een keer contact op... O ja, er is nog iets: mocht er van onze kant, laten we zeggen, een bepaald waarschuwingssignaal komen...'
VOGEL: 'Ja...?'
PACHL/SCHMIDT: 'Zou het dan mogelijk zijn... ik bedoel... heeft u arbeidskrachten, of liever gezegd...'
VOGEL: 'Natuurlijk. Ik heb een heel repertoire. Kunnen onmiddellijk vervangen worden.'
PACHL/SCHMIDT: '...en moeten om welke reden dan ook de terugreis naar huis aanvaarden! Binnen afzienbare tijd!'
HERZOG/HANSEN: 'We moeten overal rekening mee houden. Het risico is te groot. We zouden natuurlijk de bereidheid om naar Turkije terug te gaan wat aantrekkelijker kunnen maken met een vergoeding.'
VOGEL: 'Zeker. Als ze daarvoor een aardige prijs krijgen...'

PACHL/SCHMIDT *(kan zich wat betreft betalen royaal voordoen):* 'Eens even kijken... dat zal dan zo ongeveer gaan om 120 tot 150 duizend mark...'
VOGEL: 'U heeft me daarnet de problemen verteld. Ik ben ondernemer. Ik werk dus te allen tijde mee. Ik wil wat verdienen en mijn mensen willen ook wel een centje verdienen. Zo. Allereerst ga ik de mensen uitzoeken. Ik ken nu uw problemen. Goed. Wie is beschikbaar? Wie staat bij het consulaat op de nominatie om uitgewezen te worden? Dat weet ik! Wie heeft er moeilijkheden met de vreemdelingenpolitie? Weet ik ook! Nou, die nemen we dan, nietwaar? Zo, wilt u mij nog een keer zeggen... dus: mijnheer Schmidt... en mijnheer...?'
HERZOG/HANSEN: 'Hansen.'
VOGEL: 'Ja, ik ken u geloof ik van naam... ach natuurlijk... uit Würgassen...' *De lucratieve deal versterkt het zelfvertrouwen van*
VOGEL: 'Ik heb mijn mensen stevig in de hand. Als we bij een klant zijn: werken en ogen dicht. Niet naar rechts kijken en niet naar links. Wie kletst, vliegt eruit. Dat geldt overal, bij Thyssen komt het wel eens voor dat we daar ook iets dergelijks moeten doen. Daar lekt nooit iets over uit. Het blijft potdicht. Maar goed: 8 man. Dat wordt dan morgen 8 augustus 1985. Zo. Laten we dan nog even kort noteren: wat wilt u hiervoor uitgeven?'
PACHL/SCHMIDT: 'We rekenen het nog eens na. We hebben ongeveer een budget van 120 tot 150 duizend mark. Het risico is voor u. Ik bedoel, als er later gevolgen blijken te zijn, dan moet u ervoor zorgen dat ze ver genoeg weg zijn.'
VOGEL: 'Ik heb nog een vraag, ik wil graag weten: als ze eruit komen... ze komen er toch besmet uit, nietwaar?'
PACHL/SCHMIDT: 'Ik denk dat we elkaar begrijpen. Daar betalen we ook voor. Het is gewoon een besmetting en die moet, normaal gesproken, direct behandeld worden. Het punt is alleen: dat kunnen we ons niet permitteren. Dan worden er vragen gesteld, of iemand die langer hier blijft vertelt het verder en dan lekt er iets uit. Dat moeten we hoe dan ook voorkomen.'
HERZOG/HANSEN: 'Ze moeten onmiddellijk weg, onmiddellijk weg!'
VOGEL: 'Begrepen... Eerlijk gezegd, ik heb op het ogenblik wel wat makkers binnen bereik, die krijg ik wel bij elkaar! U stuurt ze dus de gevaarlijke zone in? Nee, dat is geen probleem.'

Dan wordt het transport nog geregeld. Pachl/Schmidt zal de volgende dag een busje van de kerncentrale naar Duisburg sturen om de ploeg op te halen. Vogel legt nog uit dat hij zijn vaste arbeiders tegenwoordig in Würgassen in 'Hotel zur Kurve' onderbrengt en dat hij graag zelf wil meekomen, om als het even kan meteen het geld te incasseren. Samen verlaten ze het restaurant. Ik (Ali) meen aan het tevreden gezicht van Vogel te kunnen zien dat hij is ingegaan op de deal om mensen te verhandelen. Ik houd het portier van de auto voor hem open. Daar houdt hij van. Zonder een woord bedient hij de automatische schakeling tot de zacht gestoffeerde stoel in de voor hem meest aangename en ontspannen stand staat.
'Terug naar Oberhausen,' zegt hij alleen en daarna geen woord meer. Hij denkt na. Een tijdje ben ik bang dat ik hem misschien toch verkeerd beoordeeld heb. Dat hij toch terugdeinst voor deze misdadige opdracht en het laat afweten. Zó gewetenloos is hij niet. Geen mens kan voortdurend zo gevoelloos zijn. Hij zet geen mensenlevens op het spel. Hoewel ook de mensen bij Thyssen, misschien iets langzamer en minder direct, verstookt worden en verschillende collega's mettertijd door het stof van de zware metalen eveneens kanker zullen krijgen, zijn dat toch dingen die verdrongen kunnen worden. In deze situatie ligt het allemaal veel duidelijker. Het stof bij Thyssen kan iedereen zien, ook al beseffen velen de schadelijke gevolgen niet. Maar geen van de ten dode opgeschreven mannen kan vermoeden dat de straling in de kerncentrale in ieder geval schadelijk voor de gezondheid en eventueel dodelijk is. Misschien staat hij nu in tweestrijd, bedenk ik en ik hoop al dat hij de opdracht zal afwijzen.

Al gauw merk ik dat zijn gedachten echter een heel andere richting uitgaan. VOGEL *krabbelt wat getallen in zijn notitieboekje en schijnt iets uit te rekenen. Plotseling doet hij zijn mond open:* 'Kun jij vóór morgen zeven of acht van je landgenoten bij elkaar trommelen die iets willen verdienen? Het is goed werk, maar ze moeten 100% zijn!'
Ik doe net alsof ik nadenk.
VOGEL: 'Als het je zo snel niet lukt, vraag ik het K., die heeft er altijd wel een paar bij de hand.' *Vogel heeft K., een Turkse collega, als een soort manusje van alles aangetrokken en als Vogel om nieuwe mensen verlegen zit, komt K. ermee aan.*
'Ik kan ook,' *zeg* IK (ALI) *alleen maar,* 'en wat mensen moeten kunnen?'

'Ze hoeven niets speciaals te kunnen,' *zegt* VOGEL, 'ik zou alleen graag willen dat het de armsten van de armsten zijn. Zeg maar dat ik ook arm ben geweest...'
IK (ALI) *kijk hem verbaasd aan:* 'U arm geweest zijn? Wanneer u arm?'
VOGEL: 'Tja, na de oorlog waren we allemaal arm. Het mogen mensen zijn die bang zijn om uitgewezen te worden.'
Hij ziet mijn verbijstering en geeft snel een motivering: 'Ik wil hen helpen, want ze hebben het al zo slecht, begrijp je! Ik was altijd al sociaal ingesteld. Ik ben van huis uit namelijk een sociaal-democraat.'
IK (ALI) *vraag:* 'Wat is dat?'
'Dat is de partij voor de arbeiders,' *legt* VOGEL *me uit.* 'Ik ben daar lid van.'
IK (ALI): 'Wat is dat voor werk? Wat is voor geld?'
'Ze verdienen goed,' *zegt* VOGEL, '500 mark voor twee dagen. Het werk is makkelijk, licht schoonmaakwerk, helemaal niet smerig. Ze hoeven hun handen niet eens vuil te maken...'
'Waar is?' *wil* IK (ALI) *weten.*

VOGEL *blijft vaag, liegt:* 'Binnen een straal van honderd kilometer.' *(In werkelijkheid ligt Würgassen ongeveer 300 km verderop).* 'Het mogen ook mensen zijn die zich schuil moeten houden omdat ze geen verblijfsvergunning hebben,' *zegt hij verder,* 'maar ze moeten dan wel, als het werk afgelopen is, naar Turkije teruggaan. Jij krijgt ook 500 mark als je kunt zorgen dat ik die mensen krijg.'

IK (ALI): 'Mogen ook mensen uit het opvangcentrum zijn?'

VOGEL *weert af:* 'Nee hoor, niks met officiële instanties! Het geld is trouwens zwart, weet je...'

IK (ALI): 'Wat zwart?'

VOGEL: 'Zwart, buiten de belasting. Ze krijgen het zó in de hand, hoeven geen papieren of zo te laten zien. Zo onder tafel. Dat willen ze toch? Dan hebben ze geld om in Turkije iets mee te beginnen. Ze moeten wel iets meenemen voor 's nachts, ondergoed en zo. Verder krijgen ze alles op het werk... kun je zulke mensen vinden?'

IK (ALI): 'Natuurlijk, er zijn er die wonen verstopt in kelder.'

'Dat is prima,' *zegt* VOGEL, 'als ze in kelders wonen, dan hebben ze verder ook geen contacten. Hoeveel ken je er?'

IK (ALI): 'Ik denk, vijf...'

'Goed,' *zegt* VOGEL. 'Kijk nog eens goed rond, misschien krijg je dan toch nog acht man bij elkaar. Je kunt me altijd bellen! Ook op de tennisclub mag je me bellen. Maar neem ze niet mee naar mijn huis of kantoor. Neem ze liever mee naar jouw huis in de Dieselstrasse. Ik kom dan wel naar jou toe en laat ze afhalen. Maar er is één ding: na die tijd moeten ze verdwijnen! Dat wil ik op papier zien. Ze moeten kunnen aantonen dat ze hier wegmoeten. Ze moeten toch weg? Ze worden toch door de vreemdelingenpolitie gezocht?'

'Ja,' *zeg* IK (ALI), 'sommigen ja, sommigen nee.'

VOGEL: 'Goed, het is duidelijk dat ze allemaal weg moeten! Laat ik niet zien dat ze hier na een paar weken nog rondlopen. Dat is de voorwaarde, zonder dat...'

Ik vraag hem nogmaals uit over het werk, waar het om gaat. Maar VOGEL *zegt alleen:* 'Dat begrijp je toch niet, wordt de mannen zelf wel duidelijk gemaakt. Dat is het probleem niet. Het belangrijkste is dat deze mensen geholpen worden. Ze hebben al genoeg te lijden gehad....'

Hij praat als een pastoor. Zijn stem heeft plotseling iets zalvends. Maar dan ineens is VOGEL *weer de oude:* 'Maar ik moet er wel op kunnen rekenen!'

'Natuurlijk,' *zeg* IK (ALI).
's Avonds moet ik hem opbellen om te melden of ik de zaak heb kunnen regelen.

21 uur 's avonds. *Ik krijg hem aan de telefoon in het restaurant van de tennisclub. Hij heeft van opdrachtgever Schmidt te horen gekregen dat zes man voldoende zijn. (Meer kon ik er in die korte tijd niet overhalen om mee te doen).*
IK (ALI): 'Ik heb de mensen, maar zij niet geloven zo veel verdienen voor twee dagen.'
VOGEL *(minzaam):* 'Krijgen ze.'
IK (ALI): 'Echt waar?'
VOGEL: 'Ja natuurlijk.'
IK (ALI): 'Wat moet ik zeggen, dat het zo veel is...?'
VOGEL: 'Zeg ik morgen zelf wel. Ze krijgen het.'
IK (ALI): 'Ze vragen of heel zwaar werk is?'
VOGEL: 'Ja, dat is het.'
IK (ALI): 'Moeten veel doen?'
VOGEL: 'Ja natuurlijk.'
IK (ALI): 'En is... moeten gevaarlijk ding doen?'
VOGEL: 'Nee, niet gevaarlijk, smerig.'
IK (ALI): 'En ook klimmen moeten?'
VOGEL: 'Ja ook.'
IK (ALI): 'Hoog? Of wat?'
VOGEL: 'Ja, ja.'
IK (ALI): 'O en sommigen zeggen, problemen hebben met de papier.'
VOGEL: 'Wat voor papieren?'
IK (ALI): 'Met de pas. Is verlopen.'
VOGEL: 'Ja.'
IK (ALI): 'Die zeggen pas niet willen laten zien.'
VOGEL: 'Geeft niet.'
IK (ALI): 'Geeft niet?'
VOGEL: 'Nee.'
IK (ALI): 'Zal ik zeggen u goed vriend van Turken zijn?'
VOGEL: 'Ja natuurlijk.'
IK (ALI): 'Ja?'
VOGEL: 'Natuurlijk ben ik dat.'
IK (ALI): 'Uh... hoe? Hoe zal ik zeggen?'
Vogel kan kennelijk niet vrijuit praten. Onder zakenvrienden en werk-

nemers van zijn kantoor die hem kennen en doorhebben, kan hij zich moeilijk als weldoener van Turken voordoen of zijn in het Ruhrgebied zakelijk gunstige lidmaatschap van de partij als een 'partij voor de arbeiders' afschilderen. Zo'n uitspraak zou met bulderend gelach ontvangen worden.

'Hoe moet ik collega's zeggen, dat ze ook geloven?' *breng ik hem verder in verlegenheid.*

'Tja, dat kan ik op het ogenblik niet zeggen,' *draait hij er om heen.* 'Bel me over een uurtje thuis maar op.'

Thuis aan de telefoon krijgt zijn stem weer een enigszins zalvende klank.

IK (ALI): 'Goedenavond mijnheer Vogel, met Ali nog een keer. Het zit zo, die willen, die geloven niet, die zeggen dat niet bestaan.'

VOGEL: 'Hoezo? Waarom bestaat dat niet?'

IK (ALI): 'Dat eh... mensen zijn die altijd bedrogen, altijd.'

VOGEL: 'Wat zijn ze?'

IK (ALI): 'Die altijd bedrogen zijn. Mensen altijd beloven hier en dan zij geen geld krijgen.'

VOGEL: 'Zoiets doe ik niet.'

IK (ALI): 'Wat zal ik dan zeggen? Zij zeggen waarom geeft hij zo veel?'

VOGEL: 'Tja, omdat hij bijvoorbeeld... het is niet bepaald schoon werk...'

IK (ALI): 'Ja en?'

VOGEL: 'Ze moeten in de kerncentrale vlakbij de turbine werken. Ze moeten dus oppassen.'

IK (ALI): 'Moeten goed oppassen?'

VOGEL: 'Ja, ze moeten goed oppassen. Daarom is het een karwei... Maar goed, ik heb de opdracht gekregen en ik zal hem ook uitvoeren. Daarvoor heb ik mensen nodig. Ik krijg een goede prijs en de mannen moeten ook een goede prijs krijgen.'

Nu vindt hij zijn draai en vervolgt op zelfverzekerde toon: 'Luister, zeg de mensen dat ik ze wil helpen een paar mark te verdienen.'

IK (ALI): 'Ze zeggen, de Duitsers altijd alles afgenomen hebben, nooit gegeven.'

VOGEL: 'Nee, maar in dit geval wordt hun iets gegeven.'

IK (ALI): 'En wat zal ik zeggen? Waarom u zo goed voor de mensen?'

VOGEL *(wordt formeel, gaat over op 'u'):* 'Hoort u eens, u kent mij toch? Of niet soms? Ben ik gemeen?'

IK (ALI): 'Nee maar...' *(stottert)*

VOGEL: 'Nee, ik wil toch niet gemeen zijn en ik heb mensen nodig

die bijvoorbeeld — ze hoeven niets speciaals te kunnen — maar mensen zoals de allerarmsten. En die wil ik een paar mark geven.'
IK (ALI) *(geheel ontroerd):* 'O, dat is goed, dát zeg ik. U zei nog zoiets, u zei u zijn een sociaal...'
VOGEL: 'Sociaal-democraat.'
IK (ALI): 'Wat dat zijn?'
VOGEL: 'Dat is de SPD. Het is de partij voor de arbeiders.'
IK (ALI): 'Kan ik zeggen?'
VOGEL: 'Ja natuurlijk. Ik wil die mensen hebben, die groep van de bevolking waarvan ik weet dat ze armsten van de armsten zijn.'
IK (ALI): 'O ja.'
VOGEL: 'Begrijp je?'
IK (ALI): 'Ja, dat is goed.'
VOGEL: 'Dacht ik ook. Dat zijn dus degenen die onderdrukt worden, de minst bedeelden en ga zo maar door...'
IK (ALI) *(onderbreek hem):* 'Dat zijn ze allemaal!'
VOGEL: 'Ik zou ook niet graag onderdrukt worden hoor.'
IK (ALI): 'Dat zijn ze allemaal, ze moeten weg, uitgesmeten worden omdat ze hebben geen werk.'
VOGEL: 'Nou precies! Degenen die onderdrukt worden. Die mensen — die wil ik hebben.'
IK (ALI): 'En weggejaagd worden... Ja?'
VOGEL: 'Juist, die mensen wil ik helpen.'
IK (ALI): 'Ja, dat is goed. Dan ook misschien later nog voor u kunnen werken?'
VOGEL: 'Ja natuurlijk.'
IK (ALI): 'En als ze werkvergunning nodig hebben?'
VOGEL: 'Dan zal ik ze ook helpen.'
IK (ALI): 'Moeten ook sterk zijn?'
VOGEL: 'Nee, dat hoeven ze helemaal niet.'
IK (ALI): 'Hoe zal ik uitzoeken dan?'
VOGEL *(valt hem in de rede):* 'De armsten.'
IK (ALI): 'Echt de armsten?'
VOGEL *(vindt toch nog een sterkere uitdrukking voor zijn liefdadigheid):* 'De allerarmsten van de armen.'
IK (ALI): 'Dat is goed, want er mensen zijn, die hebben zo veel meegemaakt, niet?'
VOGEL: 'Mmmm.'
IK (ALI): 'Dat ze nergens meer hulp krijgen.'

VOGEL *(vindt het nu langzamerhand wel genoeg):* 'Daarover kunnen we later nog praten.'
IK (ALI): 'Zijn er drie.'
VOGEL: 'Ja.'
IK (ALI): 'Wonen in kelder.'
VOGEL *(kan nauwelijks verbergen dat de hele zaak hem koud laat. Geamuseerd veeleer):* 'Ai, dat is een ramp zeg!'
IK (ALI): 'Ja en krijgen ook geen woning meer.'
VOGEL *(pathetisch):* 'Wat een ramp!'
IK (ALI): 'Ik kan zeggen u misschien later ook woning bezorgen?'
VOGEL: 'Ja natuurlijk.'
IK (ALI): 'O ja, dat is goed. Ik zeg mensen dat en zij allemaal heel blij.'

De volgende morgen, 9.30 uur.
Gevolmachtigde Schmidt van de kerncentrale informeert telefonisch bij Vogel of alles verloopt zoals is afgesproken.
VOGEL: 'Ik heb de ploeg intussen bij elkaar. Dat is in orde. Maar zegt u nu eens eerlijk, wie bent u eigenlijk? U bent niet mijnheer Schmidt van de kerncentrale Würgassen. Dat weet ik zeker, mijnheer Schmidt. Speel eens open kaart. Wie bent u? Dan weet ik tenminste met wie ik te maken heb! Dan kunnen we daarna zaken doen.'
We hadden erop gerekend dat Vogel eventueel navraag zou doen in Würgassen en dan te horen zou krijgen dat het echte hoofd van de veiligheidsafdeling het terrein van de kerncentrale helemaal niet verlaten had. PACHL/SCHMIDT *was hier dus op bedacht en legt uit:* 'Probeert u mij niet op kantoor te bereiken. De zaak is zo geheim dat ik dan tegenover u alles zou moeten ontkennen en helaas zou moeten zeggen: "Ik ken u niet, we hebben elkaar nooit ontmoet, zo'n opdracht is nooit verstrekt." Onze veiligheidsafdeling is uitermate kwetsbaar en de vijand luistert overal mee, zelfs bij ons in de centrale.'
Kennelijk is Vogel er niet achter gekomen door op te bellen, maar via derden. Maar ook met deze mogelijkheid hadden we rekening gehouden en een tweede versie bedacht.
PACHL/SCHMIDT: 'Windt u zich dus niet op. Deze zaak is uiterst geheim. Schmidt kan dit niet aan. Het besluit is genomen door de directie.'
VOGEL: '...Juist. Daar heb ik begrip voor.'
PACHL/SCHMIDT: 'En bij discretie hoort natuurlijk een bepaalde basis van vertrouwen...'

VOGEL: 'Natuurlijk, heb ik ook.'
PACHL/SCHMIDT: 'Want als dat er niet is, vind ik, moeten we over de hele zaak nog maar eens nadenken. We zitten in een situatie die voor ons...'
VOGEL: 'Ja...'
PACHL/SCHMIDT *(met stemverheffing, dramatisch):* 'Juist omdat we voor de energievoorziening in Duitsland verantwoordelijk zijn, blijft ons geen andere mogelijkheid...'
VOGEL: '...Ja...'
PACHL/SCHMIDT: '...Daarom moeten we... Ik heb het u gisteren al gezegd. Als u opbelt, weet u... ook bij ons is alleen een zeer besloten kring op de hoogte.'
VOGEL *(valt hem in de rede):* '...Juist ja!...' *Er klinkt nog twijfel in zijn stem die door het autoritaire optreden van Pachl/Schmidt echter steeds verder verdwijnt:* 'Mijnheer Schmidt, wie geeft de opdracht? De schriftelijke opdracht?'
PACHL/SCHMIDT: 'Er komt helemaal geen schriftelijke opdracht, begrijpt u?'
VOGEL: 'Ja.'
PACHL/SCHMIDT: 'Luister goed. Allereerst hebben we nu zes in plaats van acht arbeidskrachten. Dat is, als ik het omreken... Blijft van de 130.000 in totaal, eh, nog maar 95.000 over... Ik zou zeggen...'
VOGEL: 'Mmm...'
PACHL/SCHMIDT: '...eh, laten we eerlijk zijn, laten we zeggen 110...
VOGEL: 'Mmm...'
PACHL/SCHMIDT: '...daarbij inbegrepen natuurlijk de premie voor de terugkeer, respectievelijk de stimulans om terug te gaan.'
VOGEL: 'Dat is duidelijk.'
PACHL/SCHMIDT: 'We hebben uitgerekend dat dat ongeveer 5000 mark per persoon is. We moeten ervan uitgaan dat alles loopt zoals gepland is en dat u de mensen dat ook betaalt... mijnheer Vogel!'
VOGEL: 'Maar natuurlijk!'
PACHL/SCHMIDT: 'Goed, dan het tweede punt. We moeten ervan op aankunnen dat het sterke kerels zijn.'
VOGEL: 'Dat zijn het.'
PACHL/SCHMIDT: 'We hebben er geen belang bij als de mensen bij de eerste paar millirem al tegen de vlakte zouden gaan.'
VOGEL: 'Nee, nee, die kunnen wel wat hebben, die storten niet zo gauw in elkaar.'

PACHL/SCHMIDT: 'En mocht u gebruik maken van iemand die de mensen kan leveren... zorg dan dat dat ook een buitenlander is.'
VOGEL *(valt hem in de rede):* 'Logisch, mijnheer Schmidt. Nog iets. Dit is dus in opdracht van de kerncentrale Würgassen.'
PACHL/SCHMIDT: 'Ja.'
VOGEL: 'Ja? Staat dat vast?'
PACHL/SCHMIDT: 'Dat staat vast. Dat heeft u goed begrepen. Heeft u nog twijfels? Kijkt u eens, luistert u eens goed, u heeft mij gevraagd open kaart te spelen. Ik ben u daarin heel ver tegemoet gekomen.'
VOGEL: 'Dat is waar.'
PACHL/SCHMIDT: 'Ik weet bijvoorbeeld ook niet in hoeverre — je kunt natuurlijk nooit weten, het betekent niet dat ik u wantrouw — in hoeverre u bijvoorbeeld, eh, uit de school klapt. Omgekeerd wil ik u nu vragen: als u soms bezwaren heeft, zegt u dan waarom. Dan kunnen we er over praten. Maar dan moet u wel...'
VOGEL *(valt hem in de rede):* 'Ik heb er het volste begrip voor dat geheimhouding hier van het grootste belang is, en ga zo maar door. En ik begrijp ook dat we hier, zogezegd, incognito moeten handelen. Maar als er iemand naar mij toekomt en zegt: hier ben ik, mijn naam is Schmidt van de kerncentrale Würgassen, en ik weet dat het niet waar is, eh... weet u, dan heb ik zo gezegd mijn bezwaren: waar begin ik eigenlijk aan? Ga ik nu met de firma Preussen-Elektra in zee of met wie eigenlijk? Weet u, ik zou niet graag wegens grove nalatigheid... of me schuldig maken aan een strafbaar feit.' *(Vogel kucht)* 'Als ik het zo mag zeggen, mijnheer Schmidt, ik weet nog steeds niet... ik zou graag willen weten of ik nu werkelijk met Preussen-Elektra in zee ga.'
PACHL/SCHMIDT: 'Die grove nalatigheid laat ik even buiten beschouwing...'
VOGEL: '...Ja...'
PACHL/SCHMIDT: '...eh, eventueel een strafbaar feit plegen. Als u van uw kant daar iets op tegen hebt, eh, dan moet u dat natuurlijk zeggen.'
VOGEL: 'Nee, wat mij betreft...'
PACHL/SCHMIDT *(valt hem in de rede):* 'Wat misschien een rol zou kunnen spelen...'
VOGEL: 'Wat mij betreft helemaal niet. Ik zal u de mensen leveren.'
Er wordt een afspraak gemaakt. Vogel stelt voor elkaar bij de bussen vóór het station te ontmoeten.

PACHL/SCHMIDT: 'Om 14 uur. Dan regelen we ook de financiële zaken en de overdrachtsformaliteiten. Oké mijnheer Vogel. Dat is dan afgesproken?'
VOGEL *(is het beu):* 'Ja natuurlijk.'
Tot dusver hebben we zijn wantrouwen kunnen wegnemen. De hebzucht maakt hem onvoorzichtig.

Donderdag 8 augustus, 12 uur.
Vogel heeft zich door een Turk die mij als chauffeur vervangt, in zijn Mercedes 280 SE naar Duisburg-Bruckhausen laten rijden om het doodscommando op te halen.
Hij laat de wagen niet in de Dieselstrasse parkeren maar om de hoek in de drukke Kaiser Wilhelmstrasse, tegenover de cokesoven van Thyssen. De luxe slee baart nogal wat opzien in deze armoedige wijk. Achter de gordijnen gluren Turkse vrouwen angstig naar buiten. Ze zijn bang dat er weer eens een huis moet worden gesloopt — misschien wel het huis waarin zij zelf wonen — of dat bouwvallige huizen om reden van volksgezondheid ontruimd en vervolgens dichtgespijkerd zullen worden. Turkse kinderen staan op eerbiedige afstand om de Mercedes van Vogel heen en geven commentaar. Vogel weet niet goed hoe hij zich moet gedragen. Hij rookt de ene sigaret na de andere en kijkt voortdurend rond. Bijna onophoudelijk komen grote roetwolken uit de schoorstenen van Thyssen en een zacht briesje blaast de troep meteen de woonwijk in die op een steenworp afstand van de hoogovens ligt. Je ruíkt de troep niet, nee je proeft hem. Je bijt op korreltjes roet en soms branden je ogen. Bij bepaalde zwavelverbindingen (afhankelijk van de tijd en het weer) wordt je keel dichtgeknepen. In deze wijk wonen abnormaal veel mensen die last hebben van astma en bronchitis. De kinderen zijn opvallend bleek. Een klein, tenger jongetje van vijf of zes valt mij op. Zijn gezichtje maakt een ernstige indruk: moe, afgemat en oud als een volwassene. Hoewel in de binnenstad van Duisburg de zon scheen, is het licht hier grauw en troebel. Achter de fabriekswolken kun je de zon wel vermoeden, maar hij breekt niet door. Vanaf de overkant van de straat sla ik Vogel al de hele tijd gade en ik merk dat hij zich hier niet op zijn gemak voelt. Dieselstrasse en omgeving betekent voor hem: uitschot, het voorgeborchte van de hel. Maar de echte hel ligt achter de door de bedrijfspolitie van Thyssen bewaakte hekken en muren. Daar is de lucht nog slechter te verdragen, nog afgezien van

het denderende lawaai van de hoogovens. Vogel is nog nooit bij ons op de produktie-afdeling terechtgekomen. Dat zou een te zware last voor zijn tere ziel betekenen en misschien zou hij nog een nachtmerrie krijgen ook.

Met zijn maatpak komt Vogel in deze omgeving geheel misplaatst over, bijna obsceen. En even onwerkelijk als de keurig nette heren op de verkiezingsaffiches die in deze buurt heel lang blijven hangen omdat het de moeite niet loont reclame-affiches voor consumptie-artikelen eroverheen te plakken, behalve dan voor bier en sigaretten.

Onze 'laatste reserve' bestaat uit zes Turkse vrienden die ik in het plan heb ingewijd. Tot mijn verwondering zijn ze over aard en doel van de opdracht en over Vogels ijskoude gewetenloosheid minder verbaasd dan ik. Ze kennen zo langzamerhand de realiteit en hebben al het een en ander meegemaakt.

Via een parallelstraat loods ik het groepje — zonder dat Vogel het in de gaten heeft — mijn woning in de Dieselstrasse binnen. Daarna haal ik Vogel op. Hij had liever dat die 'lui' (zo noemt hij ze) naar hem op straat kwamen. Maar ik zeg: 'Niet goed, te gevaarlijk, sommigen geen papier.' Daarmee heb ik de beoogde afloop van de geschiedenis al ingeleid. Maar daarover later.

'Als het dan niet anders kan,' zegt Vogel en begeeft zich op weg naar Dieselstrasse 10. In het trappenhuis hangt een doordringende pislucht. Alle wc's liggen buiten de woningen in het trappenhuis. Eén van de afvoerpijpen is verstopt. Vogel loopt haastig met mij de trap op en op de eerste tussenetage open ik de deur van mijn woning en stel mijn Turkse vrienden aan hem voor, die al klaar staan om te gaan werken. 'Dag,' zegt hij kort als hij binnenkomt. Vluchtig overziet hij het groepje mannen en telt: 'Twee, vier, zes — in orde. Let op. Dat wil zeggen... verstaan jullie eigenlijk allemaal Duits?' — 'Ja, de meesten kunnen,' lieg ik er op los (want ik wil graag dat hij zich in een toespraakje nog eens portretteert).

'Wij zijn een firma voor montagewerkzaamheden in Oberhausen,' zijn z'n inleidende woorden, 'en we hebben opdracht in de kerncentrale Würgassen herstelwerkzaamheden uit te voeren. Die duren twee dagen en we hebben vijf of zes man nodig. Wij worden goed betaald voor dit werk en jullie moeten ook goed betaald worden. Zo zit het. Als er nog vragen zijn, vraag gerust. Ik zal onmiddellijk alle vragen beantwoorden.'

Hij komt open en sympathiek over. Wie nog nooit met hem te maken heeft gehad, zou hem op het eerste gezicht innemend kunnen vinden. Om hem uit z'n tent te lokken, heb ik met mijn Turkse vrienden afgesproken dat ze in het Turks vragen stellen. Ik (Ali), (die nauwelijks iets van Turks afweet), zal dan steeds 'vrij' vertalen. D.w.z. dat ik aan Vogel vragen stel die ik op dat moment belangrijk vind. Tot nu toe is het Vogel nooit opgevallen dat ik (Ali) met mijn Turkse collega's nooit Turks praat en dat mijn Duits helemaal niet lijkt op het Duits dat Turken plegen te spreken. Hij heeft niet gemerkt dat ik soms merkwaardige begrippen gebruik en alleen maar een uitgang weglaat, b.v. in plaats van papieren 'papier...' zeg of 'Turks...' in plaats van Turkse. Met ingewikkelde zinswendingen lukt het mij soms om hem wat meer gedifferentieerde uitspraken te laten doen. Het valt hem niet op omdat 'zijn buitenlanders' voor hem alleen maar werkezels zijn. Zolang ze geduldig doorploeteren en goed functioneren, is hij de laatste die vooroordelen heeft tegen buitenlanders. Integendeel. Hij is een van de weinigen die hen werkelijk weet te waarderen. Maar als ze het wagen opstandig te zijn of achterstallig loon opeisen, dan zijn het voor hem 'struikrovers en dagdieven', dan is het 'tuig en gespuis'.

'Turks collega wil weten,' vraag ik hem, 'hoe wij daar komen?' Vogel verkoopt ons de reis als een reclameman die een bustochtje met gratis koffie en gebak aanprijst. 'Alles is gratis,' zegt hij, 'om drie uur worden jullie met een bus van het station in Duisburg afgehaald en over twee dagen worden jullie ook weer met een bus teruggebracht. Kost en inwoning voor niets. Alles is gratis.' (Ik moest ineens denken aan het refrein van zijn lievelingshit: '*...ver van huis en vogelvrij, honderd man en ik erbij.*')

'Collega hier wantrouwen,' wend ik mij tot Vogel, 'U zeggen kunnen waarom 500 mark — zoveel geld — voor zo weinig werk?' Dan legt Vogel uitvoerig uit:

'Ja, luister. Dat zit zo. Jullie kennen Duitsland. We hebben hier verschillende kerncentrales. Waar we nu gaan werken is ook een kerncentrale. Die levert op het ogenblik geen elektriciteit. Er vindt een algehele revisie plaats. Daarbij werd geconstateerd dat er *een paar* dingen zijn die gerepareerd moeten worden. En dat moet heel, heel snel gedaan worden want volgende week moeten ze weer elektriciteit leveren. En bovendien: het mag bijvoorbeeld niet uitlekken bij de kranten dat de kerncentrale een kleine storing heeft. Anders zijn de Groenen er namelijk als de kippen bij, en ga zo maar door.

En dan leggen zij in feite het werk in de kerncentrale stil, nietwaar?' En met overholen afkeer in zijn stem: 'Dat zijn van die politieke groeperingen in Duitsland... De werkzaamheden moeten nu gedaan worden, zodat de kerncentrale volgende week weer stroom kan produceren. Daarvoor betalen ze *goed geld* en jullie moeten er dus ook *goed geld* voor krijgen.'
'Mijnheer Vogel,' dring ik (Ali) aan, 'eentje zeggen, hij altijd door Duitsers bedrogen.' Vogel slikt. Om tijd te winnen houdt hij zich eerst van den domme: 'Wat zeg je?' — 'Hij zeggen, hij altijd door Duitsers bedrogen.'
'Zijn ze soms door mij bedrogen?' repliceert Vogel. Jammer genoeg is het niet het juiste moment om hem al zijn oplichterspraktijken onder zijn neus te wrijven: dat hij mij nog bijna 2000 mark schuldig is, dat de mensen een paar keer helemaal naar hun geld konden fluiten, dat hij loonbelasting en sociale lasten in zijn eigen zak heeft gestopt, en 'ga zo maar door!'
'U misschien zelf nog eens zeggen wat u Turk geven,' probeer ik de pijnlijke situatie te verdoezelen. Dat is echt in zijn straatje. Vogel gaat er eens goed voor staan en laat zich een vuurtje geven door zijn nieuwe chauffeur. Nu kan hij zich echt als weldoener van de vernederden en bedrogenen, van al die door hem en zijn soortgenoten uitgebuite mensen presenteren: werkverschaffer Vogel geeft een portret van zichzelf, van iemand die pakt wat hij krijgen kan en 'en passant' zijn mensen van hun gezondheid en de eerste levensvoorwaarden berooft.
'Sinds ik zelfstandig ben, werk ik met Turken samen. En tot nu toe heeft niet één van de Turkse medewerkers mij laten zakken en ga zo maar door. Ik heb altijd goed met ze op kunnen schieten, in tegenstelling tot Duitse medewerkers en ik bedoel... ik wil daar ook graag mee doorgaan... dat ik met Turken samenwerk en hun werk geef.'
'Er zijn, die worden uitgewijst naar Turkije,' duw ik hem met z'n neus op de feiten.
'Dat hoeft niet per se,' zegt hij ruimhartig. 'Laat ik even heel eerlijk zijn. We nemen namelijk geen Duitsers voor dit werk omdat die te veel kletsen. Dat ligt bij jullie anders. Ik weet dat van mijn Turkse medewerkers. Die houden hun mond. Begrijp je? Daarom neem ik geen Duitsers. Die kun je wel vergeten.'
'Ayth daar', ik wijs op een van mijn Turkse collega's, 'in kelder

wonen...' Vogel onderbreekt me met een handgebaar. 'Ja, ja, goed, oké, geeft niks. Ik weet van niks.'
'U misschien helpen,' haak ik erop in. Weer probeert hij in aanzien te stijgen, zoals de meeste ondernemers van na de oorlog: 'Helpen, natuurlijk. Dat wil ik graag. Ik wil graag de armsten helpen. Zelf ben ik van huis uit sociaal-democraat, d.w.z. ik ben lid van de SPD. Ik ben dus vóór de arbeiders. Wij willen de mensen helpen. Die mogen ook wel eens een paar mark verdienen. En als jullie dan naar Turkije terugmoeten, dan hebben jullie 500 mark of zoiets, in ieder geval toch een paar mark verdiend.'
Ik (Ali) wijs op mijn Turkse collega Sinan: 'Hij vraagt of werk niet gevaarlijk zijn.'
Nóg zo'n trefwoord en Vogels toespraak strekt tot eer van alle woordvoerders van kerncentrales: 'Nee, het is geen gevaarlijk werk. Het is een grote kerncentrale en de veiligheidsmaatregelen zijn uiterst streng, zoals dat in Duitsland nu eenmaal is. De Duitse kerncentrales zijn de veiligste kerncentrales die er bestaan. Er werken daar duizenden mensen op het terrein. Daar bestaat geen enkel gevaar.'
Ik (Ali): 'Is nooit iets gebeurd?'
Vogel: 'In Duitsland is nog nooit iets gebeurd in een kerncentrale.'
Dat klopt nog ook wat de kerncentrale zelf betreft, hoewel, vlak bij de kerncentrale Würgassen is een straaljager neergestort en als deze op de centrale terecht was gekomen, was dat waarschijnlijk een onvoorstelbare ramp geweest. Wel hebben zich al vaker ongelukken voorgedaan waarbij mensen letsel hebben opgelopen. De Westduitse nucleaire industrie heeft tot op heden officieel vijf sterfgevallen toegegeven.
Voor Vogel is het werk in ieder geval 'niet gevaarlijk'. Zwaar is het ook niet, verzekert hij ons. En als ik (Ali) wil weten: 'Moeten hoog klimmen?', ontwijkt hij het antwoord: 'Nee, dat wil zeggen, in de kerncentrale is toch... ik weet het niet. Er zijn etages.' Ik (Ali): 'Kunt u zeggen... hij wil nog weten wat precies werk is.' Vogel: 'Het zijn reparatiewerkzaamheden, monteurswerk, licht monteurswerk, licht herstelwerk. Maar het moet gedaan worden. Daarom hebben we vijf of zes man nodig. Dat hebben we *uitgerekend.* Het kan niet anders. Om het werk in twee dagen af te krijgen hebben we vijf of zes man nodig. De mannen worden naar binnen gestuurd, maar er zijn veiligheidsmaatregelen. Echt, dat zullen jullie wel merken. Bij hen staat de mens op de eerste plaats!'

Het moet hem zelf wel afschuwelijk in de oren klinken want hij gaat er verder op in en tracht te verbloemen hoe de mensen verneukt en 'verstookt' worden:
'Het gaat er om dat de mensen die daar werken niets overkomt! De veiligheidsbepalingen zijn ontzettend streng... Natuurlijk is er in een kerncentrale altijd wel wat straling, ook als de reactor is stopgezet. Maar ze zullen jullie wel vertellen hoe ver je mag gaan en anders halen ze je er onmiddellijk weer uit. Want de gezondheid van de mensen mag niet worden geschaad. Dat merk je zelf nog wel. Ik bedoel, anders kunnen jullie natuurlijk zeggen: wij leggen het werk neer of zo. Je merkt het zelf wel! Het is alleen zó (en daar stellen we prijs op), wij doen het werk, wij betalen voor het werk en daarmee is de kous af. Er mag niet over gesproken worden, bijvoorbeeld dat er een storing was. Dat is voor de kerncentrale heel belangrijk. Duidelijk? Dat betekent dus: afgelopen — uit! Tot de volgende keer. We hebben wel vaker zulke opdrachten. We moeten heel discreet zijn. Mond houden en werken. Afgelopen — uit. Daar wordt ook voor betaald! Dat is dus duidelijk. We vertrekken vanmiddag en op z'n laatst zatermiddag is het karwei achter de rug. Jullie worden in Duisburg bij het station weer afgezet, gaan naar huis en de zaak is voor elkaar. Jullie krijgen je geld en we praten er niet meer over. Is dat redelijk?'
Mijn Turkse vrienden zwijgen beduusd. Ergens is een grens en dan houdt de zin om mee te spelen op.
Zoals alle zwendelaars boven een bepaalde inkomensgrens probeert hij voor de zoveelste keer zijn serieuze bedoelingen te bewijzen: 'Iedereen die voor mij gewerkt heeft, heeft zijn geld gekregen. Dat is geen punt. Laat dat duidelijk zijn. Morgen krijgen jullie 250 mark, en 250 mark als het werk is afgelopen. Handje contantje. Ali, mijn chauffeur, rijdt mee en begeleidt jullie. Houd je aan hem. Hij staat trouwens garant dat jullie je geld krijgen.'
En nogmaals onderstreept hij de sociale zorg en perfectie van de Duitse atoomindustrie: 'Zij zorgen voor werkkleding. Ook voor werkschoenen en helmen. Overal wordt voor gezorgd... Maar zoals ik al zei: mondje dicht. Vooral tegen snuiters van de kranten, anders...!'
Met een royaal gebaar haalt hij een briefje van 50 uit zijn portefeuille en geeft het aan mij (Ali) met de woorden: 'Hier, hier heb je 50 mark. Dan kunnen de jongens wat eten. Ze moeten toch iets in hun maag hebben, al was het maar een klein hapje, zodat ze niet meteen

afknappen als ze aan het werk gaan. Denk erom!' En als hij naar buiten gaat (op vaderlijke, minzame toon): 'Nou, het beste, jongens. Tot om drie uur. Ik reken erop! Begrepen?'
14 uur. Ontmoeting tussen Vogel en afgevaardigde Schmidt met diens assistent Hansen in de stationsrestauratie in Duisburg.
Nogmaals worden alle bijzonderheden in duidelijke, niet mis te verstane bewoordingen besproken zodat Vogel zich later niet kan beroepen op misverstand of incompetentie.

HERZOG/HANSEN: 'Mijnheer Vogel, we hebben vanmorgen de uitslag van nieuwe metingen binnengekregen. Ze zijn nog erger dan we gevreesd hadden. Het wordt een uiterst moeilijke, gevaarlijke onderneming. De straling in de buis, waar ze in moeten...' *(Hij kijkt voorzichtig naar de andere tafeltjes en fluistert):* 'De straling is ongeveer dertig keer hoger dan de toegestane dosis per jaar. En die lopen uw mensen in één klap op. Dat kan nog slecht aflopen.'
VOGEL: 'En wat gebeurt er als het werk niet gedaan wordt?'
HERZOG/HANSEN: 'Dan kunnen we niet op het elektriciteitsnet worden aangesloten. Onmogelijk. Anders springt de buis. Een produktie-uitval die miljoenen en miljoenen gaat kosten.'
VOGEL: 'Tja, dan zit er niets anders op. Dan moeten ze naar binnen om de zaak in orde te maken.' *(En om zichzelf gerust te stellen):* 'Officieel weet ik immers van niks. U vraagt mij om mensen, ik lever ze, zet ze op de bus en u brengt ze naar Würgassen. Daarmee is de zaak voor mij af! Afgelopen — uit. Ik maak mij niet strafbaar. Ik kan u verzekeren dat die lui niet al te veel vragen stellen. Ze weten niet eens waar Würgassen ligt...' *(Hij is alleen geïnteresseerd in 'money', 'zwart', 'cash' en 'belastingvrij'.)* 'Wat mij interesseert is: hoe krijg ik mijn geld? Loopt dat bij Preussen-Elektra via de boeken?'
PACHL/SCHMIDT: 'Het gaat niet direct via de officiële kanalen. Anders zouden we ook niet onder geheimhouding...'
VOGEL: 'Het sluiten van zo'n deal heeft mij natuurlijk ook op een paar gedachten gebracht. Ik help u om zo te zeggen uit de penarie. Dan kunt u mij ook wel tegemoetkomen. Het hele bedrag "zwart"!'
PACHL/SCHMIDT: 'Er is een speciale pot. Die komt nergens in de boeken voor.'
VOGEL *(gretig):* 'Hoor eens, hoe wordt de rest betaald? Per cheque of contant?'
PACHL/SCHMIDT *(ijskoud):* 'Eerste helft cash, tweede helft verreke-

ningscheque.'

VOGEL: 'Een cheque van Preussen-Elektra?'

PACHL/SCHMIDT: 'Niet direct. De cheque komt van een neutrale bron.'

VOGEL: 'Niet dat de belasting er naderhand lucht van krijgt?

HERZOG/HANSEN: 'Had u dan al eens moeilijkheden met de belasting?'

VOGEL: 'Nee, weet u, als je je verplichtingen nakomt... Ik krijg ook altijd mijn vergunning, van het ziekenfonds en van de belastingen. En het arbeidsbureau wijst mij officieel zelfs mensen toe.' *(Lachend):* 'Die willen alleen maar poen zien. Als je min of meer punctueel betaalt, dan laten ze je ook met rust...'

HERZOG/HANSEN: 'Hoe regelt u dat als mensen van u een bedrijfsongeval hebben? Hoe pakt u dat aan? Wij willen niet, begrijpt u, dat ze naderhand naar de dokter gaan of zo.'

VOGEL: 'Dat wordt geregeld. Daarmee val ik mijn klanten niet lastig. Het zal in de ongevallenstatistieken ook niet opduiken. We hebben zo'n bedrijfsongeval bij Ruhrchemie gehad. De klant heeft er niets mee te maken gehad. Wat kan er in het ergste geval gebeuren? Alleen maar flauwvallen toch?'

HERZOG/HANSEN: 'Dat kan problemen geven. Als iemand daar binnen flauwvalt. Ze moeten namelijk ongeveer tien meter naar binnen.'

VOGEL *(onbekommerd):* 'Kan hij er niet met een touw of zoiets worden uitgetrokken?'

HERZOG/HANSEN: 'Zouden we moeten proberen, maar het is verdomd moeilijk. De buis heeft een sterke kromming. Het moeten niet van die zwaarlijvige types zijn.'

VOGEL *stelt hem gerust:* 'Zijn het niet. Het zijn toch arme drommels. Die overeten zich niet.'

HERZOG/HANSEN: 'Laten we hopen dat ze niet meteen onderuit gaan. Zuiver stralingstechnisch zijn onze ervaringsgegevens als volgt: als er ernstige radio-actieve besmetting optreedt, dan krijgen de mensen op zijn vroegst over vier weken last. Maar dan moeten ze allang weg zijn! De verschijnselen komen plotseling op: haaruitval, impotentie, overgeven, diarree, algehele slapte, enzovoorts. Wat betreft de schade op lange termijn: daar hebben we toch geen controle op en als zich jaren later kanker voordoet, dan is dit karwei al lang vergeten.'

VOGEL: 'Ik bedoel, daar word ik niet kopschuw van. Daar word ik

toch echt niet kopschuw van. Ik sta daar heel 'cool' tegenover. Dat is het risico van het vak en ik begrijp heel goed dat er in kerncentrales wel het een en ander gebeurt dat niet per se bekend moet worden. Duidelijk. Dat is mijn pakkie an en dat geldt voor iedereen.'
HERZOG/HANSEN: 'Onder ons gezegd: Würgassen is een schroothoop.'
VOGEL: 'Weet ik, alleen al door de ouderdom. Bent u eigenlijk de Hansen met wie ik jaren geleden al eens gesproken heb?'
HERZOG/HANSEN *(op samenzweerderige toon):* 'Denkt u niet dat ik degene ben die u voor u heeft?'
IK (ALI) *loop naar hun tafeltje.*
VOGEL: 'Ah, daar is hij. Dat is mijnheer Ali die de ploeg bij elkaar houdt, begeleidt en overal op past.' *Tegen mij:* 'Begrepen? Wat de heren hier zeggen, moet opgevolgd worden.' *En verder:* 'Alles goed met de jongens?'
IK (ALI) *antwoord:* 'Zij steeds vragen, alles willen weten. Collega's soms net kinderen. Steeds vragen, steeds maar vragen. Sommigen die denken, ze moeten met draak vechten... zo gevaarlijk zijn.'
VOGEL: 'Onzin. Kerncentrales zijn veilig, de veiligste ter wereld. Had ik vanmorgen ook al gezegd. Veiligheidsmaatregelen, alles is er.'
'Begrepen,' *zeg* IK (ALI). *Vogel stuurt mij terug naar de 'ploeg' die al die tijd op het stationsplein staat te wachten. Als ik buiten ben, zegt* VOGEL *tegen gevolmachtigde Schmidt:* 'Hij weet natuurlijk niet waar het om gaat. Hij is hun vertrouwensman. Als hij zegt: komt in orde, dan komt het ook in orde. Hij let op dat het geen zwijnestal wordt, dat ze ook echt werken. Het zijn net kinderen. Als ze een vraag stellen, willen ze ook een bevredigend antwoord!'
HERZOG/HANSEN *wil weten of 'Ali' wel 'betrouwbaar' is en geeft* VOGEL *de gelegenheid weer de weldoener uit te hangen en er op los te liegen:* 'De arme bliksem. Weet u, ik heb hem, zeg maar, anderhalf jaar geleden binnengehaald. Weet u wat hij gedaan heeft om zijn brood te verdienen?'
PACHL/SCHMIDT: 'Nee.'
VOGEL: 'Menselijk proefkonijn voor van die artsen. Die hebben hem injecties gegeven.'
PACHL/SCHMIDT: 'In Turkije?'
VOGEL: 'Nee hier! In Duitsland. Dat zoiets mogelijk is, dat begrijp ik gewoon niet. Het is al erg genoeg dat ze het met dieren doen.'
HERZOG/HANSEN: 'Heeft hij dat echt gedaan?'

VOGEL: 'Ja, dat heeft hij gedaan! Toen kwam hij bij ons, wankelend, kon nauwelijks meer op zijn benen staan... Het was opvallend. Ik ben toen de zaak eens nagegaan en heb hem gevraagd wat er eigenlijk aan de hand was. Toen zegt hij: ik heb weer spuitje gekregen van de dokter, krijg ik achthonderd mark voor! Ik zeg: dat moet nu uit zijn! Wat een zwijnerij! Jongen, afgelopen daarmee! Het is een goeie vent.'

HERZOG/HANSEN *wil weten:* 'Wat voor instructies heeft u die lui precies gegeven?'

VOGEL *brengt correct verslag uit:* 'Dat ze naar de kerncentrale gaan, dat ze dringende werkzaamheden moeten verrichten die zo belangrijk zijn dat de centrale weer op het elektriciteitsnet kan worden aangesloten. Dat het zonder problemen moet verlopen en niet op een of andere manier aan de pers... en ga zo maar door. Dat er geen ophef van gemaakt mag worden. Ik heb gezegd: er zijn voorzorgsmaatregelen genomen. Duitse kerncentrales zijn de veiligste die er bestaan. Dat weten we! Jullie krijgen alles wat nodig is voor jullie veiligheid.'

PACHL/SCHMIDT: 'Voorwaarde is dat ze binnen de komende veertien dagen verdwenen zijn...'

VOGEL: 'Binnen veertien dagen zijn die lui weg.'

PACHL/SCHMIDT: 'Verstrooid over de winden!'

VOGEL: 'Komt in orde! Om te beginnen heb ik geen groot kantoor. Bij mij weet niemand wat er aan de hand is. Ik ben de enige die dat weet en dat is maar goed ook. Als ik eerst nog tien man zou moeten inlichten, dan kon ik het wel vergeten! U kunt dus op mij rekenen. Wij werken overal aan mee!'*

Vogel verlaat samen met Schmidt en Hansen de stationsrestauratie om de 'ploeg' in de verwachte bus te laden.

*'Wij werken overal aan mee' luidde de slagzin van het Krupp-concern. Onder het motto: 'Het is ons doel de mensen op te voeden tot trouwe onderdanen van de staat en tot fatsoenlijke arbeiders voor de fabriek'. En deze onderdanen functioneerden zo goed dat ze zich in 1914 de oorlog in lieten jagen en zich aan flarden lieten scheuren door Britse granaten waarin de letters KPZ (Krupp-Patent- Zeitzünder = Krupp patent tijdontsteker) waren gestanst. Op die manier kon Krupp dubbel verdienen aan de oorlog. Aan de dood van Britse en van Duitse soldaten. Voor iedere gevallen Duitse soldaat incasseerde Krupp 60 mark aan licentievergoeding van het Britse wapenconcern Vickers. Toen Duitsland de oorlog verloren had, was Krupp 40 miljoen mark rijker, in goud omgerekend, om daarna nog vóór 1933 een kleine 5 miljoen mark in Hitler, de voorbereider van een nieuwe oorlog, te investeren. Was ergens winst uit te halen, dan stond Krupp vooraan.

Het probleem was dat we met onze schijnvertoning niet zo ver konden gaan dat we een bus charterden om daarmee in Würgassen te komen voorrijden. Vogel zou daar, zoals hij had aangekondigd, de volgende dag verschijnen om de helft van zijn 'loon' zwart, handje contantje te incasseren. Een tijd lang overwoog ik hem voelbaar en registreerbaar te schockeren door hem te confronteren met wat hij denkt aangericht te hebben. Ook Eichmann heeft de bergen lijken nooit te zien gekregen. Hij hoefde 'alleen maar' de transporten van degenen die nog in leven waren naar de vernietigingskampen te organiseren!
Ik was van plan Vogel 's avonds in een kamertje van hotel 'Zur Kurve' in Würgassen te confronteren met een paar van mijn Turkse vrienden die 'ernstig letsel' hadden opgelopen door straling. Na een behandeling door de grimeur: in vellen loslatende huid, haar dat bij bosjes uitvalt en totaal apathisch op bed of op de vloer liggende mannen.
Maar ook zo is het duidelijk genoeg. Er ontbreekt alleen nog een slot waardoor Vogel niet het gevoel krijgt dat er iets geënsceneerd is, waardoor hij naar het buitenland vlucht na alle sporen uitgewist en belastende documenten vernietigd te hebben.
Het beste is dat het spookbeeld zich voor zijn ogen in het niets oplost. Zoals de geest in de fles die zich, na losgebroken te zijn, weer klein maakt, in de fles terugkeert en hop: kurk erop!
Als Vogel, Schmidt, Hansen en ik (Ali) onze 'ploeg' willen gaan inladen om 'verstookt' te worden, verschijnen er ineens met getrokken legitimatie 'agenten in burger'. Paspoortcontrole. Twee Turken nemen meteen de benen, de anderen worden voorlopig 'afgevoerd'.
Alles verloopt sterk vertraagd, zoals tijdens een geïmproviseerde eerste toneelrepetitie. Op Vogel moet het wel als een nachtmerrie overkomen, dit haarscherpe beeld uit een vertraagde film.

Er ging iets fout, wat vérstrekkende gevolgen had kunnen hebben. Een van mijn vrienden, die eigenlijk agent in burger zou spelen (uit voorzorg met handboeien en speelgoedrevolvers uitgerust, een rector bij het vwo en een dominee), verwisselt Vogel met de in het geheim opererende fotograaf Günter Zint. Hij gaat op hem af en begroet hem. Pachl/Schmidt reageert onmiddellijk en maakt er het beste van. Hij stelt voor: 'Dit zijn mensen van onze bedrijfsveiligheidsdienst, speciaal hierheen gestuurd voor deze affaire. Ze houden voorzichtigheidshalve de omgeving in de gaten.' En Vogel roept prijzend: 'Fantastisch georganiseerd.'

Maar hoe kunnen we er nu nog een eind aan breien? Ik overleg met mijn Turkse vrienden of zij het zich zouden kunnen permitteren zich door echte politieagenten in de kraag te laten grijpen. Er zijn er die geen papieren bij zich hebben. Maar het zou realistischer overkomen als ze echt naar het bureau zouden worden afgevoerd.
Eén van ons belt de politie en geeft een nauwkeurige beschrijving van de plaats waar de mensenhandel met illegale Turken wordt gedreven. Nog geen vijf minuten later komen twee patrouillewagens met zes agenten aanrijden. Ze springen uit hun auto's en stevenen op het groepje Turken af. Dan krijgen ze de camera in de gaten die dertig meter verder staat opgesteld en de telelens op hen gericht heeft. Om de schijn op te houden toont een mannequin op het stationsplein een paar modellen. Maar de agenten betrekken het terecht op zichzelf en hebben het vermoeden, naar ik later onofficieel van de recherche in Duisburg te horen krijg, dat een weekblad hen in de val wil lokken om te bewijzen hoe lichtvaardig en met wat voor methodes buitenlanders, uitsluitend op aanwijzingen van verklikkers, gearresteerd worden. Snel gaan ze naar hun wagens terug en maken zich uit de voeten.
Nu zijn we nog even ver van huis en de tijd vliegt.
Vogel wordt onrustig omdat de 'bus uit Würgassen' nog steeds niet is aangekomen. Gesine, de vriendin van Sinan uit ons groepje, heeft een idee en brengt redding in de nood. Ze haalt uit een studentenkroeg in de buurt van het station twee klanten die we natuurlijk in de haast niet tot in de details kunnen inlichten. We vertellen alleen dat door de gesimuleerde arrestatie een zware jongen uit de clan van mensenhandelaren ontmaskerd kan worden. Ze doen mee. Later blijkt dat één van hen gemeenteraadslid voor de Groenen is.
Onze Turkse vrienden worden navenant behandeld: op anti-autoritaire en vriendelijke wijze worden ze gearresteerd. Het tegendeel van de gebruikelijke bruutheid. Ze nemen onze vrienden gewoon bij de arm en voeren ze af. Maar Vogel pikt het.
Als Ayth zich verzet, wordt zijn arm op z'n rug gedraaid. Ik (Ali) loop er achter aan en Vogel, die nog steeds niet kan geloven dat de hele handel voor zijn ogen in rook opgaat, houdt mij (Ali) tegen en roept mij buiten adem ter verantwoording: 'Wat gebeurt er eigenlijk?'
'Politie,' is het enige wat ik zeg, 'arresteren omdat geen papier hebben.' Het klinkt als een toverwoord. Het hoofd tussen de schouders getrokken, met opvallend snelle passen en schichtig om zich heen kijkend neemt Vogel de benen naar zijn Mercedes die voor een bus-

halte geparkeerd staat. Hij gaat nog net niet in de looppas over, waarschijnlijk om niet op te vallen, maar ook omdat dat beneden zijn waardigheid ligt.
Zijn handelspartners laat hij gewoon op straat staan. Pachl/Schmidt loopt hem nog achterna en eist een verklaring: 'Wat is er aan de hand? Waarom gaan ze allemaal op de loop? Hoe kan dat? U heeft toch gezegd dat alles in orde was?'
Vogel loopt haastig door en zegt buiten adem, zonder z'n pas in te houden: 'Natuurlijk, alles is in orde. Bel me dadelijk in de auto maar op.' En terwijl hij in de wegrijdende auto springt, roept Pachl/Schmidt hem nog na: 'We hebben u als partner nodig, mijnheer Vogel...'

Om de schijn op te houden belt Pachl/Schmidt tegen de avond Vogel nog een keer op. VOGEL *aan de telefoon (een beetje verlegen, probeert de zaak onbelangrijker te doen voorkomen dan zij werkelijk is):* 'Nou, mijnheer Schmidt, dat was me wat vanmiddag.'
PACHL/SCHMIDT *(verwijtend):* 'Wat betekende dat eigenlijk, mijnheer Vogel?'
VOGEL: 'Ik weet het ook niet. Er klopte iets niet met die jongens. Dat kon ik óók niet van buiten zien.'
PACHL/SCHMIDT: 'Hoe stelt u zich eigenlijk voor deze zaak op te lossen?'
VOGEL: 'Ja weet u, ik heb dat intussen geregeld. Ik lever u nieuwe mensen!' *(In Godsnaam, we hebben er genoeg van!)*
PACHL/SCHMIDT: 'Nee, zo gaat het niet meer, mijnheer Vogel. U hoeft niets meer te regelen. We hebben het intussen zelf geregeld. We hadden toch gezegd dat de klus morgen om 18 uur in orde moest zijn. We dachten dat u een professioneel iemand was, mijnheer Vogel.'
VOGEL *(verdedigend):* 'Twee van de zes man waren...'
PACHL/SCHMIDT *(valt hem in de rede):* 'Twee man... twee man... weet u wel hoeveel procent dat is? Twee van de zes?'
VOGEL: 'Ja.'
PACHL/SCHMIDT: 'Reken dat zelf maar uit, mijnheer Vogel! Dat is één derde, mijnheer Vogel, één derde, dat is 33,3%. Begrijpt u wel?'
VOGEL: 'Wat zullen we doen?'
PACHL/SCHMIDT: 'Tja, wat zullen we doen, mijnheer Vogel. Wij hadden die twee mannen van de bedrijfsveiligheidsdienst. Wat ons betreft ging alles van een leien dakje. Wij hebben de bus geleverd...

en u rijdt zo maar weg. U bent niet eens in staat om opheldering te geven. Hoe het nu verder moet?... We moeten nu alles opnieuw organiseren, maar zonder u! Tot ziens!' *(Hij smijt de hoorn op de haak.)*

Een half uur later meld ik (Ali) mij bij Vogel.
VOGEL *gaat meteen tot de aanval over:* 'Waar ben jij nou mee aan komen zetten? Dat was je reinste onderwereld!'
IK (ALI): 'Maar ik u gezegd hebben, die twee uit kelder hebben geen papier. Zij door politie meegenomen.'
VOGEL *(geamuseerd lachend):* 'Ja, dat heb ik gezien.'
IK (ALI): 'Anderen willen geld. Zij geen schuld, ander werk in steek gelaten en niks nu.'
VOGEL *(vol verachting):* 'Dat wordt nog brutaal ook! Zeg maar dat de zaak van de baan is. Er valt niks te halen!'
IK (ALI): 'Maar u toch zeggen, u helpen willen!'
VOGEL: 'Ja, maar dan moet er wel eerst gewerkt zijn.'
IK (ALI): 'Politie in Dieselstrasse, alles weten willen. Ik niet thuis. Ik nu moet komen en getuigen...'
VOGEL *(valt mij in de rede):* 'Maar je noemt natuurlijk niet mijn naam! Ik wil, ik mag er niets mee te maken hebben. Duidelijk?'
IK (ALI) *(onschuldig):* 'Wat zal ik zeggen?'
VOGEL: 'Bijvoorbeeld dat een zekere mijnheer Müller of zo werk beloofd had en dat u toen de jongens heeft aangesproken. En toen...'
IK (ALI): 'Als ze weten willen hoe hij uitzien?'
Stilte.
VOGEL: 'Dan zeg je het beste niets. Je weet het niet!'
IK (ALI): 'Niks weten?'
VOGEL: 'En je begrijpt er niets van. Zeg maar dat je geen Duits verstaat.'
IK (ALI): 'Goed. Iemand iets doen kunnen voor collega's?'
VOGEL: 'Voor de jongens niet, maar wel voor jou. Doen we later. Mijn opdrachtgever stond me even raar te kijken! Die waren kwaad! Kloten! Als ze dus iets vragen, dan zeg je gewoon dat een zekere mijnheer Müller of zo uit Duisburg... waar die woont, weet je niet, waar zijn kantoor is, weet je ook niet. En toen heb jij dat geregeld en zij moesten een klusje doen.'
IK (ALI): 'Zal ik zeggen met de atoom?'
VOGEL: 'Nee, nee, nee, in godsnaam!' *(lachend):* 'Wie hebben ze

eigenlijk te pakken gekregen?'
IK (ALI): 'Twee uit kelder. Die nu terugmoeten naar Turkije.'
VOGEL *(voldaan, vrolijk en tevens gerustgesteld):* 'Arme zielen! Worden naar Turkije teruggestuurd! Wat kloten! Maar ik had geen idee dat er zoveel agenten rondliepen bij het station!'
IK (ALI): 'U zelf gezegd hebben: afspreken bij station.'
VOGEL *(verwijtend):* 'Als je me dat van tevoren gezegd had, dan hadden we ergens anders af kunnen spreken.'

De volgende dag, vrijdag 9 augustus
Vogel laat zich door zijn nieuwe chauffeur Abdullah ('Ali's broer') om 10 *uur afhalen. Hij rijdt in de omgeving de banken af, noteert goedgehumeurd wat op zijn rekeningen is binnengekomen, haalt bij de firma Remmert zijn aandeel in de buit af en babbelt tijdens de rit met Abdullah, zijn nieuwe chauffeur, over de zorgen van het ogenblik.*
VOGEL: 'Schande, wat een lange levertijden! Een jaar tevoren moet je bestellen om het nieuwe model op tijd geleverd te krijgen! Ik ga van de 280 SE op een 300 SE uit de nieuwe serie over. Dat wordt in het najaar. Dan is deze al anderhalf jaar oud.' *(De auto waarin hij nu rijdt, heeft met alles erop en eraan, met alle snufjes, bijna* 100.000 *mark gekost. De nieuwe auto gaat nog veel meer kosten.)*
ABDULLAH *(drukt Vogel met z'n neus op het onderwerp):* 'Die twee zitten nu in de gevangenis.'
VOGEL: 'Ze worden waarschijnlijk uitgewezen. Spijt me echt voor die jongens. Maar aan de andere kant, moet ik zeggen, is het waarschijnlijk beter voor ze. Wat hebben ze nou hier in Duitsland? Ze kunnen zich niet eens vrij bewegen. Of wel soms?'
ABDULLAH: 'Is eigenlijk waar. In Turkije is het in ieder geval mooi weer...'
VOGEL: 'Precies. Wat hebben ze hier dan te zoeken? Hier wonen ze in kelders, zijn altijd bang voor de politie, hebben geen werk, geen eten, niks. Niks hebben ze.'
ABDULLAH: 'Ook geen werk.'
VOGEL: 'Waarom blijven ze dan nog hier.'
ABDULLAH: 'Ali is nu vast een beetje treurig.'
VOGEL: 'Nou ja. Het is nu eenmaal fout gegaan. We hadden niet bij het station moeten afspreken. We hadden ergens anders moeten afspreken. Godverdomme! Bij het station lopen steeds agenten rond.'
ABDULLAH: 'Dat is het punt.'

VOGEL: 'Ja, ja.'
ABDULLAH: 'Denkt u dat ze u nog een keer zo'n opdracht geven?'
VOGEL: 'Die lui altijd. Ik heb met Würgassen al jaren te maken, gaat ieder jaar gewoon door...'
ABDULLAH: 'Ze betalen vast ook geweldig goed?'
VOGEL: 'Jazeker. We krijgen altijd opdrachten van hen. Dat is het probleem niet. Maar op het ogenblik is hij pisnijdig. Het erge is alleen... het is een heel serieuze zaak. Maar soms hebben ze een klus die niet erg betrouwbaar is. Ze waren ook bang dat het bijvoorbeeld in de krant zou uitlekken en zo dat de kerncentrale een defect had...'
ABDULLAH: 'Ze waren nog veel banger dan de jongens.'
VOGEL: 'Ja, ze waren nog veel banger.'
Beiden lachen.
VOGEL: 'Ze namen meteen de benen, haha. Die zaten verschrikkelijk in de rats. Normaal kom je alleen een kerncentrale binnen als je een geldige stralingspas hebt. Dat is voorschrift van de overheid. Zegt de directie van de kerncentrale: daar heb ik lak aan. De mensen komen zó binnen, zonder stralingspas. Dat is al een vergrijp! Daar moet je mee oppassen. Ze overtreden de wet en daarom waren ze ook zo bang voor de politie.' *(Lacht)*
ABDULLAH: 'Maar daar betalen ze natuurlijk goed voor, nietwaar?'
VOGEL: 'Daarvoor betalen ze goed geld: dat ze de wet overtreden. We houden ons niet helemaal aan de wet, begrijp je? Daar wordt dan voor betaald. Dat is een kwalijke zaak. Als de overheid wist wat die uitgespookt hebben en wat ze nu ook nog uitspoken, dan zijn ze er gloeiend bij!... Verdomme nog an toe. Iedere dag zit vol verrassingen. Geloof je dat?' *(Lacht)*
ABDULLAH: 'Toen ze mijn collega's wegsleepten, werd ik me toch bang!'
VOGEL: 'Eén van die agenten had toch twee tegelijk bij de kraag, nietwaar? Stel je voor. Die hadden mij ook wel mee kunnen nemen. Dan hadden ze natuurlijk van die stomme vragen gesteld en dat kan ik me in mijn positie niet veroorloven. Met de politie en zo wil ik niets te maken hebben.'
ABDULLAH: 'Bij ons in Turkije bijvoorbeeld bestaan zulke wetten niet.'
VOGEL: 'Weet ik. Daar is dat allemaal veel vrijer. Maar hier is het zo... we hebben hier voor alles... voor ieder akkevietje maken ze

hier een wet. Vóór je het in de gaten hebt, heb je alweer een wet overtreden. God nog an toe. Hier in Duitsland: vergeet het maar. En ze letten er scherp op, er staat een zware straf op. Als het was uitgekomen, dan was de president-directeur van de kerncentrale minstens voor een jaar de gevangenis ingegaan. Verschrikkelijk. Daarom moet je zorgen dat je niet de bak indraait, dat je je handen niet vuil maakt... Mij kan niets gebeuren. Onze mensen was niets overkomen. Als er sprake was geweest van een vergrijp, dan was het de schuld van de kerncentrale geweest. Dan hadden zij de wet overtreden. Ze zeiden tegen mij: we hebben 6 man voor dringende herstelwerkzaamheden nodig. Heb ik gezegd: oké, krijgen jullie. Wat jullie met die lui doen, dat gaat me niet aan. Als zij ze zo maar binnenlaten, zonder pas of zo, dan is dat hun zaak. Of niet soms?'
ABDULLAH: 'Ik begrijp er niets van.'
VOGEL: 'Laat maar zitten. We hebben weer iets geleerd. Volgende keer spreken we in ieder geval niet meer bij het station af. Dat is wel duidelijk. Verdomme!'

Dit geval werd geënsceneerd. Misschien spelen zich in werkelijkheid veel ernstiger dingen op grotere schaal af, gaan opdrachten nog veel verder. (Sommige uitlatingen van Vogel duiden in die richting.) Als onze opvoering ertoe bijdraagt dat de maatschappij en de media scherper op dit soort geheime praktijken gaan letten, dan heeft het de moeite geloond. Het ging niet speciaal om Vogel. In zijn criminele energie en fantasie is Vogel eigenlijk maar een matig gemiddelde. Het zou verkeerd zijn om in hem de duivel in persoon te zien. Hij is één van de duizenden uitvoerders en profiteurs van een systeem van grenzenloze uitbuiting en verachting van de mens.

Epiloog

Voor de talrijke politiek geëngageerde Turken zijn er behalve de troosteloze levensomstandigheden in de Bondsrepubliek nog de uitzichtloosheid en de vertwijfeling bijgekomen, sinds de militairen in Turkije in 1980 de macht gegrepen hebben. Nu de werkgelegenheid en het sociale klimaat — bepaald door een door de staat gedulde hetze tegen buitenlanders — zo zijn verslechterd, zouden velen liever naar Turkije teruggaan.

Maar die weg is voor hen geblokkeerd. Noodtoestand en politieke willekeur bepalen de werkelijkheid achter de schijnwereld van de toeristenindustrie aan de kust. Om aan arrestatie en marteling te ontkomen, moeten alle Turken die vroeger politiek actief waren in hun land wel politiek asiel aanvragen. Geen enkel ander Europees land levert op dit moment politieke vluchtelingen aan Turkije uit. Degenen die vroeger lid waren van de linkse scholierenvereniging in Ankara, zoals Cemal Kemal Altun, worden nu ook al door de militairen vervolgd. Na navraag van de Berlijnse Officier van Justitie bij Interpol in Ankara, dienden de daarop opmerkzaam gemaakte Turken een uitleveringsverzoek in. Plotseling werd Kemal Altun zonder concrete bewijzen beschuldigd van medeplichtigheid aan moord. Zonder hem ooit persoonlijk te hebben gehoord, besliste in 1982 de beruchte Vierde Senaat van het Gerechtshof te Berlijn: 'De uitlevering van vluchtelingen die wegens strafvervolging in de Republiek Turkije worden gezocht, is toelaatbaar.'

Protesten uit de hele wereld mochten niet baten. Evenmin het feit, dat zelfs de officiële Westduitse instantie voor erkenning van buitenlandse vluchtelingen in Zirndorf, die bijna 85 procent van alle asielaanvragen afwijst, Kemal Altun reeds als politiek vluchteling had erkend. Hij kreeg eenzame opsluiting. Verschillende keren kon zijn uitlevering op het laatste moment nog worden verhinderd. Eenmaal was hij al overgebracht naar het vliegveld.

Na 13 maanden hield de pas 23 jaar oude Kemal het niet meer uit. Op de tweede dag van het proces inzake zijn asiel sprong hij uit het raam van de zesde verdieping van het gerechtsgebouw in Berlijn.

'Tot zelfmoord gedreven,' luidden de volgende dag, 31 augustus 1983, de koppen in de buitenlandse kranten. Minister van Binnenlandse Zaken Friedrich Zimmermann reageerde onbewogen: 'Iedere dag worden er in de Bondsrepubliek zelfmoorden gepleegd. Wie zelfmoord pleegt, is niet bij zijn volle verstand. Hier heeft een 23-jarige zelfmoord gepleegd, voordat er überhaupt een beslissing gevallen was in een proces met gunstige vooruitzichten.'

Kemal Altun is lang niet de enige die geen uitweg meer ziet. De helft van alle Turken, zo stelde onlangs een psycholoog bij het enige hulpverlenings- en behandelingscentrum voor Turken in de Bondsrepubliek vast, hebben grote psychische moeilijkheden. 'Iedere derde heeft dringend therapeutische hulp nodig.' Het zelfmoordpercentage is bij buitenlanders de laatste jaren onevenredig hoog gestegen.

Als in het Oostblok iemand op spectaculaire wijze en uit politieke motieven zichzelf van het leven berooft, is dat in de Bondsrepubliek op zijn minst een onderwerp voor de 'Tagesschau' en wordt dat als bewijs beschouwd voor de onvrijheid daar.

In de Bondsrepubliek worden wanhopigen in de regel niet eens opgemerkt of ze zijn sowieso zelf schuld. Het is daarom ook relatief onbekend dat de 25-jarige Turkse Semra Ertam uit protest tegen de discriminatie en haat die haar het leven in de Bondsrepubliek ondraaglijk maakten, zich al in mei 1982 in Hamburg levend verbrandde.

En over de zelfmoord van de 29-jarige Turk Selcuk Sevinc op 9 maart 1985 in Braunschweig schreef men tenslotte in de regionale pers: 'Vuurdood uit liefdesverdriet.'

Zijn vrienden kunnen dat niet geloven. Selcuk gold als politiek geëngageerde Koerd, die zich had ingezet voor de mensenrechten in Turkije voordat hij voor het militaire regiem naar de Bondsrepubliek vluchtte. Hij had inderdaad persoonlijke problemen en leefde gescheiden van zijn vrouw. Maar een veel grotere belasting waren voor hem zijn rechteloosheid en kansloosheid in de Bondsrepubliek. Al in 1978 vroeg hij politiek asiel aan.

Daarbij gaf hij als reden op dat hij zeer gebrandmerkt was door de deelname aan een demonstratie, omdat daarbij een van zijn beste vrienden door de militairen was doodgeschoten. Voor Duitse rechters is dit misschien een begrijpelijke, vage angst, maar nog lang geen reden voor asiel. Dat Selcuk in Turkije zonder arrestatiebevel werd opgesloten, totdat de gemeentelijke verkiezingen voorbij waren, is evenmin voldoende. Dat hij — zoals de later bekend geworden samenwerking van Duitse en Turkse geheime diensten aan het licht brengt — terecht bang is dat de Turkse autoriteiten nog meer te weten komen over zijn politieke instelling, als hij nu teveel zegt,

begrijpen de rechters al helemaal niet. Nee, hij moet eerst bedreigd worden, voordat hij mag blijven. En wel nu onmiddellijk. En hij moet het kunnen bewijzen. Hij had nog op het laatste nippertje kunnen vluchten, wat kan hij daar verder nog over zeggen?
Het verzoek om asiel wordt afgewezen.
In 1983, na vijf jaar, wordt zijn asielaanvraag in tweede instantie afgewezen. De rechtbank verwijt hem: 'De aanvrager moet zich niet zo passief gedragen tijdens de zitting.'
Moet hij uit het raam springen zoals Kemal Altun? Selcuk beheerst zich. Nog twee jaar. Dan is de maat vol. Hij giet benzine over zich heen en bij het ochtendschemer steekt hij zichzelf, buiten, in de buurt van het station in brand.
Op grond van de bergen dossiers heet het plotseling dat hij eigenlijk helemaal niet zulke slechte kansen had gehad om in de Bondsrepubliek te blijven. Waarom heeft hij dan zelfmoord gepleegd? Inderdaad uit liefdesverdriet zoals in de kranten stond? Vrienden vernemen dat er een testament moet zijn, maar vinden het niet. De politie antwoordt, als er vragen worden gesteld: Is er niet. Nooit gezien. Amnesty International bemoeit zich ermee. Tevergeefs. Totdat een ambtenaar de vrienden een copie toespeelt, in het geheim en zonder toestemming van zijn meerderen.
De tekst van de gewaarmerkte vertaling luidt:

Testament.
Voor mijn dood is de Duitse bourgeoisie en haar minderheden- en asielbeleid verantwoordelijk. Andere verantwoordelijkheden moeten niet worden gezocht.
Mijn zich op het adres in de Friedrichstrasse bevindende boeken en tijdschriften moeten ter hand gesteld worden aan Kemal A., Dervis O. en Celal Y. Als ze ze niet willen hebben, moeten ze worden weggegooid. Ze mogen niet aan andere personen worden overhandigd. Mijn overgebleven persoonlijke brieven, aantekeningen en soortgelijke papieren moeten worden vernietigd, zonder dat ook maar iemand ze in handen krijgt.
Welnu, wij zijn gekomen en gaan.
Groeten aan de overgeblevenen.
Ondertekend: Selcuk.

En al die anderen?

De gevolgen

Deze documentatie kwam tot stand met medewerking van Frank Berger, Anna Bödeker, Barbara Munsch en Frank Reglin

Inhoud

Politieke gevolgen

De dag nadat *Ik (Ali)* verschijnt, zendt de televisierubriek 'Report Baden-Baden' fragmenten uit van Günter Wallraffs videomateriaal. Met verborgen camera had hij op de werkplek stiekem arbeidsomstandigheden vastgelegd. Wat in het boek uitvoerig wordt beschreven, maken de video-opnamen aanschouwelijk: het allersmerigste schoonmaakwerk met uiterst primitief, voor een deel zelf in elkaar geknutseld gereedschap (kartonnen bekers uit de afvalcontainer), ontoereikende veiligheidsvoorzieningen (helmen werden slechts hier en daar gedragen, veiligheidsschoenen helemaal niet) en ontbrekende stofmaskers (een medewerker van Thyssen verklaarde: daar moet het uitzendbureau voor zorgen).

De reactie van de Duitse Staat op de publikatie van *Ik (Ali)* komt snel en verrast de betrokkenen. Anders dan bij zijn eerdere onthullingen zijn nu niet Wallraff en zijn werkwijze het mikpunt van politie en justitie, maar degenen die in het boek aan de kaak worden gesteld. In de vroege ochtenduren van de dag waarop het boek uitkomt verrichten het Openbaar Ministerie en de fiscale opsporingsdienst hun eerste huiszoekingen bij Thyssen en de firma Remmert in Oberhausen.

Voor de medewerkers van het 'steunpunt voor de bestrijding van illegale arbeidsvoorziening'* is de actie van de recherche aanleiding tot een reeks verdere maatregelen. In de volgende dagen en weken worden de kantoren van de hoogovens van August Thyssen nog meer dan een dozijn keer doorzocht; het gaat daarbij vooral om de door Thyssen ontkende overtredingen van de wet op de uitzendbureaus. Er worden dan ook vooral rekeningen, urenbriefjes en aannemingscontracten in beslag genomen — daaruit valt het gemakkelijkst af te leiden in welke mate met illegaal opererende koppel-

* Deze bij lokale en regionale arbeidsbureaus ondergebrachte posten coördineren het onderzoek van alle instanties die betrokken zijn bij de bestrijding van de illegale arbeidsvoorziening.

bazen is samengewerkt en welke omzetten daarbij zijn gemaakt. De nieuwe huiszoekingen ontketenen een ware lawine van opsporingsactiviteiten, want van de firma's waar Thyssen werk aan uitbesteedt worden er zo'n vijftig verdacht van illegale praktijken. Om de enorme hoeveelheid onderzoeken af te kunnen werken stelt het regionale arbeidsbureau van Noordrijn-Westfalen een paar dagen na de publikatie van Wallraffs boek een speciale commissie in. De geconstateerde wetsovertredingen beperken zich niet tot het staalconcern en de daarmee samenwerkende firma's, maar strekken zich uit tot onderaannemers die op hun beurt de eerdergenoemde firma's van illegale werknemers voorzien.
Het is er de autoriteiten en politieke partijen, althans in Noordrijn-Westfalen, vóór alles om te doen, een herhaling van de door Wallraff beschreven toestanden in de toekomst te voorkomen. Zo laat de SPD-er Hermann Heinemann, minister van Arbeid in deze deelstaat, na de publikatie van het boek 27 firma's controleren die hun werknemers volgens de door Wallraff beschreven methoden aan grote concerns 'uitleenden'. Geen van de gecontroleerde firma's bleek smetteloos; op een aansluitende persconferentie moet de minister de resultaten van Wallraffs speurwerk 'grotendeels bevestigen'.
Met een speciale 'opsporingsbrigade', die in dag- en nachtdiensten opereert en daarbij ambtelijke ondersteuning krijgt van de arbeidsinspectie, wil Noordrijn-Westfalen nu als eerste Westduitse deelstaat uit Wallraffs onthullingen de praktische consequenties trekken. Het is zeker geen toeval dat de nieuwe opsporingsbrigade gestationeerd zal worden in Duisburg respectievelijk Oberhausen: vlakbij het concern van Thyssen en Mannesmann dus, waar Günter Wallraff zijn ervaringen als los werkman 'Ali' heeft opgedaan.
Weerklank vindt zijn boek ook onder de werknemers van de staalindustrie, in ondernemingsraden, de metaalvakbond en de vakbond voor de bouw en aanverwante sectoren. Dat blijkt uit de talrijke brieven die hij sedert de publikatie elke dag krijgt. In veel gevallen krijgt hij ook nieuwe tips over soortgelijke en nog veel ergere toestanden.
Uit de persverklaring van het Federale Bureau voor de Arbeid blijkt, dat het aantal strafzaken tegen 'mensenhandelaars' in het jaar dat *Ik (Ali)* uitkomt aanzienlijk is toegenomen.
Negen dagen na de publikatie van het boek komt het in een rechtstreekse uitzending van de Westduitse televisie tot een twistgesprek

Ali in de bouw. Keulen, appartementencomplex Hohenstaufenring

tussen dr. Heinz Kriwet, president-directeur van Thyssens staalwerken, en Günter Wallraff. Ook de oud-minister van Arbeid van Noordrijn-Westfalen prof. Friedhelm Farthmann mengt zich meerdere keren in deze discussie. Hij benadrukt dat hij het bestaan van toestanden zoals Wallraff ze schildert, altijd al vermoed heeft. Toen hij minister was, waren er in de branche van de uitzendbureaus weliswaar tal van controles geweest, maar tot een doorslaand succes was het nooit gekomen. Volgens Farthmann had men de indruk dat de gezochte personen telkens als de ambtenaren van de arbeidsinspectie de bedrijfspoort betraden, een seintje hadden gekregen. Wallraff bevestigt dat op grond van eigen ervaringen en komt dan te spreken over de veiligheidskleding van de uitzendkrachten bij Thyssen. Hij beschuldigt het concern van geknoei met zijn ongevallenstatistiek ten koste van de uitzendkrachten. Kriwet probeert zich eruit te praten: 'Wij werken niet met *uitzendkrachten*, wij werken met *personeel van andere firma's*.' Tenslotte verlangt hij van Wallraff dat deze al het voor *Ik (Ali)* gebruikte materiaal aan Thyssen ter inzage geeft, zodat men de beschuldigingen kan toetsen. Wallraff doet een tegenvoorstel: hij is bereid zijn materiaal over te dragen aan een *onafhankelijke* commissie van onderzoek, als Thyssen ervoor zorgt dat aan de wantoestanden een eind wordt gemaakt. Kriwet stemt toe.

Al gauw echter blijkt Kriwets inschikkelijkheid een handige zet van het concern. Aan Wallraffs suggestie van een *onafhankelijke* commissie van onderzoek wordt een absurde draai gegeven: zo draagt de directie van het staalbedrijf in een brief van 8 november 1985 maar liefst vier hoge employés voor als lid van de beoogde commissie — kandidaten van wie de 'onafhankelijkheid' al bij voorbaat twijfelachtig moet heten, aangezien zij zelf medeverantwoordelijk zijn voor de door Wallraff geschilderde toestanden.

Daarop noemt Günter Wallraff in brieven van 3 en 17 december prof.dr. Däubler uit Bremen, kenner van het arbeidsrecht, prof.dr. Hirsch, oud-lid van het Federale Hof voor Grondwetszaken, Werner Krause, secretaris van de metaalvakbond, Günter Spahn, lid van de ondernemingsraad van Thyssen, en een oud-collega uit de Ali-tijd. Deze kandidaten wijst Thyssen af als 'partijdig'. Niet alleen bij Wallraff versterkt dit de indruk dat het concern het onderzoek naar de arbeidsomstandigheden van de losse werkkrachten zo veel mogelijk aan eigen mensen wil toevertrouwen — dus net alsof, in de zaak-Flick, Flick zelf de getuigen, deskundigen en rechters zou aanwijzen.

In een ander televisieprogramma van de WDR en in een brief van 17 januari 1986 pleit Wallraff ervoor dat het ministerie van Arbeid, Volksgezondheid en Sociale Zaken van Noordrijn-Westfalen de commissieleden aanwijst. Het publiek, aldus Wallraff, heeft er immers recht op 'door onafhankelijke deskundigen te worden voorgelicht over de manier waarop men in de hoogovens met losse werkkrachten omspringt'. Thyssen gaat hier ogenschijnlijk op in, maar stelt meteen weer beperkende voorwaarden en weet door een op uiterst korte termijn aflopend ultimatium te bewerkstelligen dat er van de hele commissie niets terecht komt.

Het onderzoek van het Openbaar Ministerie en de arbeidsinspectie is op dit moment, drie jaar na de publikatie van het boek, nog niet voltooid. Het initiatief van Noordrijn-Westfalen moet nu in andere deelstaten navolging krijgen. Dr. H. Klinkhamer van het ministerie van Arbeid te Düsseldorf zegt daarover in een interview:

'Men moet constateren dat het initiatief eerst alleen een zaak van Noordrijn-Westfalen is geweest. Op dit moment stellen we echter vast, dat er bijvoorbeeld in Hessen vergelijkbare opsporingsbrigades worden gevormd, die de misstanden op het spoor zijn. Hermann Heinemann, minister van Arbeid in onze eigen deelstaat, heeft de zaak ook op de agenda gezet van de conferentie van ministers van Arbeid en Sociale Zaken, zodat we hopen dat het effect in de hele Bondsrepubliek doorwerkt.'

Jongste resultaten van de opsporingsbrigade in Duisburg

Persverklaring van het ministerie van Arbeid, Volksgezondheid en Sociale Zaken:

'Buitengewoon succesvol', zo noemde de minister van Arbeid Hermann Heinemann op maandag 15 augustus 1988 het werk van de opsporingsbrigade van de arbeidsinspectie te Duisburg, die sedert twee en een half jaar in de hele deelstaat op illegaal opererende koppelbazen jaagt. Volgens Heinemann heeft de brigade intussen op de terreinen van zo'n 600 grote bedrijven en bouwplaatsen controles uitgevoerd. Daarbij zouden ruim 30.000 werknemers van ongeveer 5000 externe firma's zijn gecontroleerd.
De aantallen bij deze controles ontdekte overtredingen noemt Heinemann 'schrikbarend'. Bij ruim tweederde van de op de terreinen der grote ondernemingen actieve externe firma's zijn overtredingen van wettelijke voorschriften geconstateerd. Daarbij ging het vooral om overtreding van bepalingen ter bescherming van de werknemer, ongeoorloofde overschrijding van de werktijden en ongeoorloofde vormen van uitzendarbeid.
Heinemann verklaarde dat men uit de bevindingen van de opsporingsbrigade alleen maar kon concluderen dat grote sectoren van de arbeidsmarkt in toenemende mate 'trekken vertonen van het Manchester-kapitalisme'. De nood van de werklozen wordt vaak zonder scrupules geëxploiteerd. De federale regering, die de handel in arbeid tot een respectabel bedrijf heeft gemaakt, is voor deze ontwikkeling mede verantwoordelijk.
'Bijna ongelooflijk' noemde Heinemann het dat sommige arbeiders door koppelbazen zelfs in natura waren uitbetaald. De brigade heeft werknemers aangetroffen die voor een deel betaald waren met T-shirts en met schroot. Anderen had men als beloning aardappelen en een half varken aangeboden.

De regeringscommissaris voor de buitenlanders, Liselotte Funcke (FDP), verdiept zich in de materie en zoekt Wallraff op om stukken in te zien en informatie uit te wisselen. Daarna geeft zij de volgende

verklaring uit:
'Het boek van Günter Wallraff *Ik (Ali)* is onthutsend. Het toont met een beklemmende reeks voorbeelden twijfelachtige vormen van exploitatie van buitenlanders in de Bondsrepubliek Duitsland, die helaas niet bepaald zeldzaam zijn... Wallraffs reportage is echter niet alleen een aanklacht tegen misstanden op het gebied van de arbeid. Zij richt zich tegelijk ook tot de samenleving als geheel en houdt haar de vraag voor, hoe zij met mensen van andere nationaliteit omgaat – met mensen die al jaren, soms tientallen jaren lang onder ons leven, bij ons werken, wonen, studeren. Zouden deze mensen niet vaak het gevoel hebben dat ze worden afgewezen, weggedrukt, veronachtzaamd? Juist dat negeren kan pijn en verbittering veroorzaken en teleurstelling vooral bij diegenen die zelf van huis uit gewend zijn vreemdelingen bijzonder gastvrij en voorkomend te behandelen...
Velen die zich bezig houden met de problemen van de buitenlanders wisten dat zij in nogal wat bedrijven onder slechte condities moesten werken: laag loon, niet goed verzekerd, te lange werktijden, ongezonde werkplek, geen beveiliging tegen ongevallen. Maar het was moeilijk de misstanden aan het licht te brengen en hard te maken, omdat de betrokkenen – niet zelden illegaal tewerkgesteld – niet beschikbaar waren om een aanklacht in te dienen of te getuigen. Pas Günter Wallraff heeft met zijn authentieke video-opnamen de wantoestanden blootgelegd en aantoonbaar gemaakt, zodat de direct verantwoordelijken konden worden aangepakt. Dat zou wel eens een belangrijke preventieve werking kunnen hebben.'
Kort na de publikatie van *Ik (Ali)* stelt Keller, CDU/CSU-afgevaardigde in de Bondsdag, de regering de volgende vraag: 'Hoe hoog schat de regering het werkelijkheidsgehalte van de door Günter Wallraff onthulde schandalige voorbeelden van de behandeling van voornamelijk buitenlandse werknemers, zoals zijn boek *Ik (Ali)* die beschrijft?'
Ofschoon de regering de problematiek van de illegaal opererende koppelbazen kent en er voor 1986 een verscherping van de wet op de agenda staat, antwoordt zij tegen beter weten in met de volgende verklaring:
4-11-1985 – Staatssecretaris Vogt bevestigt weliswaar in principe het bestaan van 'misstanden van de soort zoals Günter Wallraff die schetst in zijn boek *Ik (Ali)*', maar neemt meteen een slag om de

arm: 'de geschilderde ervaringen kunnen echter niet *veralgemeend* worden'. Hij beroept zich op een enquête van MARPLAN, een instituut voor opinie-onderzoek, gehouden onder buitenlandse werknemers in het voorjaar van 1985. Slechts 15,1% van hen zou *'ontevreden'* zijn over hun werkplek. De staatssecretaris vertelt er niet bij dat de enquêteurs geen arbeiders van koppelbazen ondervroegen en dat het karakter van een enquête met zich meebrengt dat een arbeider tegenover een enquêteur, meestal een student, zelden zijn werkelijke mening of problemen onthult.

Vooral van de kant van de SPD klonk de eis dat in heel West-Duitsland politieke consequenties getrokken zouden worden. In een hoorzitting van de SPD-fractie in de Bondsdag op 12 december 1985 beantwoordde Günter Wallraff in aanwezigheid van fractievoorzitter Hans Jochen Vogel vragen over het onderwerp. De woordvoerder van de Werkgemeenschap voor kwesties betreffende werknemers (AfA) in de SPD, Rudolf Dressler, diende op 17 oktober 1986 in de Bondsdag de volgende motie in, die de problemen inventariseerde en concrete voorstellen tot wetswijziging respectievelijk nieuwe wetgeving bevatte.

De Duitse Bondsdag stelt vast:
Sedert het Federale Hof voor Grondwetzaken in zijn uitspraak van 4 april 1967 het verbod op de exploitatie van uitzendbureaus heeft opgeheven, leidt het werk van uitzendkrachten tot tal van problemen op de arbeidsmarkt. Noch het wettelijk instrumentarium van de wet op de uitzendbureaus van 12 augustus 1972, noch de verscherping door de wet op de bestrijding van illegale arbeidsvoorziening van 15 december 1981 bleken voldoende effectief tegen de misstanden op dit gebied. (...) Schattingen over de omvang [van het zwartwerken] lopen uiteen van 100.000 tot 600.000 permanente 'illegalen'. De omzetten die hiermee gemaakt worden lopen in de miljarden. (...) De afdelingen van het Federale Bureau voor de Arbeid hebben in 1985 meer dan 191.000 gevallen van overtredingen behandeld en in bijna 106.000 gevallen strafzaken aangespannen of geldboetes opgelegd. Alleen al op het terrein van de illegale arbeidsvoorziening werden in zo'n 1300 procedures geldboetes opgelegd van in totaal 10,4 miljoen mark. Desondanks heeft de meerderheid van de Bondsdag nog begin 1986 een verscherping van de sancties op de illegale arbeidsvoorziening afgewezen. Steeds vaker worden de voorschriften van de wet op de uitzendbureaus ontdoken met behulp van schijn-aannemingscontracten of andere manieren om externe firma's in te schakelen. (...) Dergelijke illegale praktijken leiden vaak tot grove uitbuiting van werknemers door gewetenloze moneymakers; en heel dikwijls wordt daarbij de nood van buitenlandse werknemers op mensonterende wijze geëxploiteerd. Het is de verdienste van Günter Wallraff, dat hij

met zijn boek *Ik (Ali)* het publiek op deze misstanden heeft geattendeerd (...)
De gedachte achter de wet op de uitzendbureaus, dat een dergelijk bureau werkgelegenheid bundelt en de uitzendkracht een permanente arbeidsplaats biedt, is voor verreweg de meeste van deze werknemers een fictie gebleven. Er is juist een tendens, de sociale rechten van de werknemers te beknotten en de wettelijke bescherming tegen ontslag te ontduiken. De zogenaamde wet tot bevordering van de werkgelegenheid heeft deze tendensen versterkt, door de toegestane duur van uitzendwerk tot zes maanden te verlengen en de beëindiging van tijdelijke arbeidscontracten te vergemakkelijken. Steeds meer ondernemingen maken gebruik van deze 'grijze arbeidsmarkt', om hun vaste personeel te kunnen inkrimpen en gekwalificeerde arbeid en taken met een speciaal karakter zoals schoonmaak- of montagewerk, te laten uitvoeren door werknemers die maar voor korte termijn in dienst worden genomen of door andere firma's. Op deze wijze wordt het normale, door het arbeidsrecht en de sociale wetten beschermde dienstverband van duurzame aard verdrongen door instabiele en minder beschermde arbeidsverhoudingen. (...)

De regering wordt uitgenodigd, in het kader van de bestrijding van illegale arbeidsvoorziening en misbruik van uitzendarbeid de volgende initiatieven tot wetgeving voor te bereiden en aan de Duitse Bondsdag voor te leggen:

– Wijziging van de aanmeldingsprocedure bij de sociale verzekeringen (...)
– Verscherping van de sancties
Uitzendbureaus respectievelijk koppelbazen die opereren zonder de vereiste vergunning van het Federale Bureau voor de Arbeid, zijn volgens de huidige wetgeving alleen strafbaar als het gaat om buitenlanse werknemers zonder de vereiste werkvergunning. Hetzelfde geldt voor degene die buitenlandse uitzendkrachten zonder de vereiste werkvergunning inhuurt. Daarentegen staan op het illegale verhuren en tewerkstellen van andere werknemers geen straffen; op deze daden staan slechts geldboetes tot 50.000 mark. Bij deze feiten gaat het echter net als bij het verhuren van buitenlandse werknemers zonder de vereiste werkvergunning niet om louter administratief recht, maar om crimineel onrecht. Daarom moeten alle gevallen waarin werknemers zonder de vereiste vergunning door koppelbazen worden verhuurd en door derden tewerkgesteld, worden ondergebracht in één strafrechtelijke regeling tegen illegale praktijken op dit gebied, overeenkomstig het door de SPD-fractie ingediende ontwerp van een Tweede Wet tot bestrijding van economische criminaliteit.

– Invoering van volledige aansprakelijkheid van het bedrijf dat uitzendkrachten inhuurt, voor niet betaalde loonbelasting en voor betalingsverplichtingen van het uitzendbureau (...)
– Uitbreiding van de plichten van de werkgever ten aanzien van de bedrijfsveiligheid.

De publiekrechtelijke voorschriften betreffende de bedrijfsveiligheid verplichten de werkgever, de werknemers te beschermen tegen alle eventuele gevaren voor leven en gezondheid; de wet op de uitzendbureaus bepaalt dat deze voorschriften ook algemeen gelden voor uitzendkrachten. Opgetreden misstanden bij de inschakeling van andere firma's hebben echter aangetoond, dat de werkingssfeer van deze verplichting moet worden uitgebreid tot allen die in het bedrijf van de werkgever loondienst verrichten. Daarbij mag geen onderscheid worden gemaakt tussen de eigen werknemers van de werkgever, uitzendkrachten, en werknemers van een in het bedrijf werkzame firma van buiten. De werkgever moet worden verplicht, werkruimtes, installaties, machines en gereedschappen zo in te richten en te onderhouden en het bedrijf zo te regelen, dat allen die in het bedrijf werken volledig beschermd zijn tegen gevaren voor leven en gezondheid.

De motie haalde het niet. De coalitiepartijen CDU/CSU en FDP hebben samen de meerderheid, zodat ze met stille trom ten grave werd gedragen.
De vakcentrale DGB gaat in haar eisen nog een stap verder dan de SPD. Zij eist een algemeen verbond op uitzendarbeid respectievelijk mensenhandel, omdat alleen daardoor aan de snelle afbraak van het stelsel van sociale zekerheid een eind kan worden gemaakt.

Processen

De zaak-Thyssen

Op 20 maart 1986 maakt het Thyssen-concern bekend, bij de arrondissementsrechtbank te Düsseldorf een aanklacht te hebben ingediend tegen Wallraff en zijn uitgever. Daarmee krijgt het al maanden durende conflict tussen de directie van Thyssen en Günter Wallraff een nieuwe wending. Thyssen-woordvoerder Lutz Dreesbach noemt de eigenlijke bedoeling van het concern: 'Het gaat ons erom dat mijnheer Wallraff zijn onware beweringen over Thyssens staalwerken in de toekomst achterwege laat en dat wij hem hier voor de rechtbank als leugenaar ontmaskeren.'

Het proces zal op 29 oktober beginnen. In de tussentijd moeten Günter Wallraff, zijn medewerkers en juridische adviseurs de zeven punten omvattende aanklacht punt voor punt weerleggen met behulp van getuigen en onder ede afgelegde verklaringen. Op het moment dat de klacht wordt ingediend zit de schrijver overigens midden in de voorbereidingen voor het proces-McDonald's, zodat de kwestie-Thyssen pas tegen eind april kan worden aangepakt. De klacht betreft hoofdzakelijk Wallraffs beschuldiging dat Thyssen bij het inschakelen van uitzendkrachten voorschriften aangaande de beveiliging van werknemers overtreden heeft. Verder gaat het om de bewering in *Ik (Ali)* dat het bedrijf *in toenemende mate* gebruik maakt van werknemers van andere firma's, ten koste van het eigen vaste personeel. (Dit is een van de twee punten die de schrijver na de gerechtelijke uitspraak moest herroepen, ofschoon hij twintig jaar vóór zijn rol als Ali al eens een half jaar als Duits arbeider* bij Thyssens staalwerken in Duisburg geploeterd had en uit eigen ervaring wist dat schoonmaakwerk zoals dat door de firma Remmert werd uitgevoerd, destijds tot de taken behoorde van Thyssens eigen arbeiders.)

* *Industriereportagen. Als Arbeiter in deutschen Großbetrieben,* 1966

Onbegrijpelijk was de beslissing van de rechtbank betreffende het tweede punt waarop Thyssen gelijk kreeg. Het ging om het verhaal dat de uitzendkrachten in het bedrijf te Duisburg geen stofmaskers kregen, ook niet van de mensen van Thyssen. Günter Wallraff had hierover in zijn boek toch genoeg materiaal aangedragen, zoals de ziektegeschiedenis van de Turkse arbeider Sahabettin Sarizeybek, die in *Ik (Ali)* Osman Tokar heet (zie p. 169-170).
In de aanklacht van Thyssen worden ook Wallraffs belevenissen in de gasreinigingsinstallatie onwaar genoemd (p. 80-84). Ook hiervoor had hij in het boek een getuige genoemd, namelijk zijn Turkse collega Helveli Raci, en diens verhaal geciteerd (zie p. 84).
Onjuist zou ook Wallraffs voorstelling van zaken zijn als zouden arbeiders van andere firma' s bij Thyssen zonder helm, veiligheidsschoenen en handschoenen hebben gewerkt. Hetzelfde werd beweerd van de werktijden. Van de in het boek beschreven dubbele en driedubbele ploegendiensten was niets bekend. Maar aan de hand van originele documenten kon worden bewezen dat Thyssen zonder meer van dergelijke illegale praktijken moet hebben geweten, want de werktijden van de arbeiders van andere firma's werden genoteerd op stempelkaarten van Thyssen zelf.
De voorbereidingen voor het proces noemt Frank Berger, juridisch adviseur van Günter Wallraff, in zijn boek *Thyssen gegen Wallraff* (Thyssen contra Wallraff) een 'materiaalslag'. Vooral moesten er op grote schaal getuigen worden ondervraagd; soms tot in Turkije toe, waar niet ver van de grens met Syrië, in Diyarbakir, een oud-collega van Ali/Wallraff zijn militaire dienstplicht vervult. Sahabettin Sarizeybek zegt in zijn onder ede afgelegde verklaring over het onderwerp stofmaskers: *'Op de plekken waar ik moest werken was de lucht smerig en ongezond, er zat tamelijk veel ijzerstof in de lucht, het lag ook op de grond. Toen ik daarom van de firma Thyssen een stofmasker wilde hebben, zei men mij dat ik daarvoor terecht moest bij de firma die me gestuurd had. Toen ben ik naar de voorman van de firma Vogel gegaan en heb hem om een stofmasker gevraagd, maar die heeft me er geen gegeven. Dus moest ik zonder stofmasker doorwerken.'*
Sarizeybek herinnert zich ook nog het door Wallraff beschreven karwei in de ruwijzerinstallatie. 'Er was daar enorm veel stof en wij hebben 12 uur en zelfs nog langer gewerkt zonder masker. Sommige doorgangen in die installatie waren zo nauw dat we moesten

kruipen, anders hadden we helemaal niet bij de plekken kunnen komen waar we moesten werken. Toen we met de reparatie bezig waren zeiden mensen van Thyssen ons dat we sneller moesten werken, want ze wilden de installatie zo gauw mogelijk weer aan de gang krijgen. We hebben toen bij dat karwei eindeloos veel problemen gehad.' — Op verder vragen antwoordt Sarizeybek, dat hij destijds met de in het boek beschreven klachten naar een Turkse arts in Oberhausen is gegaan. *'Nadat hij me onderzocht had vroeg hij me waar ik werkte. Ik antwoordde dat ik bij Thyssen werkte en dat mijn werkplek daar heel stoffig was. De arts zei dat dit klopte met zijn diagnose. Hij gaf me de raad deze baan op te geven, anders gingen mijn longen eraan, ik zou het daar op den duur niet uithouden. Om me toch een beetje te helpen schreef hij medicijnen voor en stuurde me naar huis. Ik ben toen ook kort daarna bij Thyssen vertrokken.'**

Ook uit andere getuigenissen blijkt dat wat Wallraff bij Thyssen meemaakte heel gangbaar is: meer dan twintig getuigen hebben dezelfde of vergelijkbare ervaringen.

Bovendien wordt duidelijk dat problemen met gasdetectoren die doen wat ze moeten doen: gasconcentraties signaleren, al weken voordat *Ik (Ali)* verscheen op de agenda van een personeelsvergadering stonden: 'Thyssen Staal NV heeft droevige ervaringen met koolmonoxydevergiftigingen, soms met dodelijke afloop; toch wordt de zaak nog steeds niet serieus genomen.' De publikatie van *Ik (Ali)* heeft er kennelijk toe geleid dat er eindelijk van hogerhand iets gedaan wordt. Zo vertelt Karl-Heinz Stoffels, die vroeger in dienst van een andere firma bij Thyssen gewerkt heeft:

'Voordat het boek van Wallraff verscheen, kregen wij noch van Thyssen Staal NV *noch van ons eigen bedrijf gasdetectoren als we bijvoorbeeld op het hoogoventerrein moesten werken, waar wel eens plotseling een uitstoot van gas optreedt. Dat veranderde op slag een paar dagen nadat het boek 'Ik (Ali)' uitkwam. Vanaf dat moment stelde het personeel van Thyssen ons regelmatig deze detectoren ter beschikking, die we meenamen naar onze werkplek om onszelf te beveili-*

* De gecursiveerde delen van dit hoofdstuk zijn overgenomen uit het boek van Frank Berger, *Thyssen gegen Wallraff*, Chronik einer politischen Affäre, Steidl-Verlag Göttingen 1988.

gen.'

Stoffels' verklaring, door een notaris te Düsseldorf opgetekend, is ook op enkele andere punten belastend voor Thyssen, onder andere waar het gaat om illegaal ingehuurde arbeiders. Kort voordat het proces begint wordt de getuige door zijn voormalige werkgever onder druk gezet, omdat hij zich als informant ter beschikking heeft gesteld van de 'verklikker Wallraff'. Maar de geschoolde metselaar laat zich niet intimideren, hij slaat terug met een aanklacht tegen zijn voormalige werkgever; het Openbaar Ministerie te Essen is intussen begonnen met het vooronderzoek. In het proces tegen Wallraff ontkent het concern later niet dat het Stoffels' voormalige werkgever heeft ingelicht. Maar de verklaringen van de getuige over niet ter beschikking gestelde gasdetectoren zouden 'volledig uit de lucht gegrepen' zijn, en overigens zou men aan alle firma's van buiten deze apparaten ter beschikking stellen 'voor zo ver ook maar enigszins het gevaar te duchten is dat er een uitstoot van gas optreedt.' Hoe ver deze uitspraak verwijderd is van de feitelijke waarheid, kan niemand op dat moment vermoeden.

In het latere getuigenverhoor wordt Thyssen echter uit de droom geholpen; dat de gasdetectoren lang niet altijd beschikbaar zijn valt niet te ontkennen.

Over de dubbele en driedubbele ploegendiensten – die volgens Thyssen niet zouden voorkomen – heeft Günter Wallraff bijzonder veel materiaal verzameld. Aan de hand van getuigenissen van een reeks andere informanten valt nauwkeurig na te gaan in welke mate personeel van andere firma's bij Thyssen de verordening op de werktijden overtreden heeft. Net als in andere gevallen zijn weer vooral de buitenlanders de dupe.

Wallraffs eigen activiteit als uitzendkracht bij Thyssen was van meet af aan illegaal, want zijn voormalige 'chef' Vogel had niet eens een vergunning. Hij leende zijn mensen uit aan zijn zakenrelatie Remmert, die van Thyssen per man en per uur 30 mark opstreek. Voor de meeste Turkse arbeiders bleef er 8.50 of 9 mark bruto over.

Zelfs als men veronderstelt dat Thyssen niets geweten heeft van de handel tussen Vogel en Remmert, kan het concern er toch niet onderuit dat het van Remmert illegale werknemers betrokken heeft. Onderzoek van het regionale arbeidsbureau te Düsseldorf wijst uit dat zulke praktijken vrijwel aan de orde van de dag waren. Behalve Remmert zijn er vermoedelijk nog meer dan een dozijn andere firma's die hun arbeiders aan Thyssen 'uitleenden'. Het Openbaar Ministerie te Bochum gaat er zelfs van uit dat dergelijke zaken bij Thyssen al meer dan tien jaar regel waren. Het zou in die periode zijn voorgekomen dat andere firma's het concern binnen enkele uren honderden werknemers ter beschikking stelden; sommigen van hen kwamen in T-shirt en op gympjes bij de hoogovens aan. Na gedane arbeid stonden de 'vliegende colonnes' weer op straat – althans totdat Thyssen of een ander groot bedrijf ze weer opnieuw nodig had. In het proces tegen Wallraff wil Thyssen daar allemaal niets meer van weten; het bedrijf beweert er geen idee van te hebben gehad dat men illegale werknemers inhuurde, en de rest moest het Openbaar Ministerie maar ophelderen.

Maar niet alleen voormalige arbeiders van firma's als Remmert meldden zich bij Wallraff. Tot zijn grote verrassing neemt ook iemand contact op die zelf jarenlang onderaannemer was. Deze meneer, Heinrich Nebelsiek, helpt de schrijver 'de rest op te helderen'. Met zijn firma 'INDO Ofenbau KG' deed hij zestien jaar lang zaken met Thyssen. Om regelmatig opdrachten te krijgen heeft hij naar zijn zeggen in de loop van die tijd drie- à vierhonderdduizend mark aan steekpenningen en dergelijke moeten ophoesten: geld dat verdween in de zakken van Thyssen-personeel. Ze lieten hem hun privérekeningen voor benzine of voor hun uitstapjes contant betalen of namen horloges aan als 'cadeau'. Ook moest hij bazen en ingenieurs van Thyssen 's avonds in het café trakteren en hun bordeelbezoek bekostigen.

Op 29 oktober 1986 begint het proces voor de arrondissementsrechtbank te Düsseldorf. De belangstelling van de pers is net zo groot als bij een politieke gebeurtenis van de eerste orde. Meteen al bij het begin neemt de rechtbank een verstrekkend besluit: het ligt niet in de bedoeling over alle voorvallen bewijsmateriaal te verzamelen, voor het overige wil de rechtbank zich ertoe beperken veertien getuigen ter zake te ondervragen. In een persoonlijke verklaring tot de rechtbank wijst Günter Wallraff erop dat zijn getuigen bang zijn voor ontslag. Bij een onderaannemer die bereid is te getuigen is zelfs onlangs ingebroken, waarbij enkele ordners met documenten zijn verdwenen.

Na anderhalf uur eindigt de eerste dag van het proces voortijdig. De rechtbank besluit op zes punten met het getuigenverhoor te be-

ginnen en de zitting te verdagen naar 1 december. Op die dag vindt inderdaad het eerste getuigenverhoor plaats, maar daarvóór komt het tot een twist naar aanleiding van de wens van de rechters, enkele van Wallraffs heimelijk gemaakte video-opnamen zelf in de rechtszaal te bekijken. Dr. Mes, advocaat van Thyssen, verzet zich daartegen omdat het hier niet om een bruikbaar bewijsstuk zou gaan. De rechtbank denkt er anders over en wil de filmfragmenten als bewijsstuk bekijken. Op deze eerste dag van het getuigenverhoor zijn veertien getuigen gedagvaard. Orhan T. vertelt over zijn arbeidsomstandigheden destijds:
'Toen ik bij de firma Vogel begon, moest ik werkschoenen en liefst ook een helm meebrengen. Schoenen had ik, die heb ik ook meegenomen, maar een helm kon ik nergens krijgen. In het waslokaal waar we ons omkleedden vroegen mijn collega's me toen waarom ik geen helm had. Ik heb toen daar een gezocht en toevallig vond ik er een in de vuilnisbak, maar die was gebroken. Met die kapotte helm heb ik toen een dag of veertien gewerkt, daarna kreeg ik van de firma Remmert een andere.' T. stelt met nadruk dat hij meerdere keren in het oxygeenstaalbedrijf moest werken, waar hij stof bij elkaar moest vegen en afvoeren. Stofmaskers waren er bij dit werk altijd schaars; ook al vroeg je ernaar, je kreeg er maar zelden een. Als de advocaten van Thyssen hem vragen waarom hij niet bij een van de 'steunpunten' zo'n masker heeft proberen te krijgen, verklaart T.: 'Ik wist toen niet dat er bij Thyssen een lokaal is waar je stofmaskers kunt halen. daar heb ik pas veel later van gehoord.'
Zijn Turkse landgenoot Hayrettin D. verklaart, dat hij zes maanden lang helemaal zonder stofmasker heeft moeten werken. 'Op mijn eerste werkdag – dat was op 26 juni 1985 – heb ik verschillende mensen om een stofmasker gevraagd. De voorman van de firma Remmert zei me dat ik daarvoor bij mijn chef (Vogel) moest zijn, die moest me een masker ter beschikking stellen. Toen heb ik me tot arbeiders van Thyssen gewend, omdat ik in dat stof niet kon werken. Die hebben me gezegd dat ik geen masker kreeg. In het oxygeenstaalbedrijf I heb ik ook de man van het magazijn om stofmaskers gevraagd; die heeft me verschillende vragen gesteld en toen gezegd dat hij me geen stofmasker kon geven.' D. verklaarde met nadruk dat hij daarna nooit meer naar een stofmasker had geïnformeerd, 'het leek me zinloos'.
Bij het verhoor van de volgende getuigen gaat het om het in het

boek beschreven werk onder gasgevaar, waarvan de meeste van buitenaf ingehuurde arbeiders zich niet bewust waren.
Niemand vertelde hun dat ze vóór het begin van hun ploegendienst hun naam in een 'dagregister' moesten noteren; evenmin kregen ze te horen hoe je de ter beschikking gestelde gasdetectoren moest gebruiken. De voormalige uitzendkracht Joachim H. verklaarde zelfs nadrukkelijk dat hij bij de gasreinigingsinstallatie helemaal geen gasdetector had gezien. Volgens hem was de installatie zelfs gewoon in bedrijf, 'ze was namelijk warm en we hebben nog onze handen eraan gewarmd'.
Wallraffs Turkse collega Nedim P. herinnert zich bij zijn verhoor dat de gasreinigingsinstallatie met een ketting was afgesloten en dat er ook borden hingen om aan te geven dat de toegang voor onbevoegden daar verboden was. 'Toen we in die installatie begonnen te werken kwam er iemand van Thyssen langs en die zette op de plek waar wij werkten een apparaatje neer. Dat apparaat begon ongeveer om het half uur te piepen. Ik vroeg mijn collega's wat dat gepiep te betekenen had. Ze legden uit dat het apparaat piepte als er levensgevaarlijk gas was. De voorman van Remmert verlangde van ons dat we ondanks die signalen doorwerkten, het werk moest nog in deze dienst af.'
Op vragen van de advocaten van Thyssen verzekert P. dat hij van het bestaan van een 'dagregister' bij Thyssen niets afwist. 'Ik heb mijn naam niet in zo'n register genoteerd en weet ook niet of iemand anders ons ergens genoteerd heeft.'
De al meerdere keren genoemde Helveli Raci zegt het bij zijn verhoor nog duidelijker. 'Toen ik voor de firma Vogel bij Thyssen werkte moesten we op zekere dag ook modder in de gasreinigingsinstallatie verwijderen. Toen we 's morgens begonnen is het me niet opgevallen dat er een gasdetector was. Dat merkte ik pas toen hij begon te piepen. Kort daarna kwam er een ploegbaas van Thyssen die ook over ons opzichter was. Ik vroeg hem wat dat gepiep te betekenen had. Hij legde me uit dat als het ding piepte er normaal gesproken gasgevaar was. Maar hij dacht dat het apparaat ook kapot kon zijn. Hij nam het apparaat mee en kwam na tien, vijftien minuten terug met een apparaat waarvan ik aannam dat het een ander was. Maar ook dat apparaat begon te piepen. De baas nam het toen weer mee en kwam later weer met een andere gasdetector terug, en die piepte niet meer.' –
Op de vraag van Wallraffs advocaat dr. Senfft of hij niet bang was toen hij ondanks die waarschuwingssignalen moest doorwerken, ant-

woordde Helveli: 'Toen we ernaar vroegen heeft de opzichter van Thyssen uitdrukkelijk gezegd dat we door konden werken. Ik was toen al bang voor mijn gezondheid, maar de opzichter zei dat dat signaal niets te betekenen had; als het echt gevaarlijk werd zou hij het laten weten.' – De getuigenverklaring van de 23-jarige Turk is heel overtuigend, de rechtbank stelt naderhand met nadruk dat zij niet de geringste twijfel koestert aan zijn geloofwaardigheid. Ook een laatste poging van de advocaten van Thyssen om Helveli's geloofwaardigheid aan te tasten mislukt: de Turk verklaart dat er op het werk niet werd gerookt, zodat het signaal van de gasdetectoren ook geen 'loos alarm' kon betekenen. Bovendien, aldus Helveli, was hij tijdens het werk in de gasreinigingsinstallatie meer dan eens misselijk geworden. 'Als ze mij vragen of ik gas geroken heb, kan ik alleen maar zeggen dat ik haast moest overgeven – ik kan dat gevoel niet beschrijven. Ik heb in elk geval duidelijk iets gemerkt.'

Na een getuigenverhoor dat meer dan tien uren in beslag nam verdaagt de rechtbank de zitting naar 26 januari 1987. Op de tweede dag van het getuigenverhoor staan de ontbrekende stofmaskers centraal. Zo verklaart Ralf G., die destijds voor Remmert werkte: *'Het personeel van de centrale reparatie-afdeling heeft mij vaak verteld dat de stofontwikkeling in dat deel van het bedrijf toch niet zo erg was. Maar dat kwam doordat zij maar heel even kwamen controleren, terwijl wij na één volledige dienst helemaal onder de stofkorsten zaten en nog dagenlang zwart slijm opgaven als we hoestten.'*

Als de ploegbaas van de firma Remmert, Armin H. (in *Ik (Ali)* Zentel genaamd) wordt opgeroepen om te getuigen, schijnt plotseling alles heel anders te zijn geweest: stofmaskers waren er in overvloed – ieder die ernaar vroeg kreeg er ook een, verzekert H. En net zo ging het bij het verschaffen van veiligheidskleding; wie er zelf geen had, kreeg van de firma Remmert helmen en handschoenen. H.: *'Ik heb er ook op gelet dat onze mensen, en die van Vogel, alleen met veiligheidsschoenen aan werkten. Als er iemand op gymschoenen was gekomen had ik hem meteen naar huis gestuurd. Je ziet gauw genoeg of iemand veiligheidsschoenen draagt of niet.'* Wallraffs advocaat Lothar Böhm dient het verzoek in om de getuige te mogen confronteren met een van de meer dan 100 videocassettes die Wallraff in het geheim heeft opgenomen. De rechtbank stemt toe, de filmscène wordt vertoond, en plotseling krijgen de aanwezige journalisten een heel andere ploegbaas te zien: hij zit in een busje op het terrein van Thyssen en windt zich erover op dat er alweer arbeiders van Vogel zonder helm op het werk zijn verschenen. 'Het lijkt hier wel een kleuterschool, ik snap dat niet. Jullie moeten helmen, schoenen, handschoenen meebrengen – dat roep ik hier nou onderhand al een jaar.' Ali/Wallraff neemt het op voor een Turkse collega zonder helm: 'Maar Vogel geeft er ons geen...' H.: 'Dat interesseert me niet. Als jullie er morgen geen hebben, gaan jullie naar huis. Hoe jullie dat voor elkaar krijgen kan me niet schelen, ik heb geen zin daar verdomme iedere morgen weer over te moeten beginnen.'

Op verzoek van de advocaten van Thyssen wordt ook Udo Markert, een werknemer van Thyssen, nog een keer ondervraagd. Deze al van de uitzendingen van 'Report München' bekende 'modelarbeider' – het was Thyssen namelijk niet gelukt een echte collega van Ali/Wallraff voor zijn karretje te spannen – achtte het nu uitgesloten dat hem ooit iemand om een stofmasker had gevraagd. Hij had bij zijn inspecties juist herhaaldelijk gezien. 'dat werknemers van de firma's Remmert en Vogel de vereiste stofmaskers droegen'. Wallraffs advocaat Lothar Böhm spreekt dit tegen. Hij citeert een artikel uit het SPD-weekblad *Vorwärts* van 2 november 1985, waaruit blijkt dat Markert op een vergadering van vertrouwensmannen en ondernemingsraadsleden bij Thyssen precies het omgekeerde heeft gezegd: 'Natuurlijk heb ik gezien dat bij het loshakken van de slakken zonder stofmaskers werd gewerkt; maar ik deed of ik niets zag, want ik wist dat zo'n jongen eruit vloog als ik hem betrapte.'

Op 23 februari 1987 tenslotte doet de arrondissementsrechtbank te Düsseldorf uitspraak in de zaak Thyssen contra Wallraff. De rechtbank geeft het concern op 1⅔ punt gelijk, op 5⅓ punt wordt de eis afgewezen. Van de proceskosten moeten Wallraff en zijn uitgever 24% betalen, Thyssen de overige 76%. Daarmee heeft het staalconcern de zaak praktisch verloren. De al geproduceerde exemplaren van *Ik (Ali)* mogen gewoon worden verkocht; bij herdrukken moeten slechts twee passages een klein beetje worden veranderd respectievelijk gepreciseerd.

Het proces Thyssen/Wallraff maakt iets duidelijk over de maatschappelijke positie van kritische literatuur in Duitsland als geheel. Alleen doordat het boek een groot publiek aansprak, veel verkocht werd en daarmee ook de auteur veel geld opleverde, was het mogelijk tegenover een internationaal concern als Thyssen, met zijn

ver reikende economische en politieke invloed, gelijk te krijgen. Hoe zou het proces afgelopen zijn als in de beklaagdenbank een jongere auteur had gezeten, die nog volslagen onbekend was geweest?
Een klein jaar later werd het voor Thyssen opnieuw onaangenaam. De door Wallraff geuite en door het regionale arbeidsbureau nagetrokken beschuldigingen van illegale uitzendarbeid bleken gegrond. Achter de coulissen, buiten het licht van de openbaarheid, komen het concern en de autoriteiten tot een schikking: een geldboete van meer dan 1,2 miljoen mark. Het bedrag wordt door Thyssen zonder protest en helemaal zonder persbericht in alle stilte overgemaakt.

De overwinning op punten

*Een nabeschouwing van Hans-Ulrich Jörgens**

Als de uitspraak op 23 februari 1987 bekend is gemaakt, zijn waarschijnlijk alle in de rechtszaal aanwezige waarnemers, of ze nu vóór of tegen Wallraff zijn, het eens: de schrijver uit Keulen heeft in zijn justitiële strijd met het Thyssen-concern over de bestseller *Ik (Ali)* een duidelijke overwinning behaald, zij het ook een overwinning op punten. (...)
Staren pers, radio en televisie zich niet blind op de glinsterende zeepbellen van de politiek in Bonn en de professioneel opgezette campagnes van de publiciteitsadviseurs van die zogenaamde 'maatschappelijk relevante krachten' die de onderwerpen van de publieke discussies in de Bondsrepubliek bepalen? Is de literatuur vandaag de dag niet op een paar uitzonderingen na vervlakt tot intellectuele zelfbespiegeling, waardoor ze politiek vrijwel zonder effect blijft? Wie neemt nog het lastige, oncomfortabele werk op zich om licht te werpen op de duistere regionen die Günter Wallraff telkens weer opzoekt? En wie verschaft nog diegenen gehoor die zich geen dik betaalde vrijgestelde of woordvoerder kunnen veroorloven – bijvoorbeeld de buitenlanders, maar ook de werklozen, de bijstands-

* Correspondent van de *Süddeutsche Zeitung;* samenvatting van een essay dat eerder verscheen in Frank Berger, *Thyssen gegen Wallraff*, 1988.

trekkers enzovoort? (...)
Als geen ander na de oorlog verschenen boek brengt *Ik (Ali)* een levendige publieke discussie op gang over schandalige misstanden in de maatschappij en daarmee ook verstrekkende praktische veranderingen in de wereld van de arbeid. (...)
Ik (Ali) wordt in progressieve burgerlijke kringen met evenveel interesse gelezen als door arbeiders, die dergelijke boeken anders niet aanraken. (...)
Het staalconcern van Thyssen, nog altijd de nummer één van de zware industrie in West-Duitsland, krijgt vanwege de geschilderde arbeidsomstandigheden van zijn Turkse hulpkrachten een storm van kritiek te verduren en ziet zijn reputatie bedreigd. (...) Het bedrijf treedt nu doortastend op. Het verscherpt de controle op de zogenaamde externe firma's. Alleen al tussen 1 december 1985 en 1 oktober 1986 worden 668 mondelinge en 17 schriftelijke waarschuwingen uitgedeeld. In 174 gevallen wordt de samenwerking met deze firma's gestaakt wegens grove overtredingen van de veiligheidsvoorschriften – bijvoorbeeld omdat uitzendkrachten op gymschoenen of zonder veiligheidshelm werden aangetroffen; in negen gevallen krijgen externe firma's zelfs definitief de bons. Er start een speciaal scholingsprogramma voor de bazen: de wet op de uitzendbureaus, de inschakeling van externe firma's, veiligheidsvoorschriften enzovoort. De firma's die uitzendkrachten verhuren worden voorzichtiger. Het aantal geconstateerde onregelmatigheden daalt drastisch: vroeger waren het er 50 per maand, uiteindelijk zijn het er nog maar drie. Nieuwe terminals bij de bedrijfspoorten maken nu een waterdichte controle van de werktijden mogelijk. Extreme gevallen zoals dat van een arbeider die volgens Wallraff 39 uur aan één stuk door in touw was, moeten nu tot het verleden behoren. Na de publikatie van het boek zijn er zo'n twaalf uitzendkrachten, voormalige collega's van Wallraff, door Thyssen in vaste dienst genomen.
Hermann Heinemann (SPD), minister van Arbeid en Sociale Zaken in Noordrijn-Westfalen, krijgt door Wallraffs boek de politieke wind in de rug en weet in mei en juni 1986 niet alleen met Thyssen Staal NV, maar ook met de Vereniging van Werkgevers in de IJzer- en Staalindustrie te Düsseldorf en tevens met Mannesmann voor zijn hoogovenbedrijf Huckingen schriftelijke overeenkomsten te sluiten over een verscherping van de controle op werktijden, veiligheidsnormen en reglementaire sociale verzekering van de arbeiders van externe

firma's. Thyssen gaat op het gebied van de beveiliging uit van het principe: niet meten met twee verschillende maten voor eigen en andere medewerkers. Bovendien mogen uitzendkrachten alleen nog maar met een door de bedrijfspolitie uitgereikt pasje het bedrijfsterrein betreden en dat krijgen ze slechts op voorwaarde dat de betreffende firma hun aanmelding bij de sociale verzekering schriftelijk garandeert. Op overtredingen van de voorschriften betreffende de werktijden staat 'berisping onder bedreiging met consequenties', op herhaaldelijke of ernstige overtredingen staan sancties. Dezelfde strekking heeft de overeenkomst met de werkgeversvereniging, die verzekert dat de bij haar aangesloten ondernemingen 'extra controlemaatregelen' zullen nemen: 'De ondernemingen van de ijzer- en staalindustrie hechten eraan dat de geldende wetten en voorschriften ter bescherming en beveiliging van de werknemer op hun bedrijfsterreinen ook door externe firma's worden nageleefd.'
Heinemanns woordvoerder Manfred Oettler: 'We hebben dat na moeizaam onderhandelen met de ondernemers eruit gesleept. Zonder het boek van Wallraff waren we niet tot een overeenkomst gekomen. Dat heeft beslist een zuiverende werking gehad. Ik denk dat de toestanden zijn verbeterd.'
De minister van Arbeid laat het overigens niet bij goedbedoelde intentieverklaringen, maar geeft bovendien opdracht om met onmiddellijke ingang de (wan)praktijken van uitzendbureaus, aannemers en onderaannemers strenger te controleren. Hans-Egon Glomster, waarnemend hoofd van de betreffende afdeling in Duisburg: 'Toestanden zoals Wallraff beschreven heeft hebben wij ook elders geconstateerd. In 60 procent van de gevallen hebben we overtredingen van de voorschriften ter bescherming van werknemers aan het licht gebracht. De firma's zijn pas voorzichtiger geworden toen ze merkten dat de controles scherper werden.' (...)
Günter Wallraffs boek leidde niet alleen tot verscherping van de controle, maar ontketende tevens een principiële politieke discussie over de 'japanisering' van de Duitse arbeidsmarkt, dat wil zeggen de inkrimping van het vaste personeel in de bedrijven en de enorme toename van het aantal uitzendbureaus, die de gaten dan weer vullen met goedkopere hulpkrachten die men op elk moment kan ontslaan. Hoe gemakkelijk dit systeem voor de grote ondernemers is verduidelijkt minister van Arbeid Hermann Heinemann met een

concreet voorbeeld: 'Een gerenommeerde grote onderneming in ons land loosde tijdens een conjuncturele inzinking binnen een paar weken meer dan 3300 werknemers – zonder publiciteit, zonder massa-ontslag, zonder afvloeiingsplan. Dat kon heel simpel omdat het uitsluitend werknemers van externe firma's betrof, die op haar bedrijfsterrein te werk waren gesteld.' Volgens informatie van de metaalvakbond is het aantal legale uitzendbureaus sedert 1973 verdubbeld tot meer dan 2500, het aantal legaal verhuurde werknemers steeg van bijna 35.000 tot meer dan 70.000. Inmiddels maakt volgens een onderzoek van dezelfde vakbond één op de drie bedrijven gebruik van uitzendkrachten. Hoezeer het inhuren en ontslaan bij de uitzendbureaus schering en inslag is blijkt wel hieruit, dat meer dan tweederde van de uitzendkrachten korter dan drie maanden werk heeft; bij 14 procent duurt het dienstverband niet eens een week.

Het aantal illegaal verhuurde uitzendkrachten ligt volgens schattingen van het arbeidsbureau in Bremen zelfs ongeveer zes tot tien keer zo hoog als dat van de 'legalen' – er zouden dus in de Bondsrepubliek tussen de 420.000 en 700.000 illegale uitzendkrachten zijn. De totale som aan hiervoor uitgedeelde geldboetes is na de publikatie van *Ik (Ali)* drastisch omhoog gegaan. Bedroeg deze in 1984 nog maar 3,7 miljoen mark, in 1985 ging het al om meer dan 10,4 miljoen en het laatste jaar tenslotte om 15,5 miljoen. Toch zijn de functionarissen van de vakbond IG Metall ervan overtuigd dat dit nog maar het topje van de ijsberg is.

Niet alleen wordt de betaling van sociale premies op gigantische schaal ontdoken; het criminele karakter van de illegale uitzendarbeid blijkt ook uit de contacten die er volgens Heinemann bestaan tussen de moderne mensenhandelaars en de wereld van drugdealers, valsemunters, prostitutie en goktenten.

Om de uitzendarbeid over de hele linie – zowel de legale als de illegale – terug te dringen, presenteert de minister van Arbeid van Noordrijn-Westfalen tenslotte in oktober 1986 een wetsontwerp waarmee via de Bondsraad een drastische verscherping van de wet op de uitzendbureaus uit het jaar 1972 moet worden bereikt.

Maar Heinemann pleit met dit initiatief voor een bij voorbaat verloren zaak. De federale regering heeft al op 5 november 1985, toen haar op het hoogtepunt van de publieke discussie in een parlementaire interpellatie om haar beoordeling van Wallraffs boek werd gevraagd, ontkend dat er behoefte zou zijn aan nieuwe wetgeving: 'Het vigerende recht biedt voldoende mogelijkheden om de aan het licht gebrachte misstanden te bestrijden.' Het voorstel van Noordrijn-Westfalen heeft dan ook – net als de initiatieven van de Bondsdagfracties van de SPD en de Groenen – slechts het karakter van een politiek signaal: dat deel van de publieke opinie dat zich voor de zaak interesseert moet in elk geval duidelijk worden gemaakt, welke consequenties er eigenlijk uit Wallraffs belevenissen getrokken zouden moeten worden en welke wettelijke mogelijkheden er zouden zijn om aan de praktijken van de 'slavenhouders van onze eeuw' – aldus de vicevoorzitter van de IG Metall Karl-Heinz Janzen – een eind te maken.

Dalende omzet bij McDonald's Het 'snotproces'

De Amerikaanse gehaktproducent McDonald's probeerde het door een gerechtelijk achterdeurtje. Omdat het concern niet zo frontaal tegen Wallraffs boek wilde procederen, besloot het tot een 'lichtere' variant: een aanklacht niet tegen *Ik (Ali)*, maar uitsluitend tegen de schrijver. Door middel van een 'beslissing bij voorraad' moesten verschillende 'zakelijke belangen schadende' uitspraken van hem worden verboden; lukte dat, dan werd daarmee meteen het boek de pas afgesneden. Zoals te verwachten viel werd de klacht niet in de woonplaats van de auteur ingediend, maar in München; dat lag gezien de 'onafhankelijkheid' van de Beierse justitie voor de hand. Maar de rechters van de negende civiele kamer vatten hun taak uiterst serieus op en bezorgden de gehaktkoning een gedenkwaardige nederlaag: Wallraffs beweringen over gebrekkige hygiëne bij McDonald's bleven bijna zonder uitzondering overeind.
Toch hadden de hoge heren van het concern het helemaal niet zo onnozel aangepakt. Maar met 62 van te voren opgestelde, eensluidende verklaringen – in werktijd aan de personeelsleden voorgelegd met het verzoek om te tekenen – dat de ondergetekende Wallraffs waarnemingen zelf niet kon bevestigen, schoot McDonald's ver over zijn doel heen. De rechters te München vonden de geprefabriceerde, onder ede afgelegde verklaringen van afhankelijke personeelsleden in hun totaliteit 'te globaal en van te voren geformu-

leerd'; ze zouden ook niet uitsluiten dat de door Wallraff geschilderde misstanden zich feitelijk hadden voorgedaan.
De hele aanklacht draaide eigenlijk om twee beschuldigingen: dat er nu en dan 'snot op de grill' belandde en dat de poetslappen voor de dienbladen en die voor de wc-brillen gemakkelijk door elkaar raakten. Dat dergelijke onsmakelijke toestanden, door Wallraff zelf gezien en beschreven, geen uitzondering zijn, blijkt wel uit tientallen brieven die hij intussen gekregen heeft.
Naast de gerechtelijke strijd tegen Wallraff voerde McDonald's ook een campagne in eigen huis. Met een op grote schaal verspreide circulaire aan de 'beste medewerkers' wilde men de talrijker wordende twijfelaars weer voor zich winnen. Maar de interne propaganda ('uit jaloezie tracht men hier een succesvolle onderneming schade te berokkenen') leidde niet tot het gewenste resultaat — noch onder het personeel, noch bij de klanten, die men zo dolgraag vast wil houden. Toen in een paar filialen de omzet al begon te dalen, trok McDonald's aan de noodrem. Met dure advertentiecampagnes en via de rechtbank wilde men het verloren gegane terrein heroveren. Zo werd *Ik (Ali)* voor de tweede keer mikpunt van kritiek — eerst verbaal, toen ook voor het gerechtshof in München. Maar ook deze poging Wallraff het zwijgen op te leggen mislukte. Tegen de uitspraak van de arrondissementsrechtbank te München was hoger beroep aangetekend, maar de behandeling daarvan vond helemaal niet meer plaats. En juist op dit proces had de schrijver zich zo bijzonder zorgvuldig voorbereid! Met tal van kleine advertenties had hij in diverse steden gezocht naar voormalige werknemers van McDonald's. Meer dan honderd betrokkenen meldden zich; ongeveer zeventig van hen konden de door Wallraff beschreven euvels op het terrein van de hygiëne uit eigen ervaring bevestigen en aanvullen. Om het gerechtshof ook met de macht van het getal te kunnen imponeren, wilde de schrijver een aantal van zijn getuigen op de dag van het proces in München meebrengen. Een touringcar was al gecharterd, toen McDonald's er de voorkeur aan gaf van het hoger beroep af te zien.

P.S.: Op vakbondsvergaderingen roept Günter Wallraff op tot een boycot van de zaken van McDonald's. Pogingen vanuit de vakbeweging om in afzonderlijke filialen ondernemingsraden van de grond te krijgen, worden door het concern met represailles beantwoord

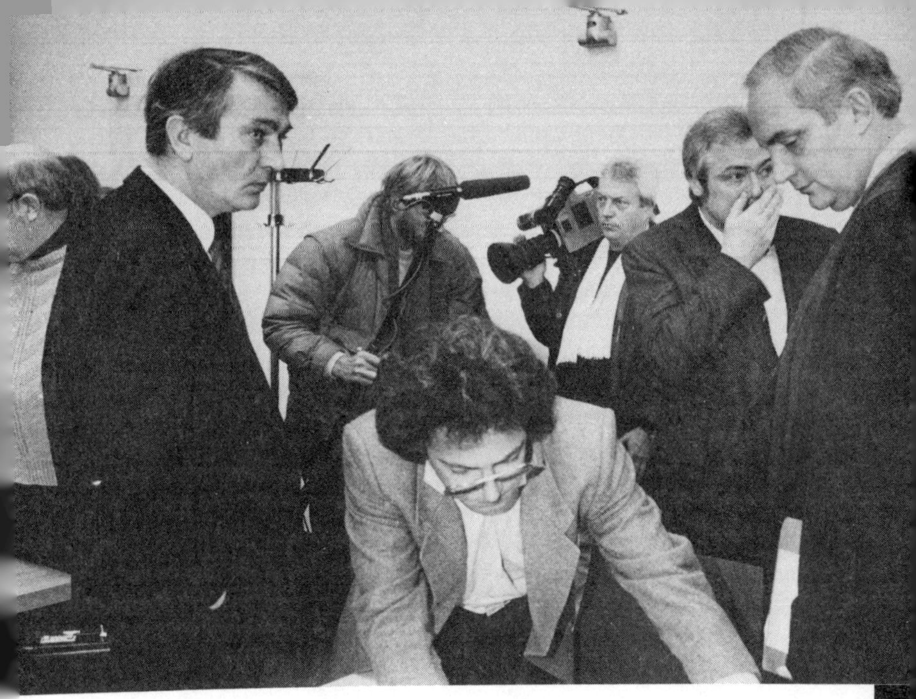

De arrondissementsbank te Duisburg doet uitspraak. Tweede van rechts: Remmert.

en mislukken vooralsnog. Tot nu toe zijn er in de wereld maar drie landen waar het politieke systeem sterker bleek te zijn dan dat van McDonald's. Alleen in Zweden, Finland en Nicaragua is het het personeel tot nu toe gelukt zich in een vakbond te organiseren en het concern te dwingen tot naleving van CAO's.

Het proces tegen Vogel en Remmert

Op dezelfde dag als het proces-Thyssen, op 29 oktober 1986, begint ook de behandeling van de zaak-Vogel/Remmert in de strafkamer voor economische delicten van de arrondissementsrechtbank te Duisburg. De tenlastelegging omvat fraude, belastingontduiking en overtreding van de wet op de uitzendbureaus. Officier van Justitie Walter Otto beschuldigt Wallraffs voormalige chef ervan dat hij achter de façade van een montagebedrijf 'professioneel en met grove winsten als koppelbaas' geopereerd had; bovendien zou hij in talloze gevallen buitenlanders zonder werkvergunning in dienst hebben genomen. Zo heeft de onderaannemer 16-jarige Turken bij Thyssen dubbele ploegendiensten laten draaien en ze vervolgens met brutolonen van hoogsten 8½ mark per uur afgescheept. Uit arbeidscontracten die het Openbaar Ministerie bij Vogel in beslag genomen heeft blijkt verder dat de uitzendkrachten noch vakantie noch toeslagen voor overuren of extra zwaar werk kregen.

Na zes zittingsdagen komen de twee verdachten er met een betrekkelijk lichte straf van af: Vogel wordt veroordeeld tot 15 maanden voorwaardelijk en bovendien een geldstraf van 3600 mark. Bij Remmert acht de rechtbank een geldstraf van 35.000 mark redelijk, met daarbij nog een boete ter hoogte van 24.000 mark. Het Openbaar Ministerie tekent in de zaak-Vogel kort daarop cassatie aan bij het hoogste federale gerechtshof.

Of Vogel er veel van geleerd heeft valt te betwijfelen. Tegen journalisten schept hij erover op dat hij de laatste tijd goede zaken doet in Beieren, waar hij onder andere opdrachten uitvoert voor de Amerikaanse troepen die daar gelegerd zijn. In bepaalde kringen en voor bepaalde zaakjes was zijn portrettering in *Ik (Ali)* voor hem de beste reclame...

Intussen had Vogel al vóór zijn proces, namelijk in het voorjaar en de zomer van 1986, van zich doen spreken. Günter Wallraff schrijft daarover in *Opening van zaken* (pp. 104-106):

'In juni 1986 liet de Beierse justitie gerechtelijke stappen ondernemen tegen mij en mijn vrienden Jörg Gfrörer en Peter Kleinert. Op grond van min of meer gelijkluidende huiszoekingsbevelen werden onze woon- en werkruimtes door de bevoegde politie-instanties doorzocht, in het kader van de ambtelijke hulp.

De achtergrond van deze onderling afgesproken actie was een gerechtelijk vooronderzoek van het Openbaar Ministerie te München op grond van een aangifte door Hans Vogel, die in de Duitse versie van 'Ik (Ali)' Adler wordt genoemd. Vogel en de Beierse justitie vinden dat door de geluidsopnamen in onze film een 'schending van de vertrouwelijkheid des woords' zoals bedoeld in paragraaf 201 wetboek van Strafrecht, is gepleegd. Vroeg in de ochtend, op hetzelfde tijdstip, in juni 1986 nam het recht zijn loop. (...) Men zocht wat men al bezat, de geluidsopnamen van Vogel bij de film. Daarbij vergat men weliswaar de minister van Justitie van Noordrijn-Westfalen op de hoogte te stellen van deze actie, maar voor het overige liet men zich, in op-

dracht van München, nergens van weerhouden.
Bij hun huiszoekingen spookten ongetwijfeld ook andere gedachten door hun hoofd. In Berlijn doorzochten ze, zonder dat Jörg Gfrörer aanwezig was, diens woongroep, misschien vanuit het waanidee bewijsmateriaal voor contacten met drugs- en terreurkringen te vinden. Overeenkomstige motieven kunnen een rol hebben gespeeld toen ze bij producent Peter Kleinert kwamen – zijn bedrijf heet KAOS*; dat leek op zichzelf al voldoende. (...)*
Bij mij verschenen ze ook in alle vroegte. Ze hebben alles op zijn kop gezet. Mijn ordners met inhoud werden gefilmd, niets bleef verschoond. Aan enkele ambtenaren was te zien dat ze zich niet helemaal lekker voelden. Eén verontschuldigde zich zelfs en zei te hopen dat we elkaar nog eens zouden zien onder minder onaangename omstandigheden. Ik kon hem echter niet vergeven dat hij zich tot zo iets had geleend. Wij hebben dit optreden van de politie als huisvredebreuk ervaren. (...)
De huiszoeking leverde totaal niets op voor het vooronderzoek. Wat er te zoeken viel, was in de film te zien. Bovendien ben ik een dader die bekent – wat niet wil zeggen dat ik er spijt van heb; ik heb altijd gezegd dat de opnamen stiekem zijn gemaakt, met apparatuur die in een tas verborgen zat. Niet te taxeren is de bedreiging van mijn werk door het optreden van de politie. Vertrouwelijke documenten, getuigenverklaringen, mededelingen van informanten, alles is doorsnuffeld en vindt eventueel zijn weg naar ondernemers en superieuren.'

Reacties van lezers

In de weken en maanden na het verschijnen van *Ik (Ali)* kreeg de auteur duizenden brieven van lezers. Vaak luidde de adressering kortweg *Günter Wallraff, Keulen.* Zelfs een brief uitTurkije, gericht aan *'Ali' Günter Wallraff Almanya* bereikte zijn bestemming. Maar hetzelfde gold voor dreigbrieven van neonazi's, gericht *Aan het Turkenzwijn Günter Wallraff, Keulen* of *Aan de nep-Turk Ali alias Wallraff, Keulen* of een met ss-tekens versierde kaart *Aan de schrijver (Ik (Ali)) Waldaft of zoiets, Keulen-Ehrenfeld.*

Overigens vormden dreig- en scheldbrieven nog niet één procent van alle reacties. De meeste brievenschrijvers uitten spontaan de gevoelens die het boek bij hun had losgemaakt. 'Ik kreeg van uw boek pijn in mijn buik van woede.' 'Ik schaam mij dat ik tot een volk behoor dat van zijn fouten absoluut niets geleerd heeft.' Op scholen werd *Ik (Ali)* intensief gebruikt. De uitgeverij en de schrijver kregen praktisch elke dag verzoeken van leerlingen om materiaal voor hun werkstukken. 'Ali' kreeg volop aandacht in de lessen Duits, maar vooral ook bij maatschappijleer en in de godsdienstles. Scholieren en jongeren voelden zich niet in de laatste plaats aangesproken door het hoofdstuk over McDonald's. Het gaat daar niet zozeer over buitenlanders, maar om hun eigen ervaringen. Sommigen besloten spontaan actie te voeren tegen deze 'shitburger-firma'.

Günter Wallraff heeft eens gezegd: 'Ik geloof niet dat de literatuur de maatschappelijke realiteit direct verandert. Ze werkt als katalysator; haar explosieve kracht wordt vaak pas jaren later zichtbaar.' In een tijd waarin de moderne massamedia op alles hun stempel drukken, lijkt die voorzichtige formulering zeker op haar plaats. Des te opmerkelijker is het succes van *Ik (Ali)*. Belangrijker echter dan verkoopcijfers en de glamour rondom een persoon is de vraag wat zijn boek over 'Ali' bij zijn lezers teweeg heeft gebracht. Een deel van de linkse intellectuelen vond het onderwerp niet meer zo *in*: 'dat hebben we gehad.' Sommigen verweten de auteur zelfs dat hij speculeerde op emoties als 'medeleven' of zelfs 'medelijden',

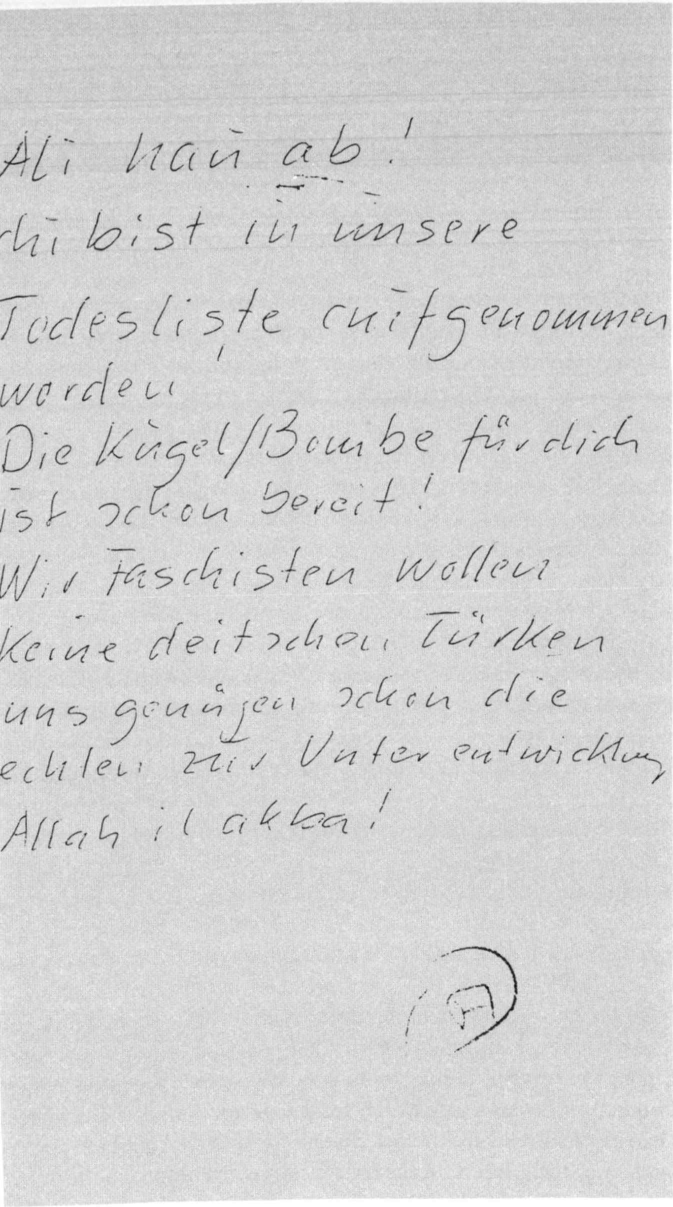

Ali hau ab!
du bist in unsere
Todesliste aufgenommen
worden
Die Kugel/Bombe für dich
ist schon bereit!
Wir Faschisten wollen
keine deitschen Türken
uns genügen schon die
echten zur Unterentwicklung
Allah il akba!

'Ali smeer 'em! Je staat op onze zwarte lijst! De kogel/de bom liggen al klaar voor jou! Wij fascisten willen geen Duitse Turken, we hebben al genoeg echte om onderontwikkeld te raken. Allah il akba!'

waarop Wallraff antwoordde: 'Wat een geestelijke armoe, wat een verkilling, als je dergelijke gevoelens negatief of verwerpelijk vindt.' De bewering van conservatieve en reactionaire critici dat Wallraff schrijft voor het linkse volkje, gaat juist voor *Ik (Ali)* beslist niet op. Het boek bereikte jong en oud, mannen en vrouwen, lezers uit alle lagen van de bevolking. Dat blijkt uit de brieven en uit de verhalen van boekhandelaars vooral in het Ruhrgebied. Toen het boek net uit was ontstonden er voor hun winkels hele rijen kopers. Binnen vijf maanden werden er twee miljoen exemplaren verkocht – de talrijke buitenlandse edities niet meegerekend. Tal van kopers kwamen waarschijnlijk voor het eerst van hun leven in een boekwinkel en lazen voor het eerst iets anders dan *Bild*. In bedrijven leenden de arbeiders het boek van elkaar; soms werd een exemplaar door meer dan twintig mensen gelezen en uiteraard besproken. Turkse families lazen het in gezinsverband (de Turkse vertaling verscheen pas negen maanden later); de kinderen vertaalden het voor hun ouders en vertelden meteen over hun eigen ervaringen.

Hoe gevarieerd het lezerspubliek van *Ik (Ali)* ook is, de kern van de boodschap kon niemand ontgaan: dat de enorme rijkdom van de Westduitsers, waar ook de zogenaamde middengroepen van mee profiteren, mede berust op de pure uitbuiting van buitenlandse arbeiders en arbeidsters; dat de zogenaamde Derde Wereld zich dus midden in de Bondsrepubliek bevindt, met alle verschijnselen van dien, zoals armoe, racisme, onderdrukking, vervolging en moord.

Ook onder gelovige christenen vond Wallraffs boek weerklank. Vooruitstrevende katholieken waardeerden zijn daadwerkelijke solidariteit met de onderdrukten. Maar de officiële kerkelijke instanties zagen in Ali's relaas over 'de doop' geen aanleiding hun bureaucratische opstelling te wijzigen, laat staan schuld te bekennen.

Veel lezers – zowel buitenlanders als Duitsers – schreven dat zij zelf soortgelijke ervaringen hadden als 'Ali'. Tal van reacties betroffen ziekmakende arbeidsomstandigheden. In heel wat gevallen hebben medewerkers van Wallraff hulp kunnen bieden, bijvoorbeeld door ter zake kundige advocaten in te schakelen, geheel of gedeeltelijk op kosten van Wallraffs fonds voor rechtsbijstand. Vaak waren praktische tips al voldoende. In elk geval heeft het boek ertoe bijgedragen dat ook buitenlanders hun mond opendeden. Voor hen die zelf direct of indirect slachtoffer zijn van praktijken zoals het boek beschrijft, stond de geloofwaardigheid van *Ik (Ali)* buiten discussie. De campagnes tegen het boek konden daar niets aan veranderen. 'Ali' was een tijd lang zo beroemd dat Günter Wallraff met deze figuur vereenzelvigd werd. De lezers van de *Westdeutsche Allgemeine* (WAZ), de grootste krant van het Ruhrgebied, kozen voor 1985 de Turk 'Ali' tot de 'man van het jaar'.

Meer feiten over kerncentrales

Wat Wallraff ensceneerde als een nachtmerrie die werkelijkheid zou kunnen worden (een storing in een kerncentrale, die verholpen zou moeten worden door via een koppelbaas ingehuurde arbeiders), is in feite een regelmatig voorkomende praktijk. Dat blijkt uit recent onderzoek. Dergelijke 'stoottroepen' zijn in Duitse kerncentrales een veel normaler verschijnsel dan men dacht. Ze worden geleverd door niet al te frisse koppelbazen en moeten telkens opdraven als in Würgassen of elders reeksen storingen optreden. Aan zulke reparaties valt veel te verdienen. Het patroon is steeds hetzelfde: een paar grote jongens trekken aan de touwtjes, en ergens onderaan zijn lui als Vogel druk in de weer om een graantje mee te pikken.

Wie thuis is in kernenergieland, kent de firma KWU, een dochter van Siemens. KWU besteedt opdrachten uit aan AEG, Babcock en niet in de laatste plaats aan het bouwbedrijf van Mannesmann. Als genoemde firma's het met hun eigen mensen niet klaarspelen of in tijdnood raken, schakelden ze vaak op hun beurt weer een koppelbaas in; Heinrich Nickel BV uit Betzdorf is dan het adres waar regelmatig wordt aangeklopt. Vast staat dat Nickel dan weer indien nodig mensen van Vogel inhuurde. Deze ronselaar leende hem zo af en toe soms wel 15 man per karwei.

Misdadig wordt het als de betrokken arbeiders hun jaarlijkse maximale dosis straling (5 rem) al lang 'binnen' hebben maar toch opnieuw worden verhuurd, lees 'verstookt'. Als de voorschriften werden nageleefd, dan zou menige controle in Duitse kerncentrales komen te vervallen en de elektriciteitsopwekking maandenlang stil liggen. De werkelijkheid is anders. Sinds jaar en dag trekken bijna steeds dezelfde ploegen arbeiders van de ene centrale naar de andere. Het vermoeden dat het met de regels niet zo nauw genomen wordt is intussen een zekerheid geworden.

Het is enigszins verrassend dat uitgerekend Hans Vogel als eerste een en ander naar buiten bracht. Al jaren geleden, zo vertrouwde hij een Franse journalist toe, stond hij voor de keus de stralingspassen van zijn mensen te vervalsen of een goed betaald karwei in de kerncentrale Neckarwestheim te laten schieten.* Het sjoemelen met de stralingspassen was volgens Vogel heel eenvoudig. Degene die in het bedrijf belast is met de beveiliging tegen straling** (vaak is dat de ondernemer zelf) hoeft alleen maar de door officiële instanties doorgegeven stralingswaarden onjuist in de passen te noteren en de betrokkene die al meer dan 5 rem achter de kiezen heeft, kan zo weer worden ingezet. Als deze arbeiders dan weer naar een andere centrale werden gestuurd, volstond men bijna altijd met een snelle blik op de stralingspassen, 'dat controleren ze toch vrijwel nooit'.

Veel gevaarlijker was echter het inzetten van nauwelijks of niet geschoold personeel. Vaak konden de snel hier of daar geronselde arbeiders niet eens een lasapparaat hanteren. Vogel zei in zijn verklaring tegen een Franse journalist: 'De mensen van mijn bedrijf waren geen uitzondering. Ik herinner me een karwei in de centrale Würgassen. De firma Nickel had stante pede vijf lassers nodig. Op dat moment kon ik niet genoeg lui met een geldige stralingspas leveren. Omdat ik die opdracht niet kwijt wou koos ik tenslotte een noodoplossing: twee lassers en voor de rest... nou ja, een gewezen bakker en een mijnwerker en zo. Na afloop heb ik keurig mijn geld gekregen. Hoe die bakker met dat lasapparaat uit de voeten kon heb ik nooit begrepen. Maar het geval laat wel zien hoe het er in die kerncentrales aan toe gaat. Het laswerk wordt vaak gedaan door ongeschoolden of lui die het in een vloek en een zucht hebben moeten leren.' Op den duur kan in de hete sector materiaalmoeheid optreden, de naden kunnen scheuren en rampen à la Tsjernobyl zouden daardoor ook bij ons onontkoombaar worden.

Wat Wallraffs voormalige baas als 'noodoplossing' aanduidt, kan met nog andere feiten worden gestaafd. Twee maanden na het verschijnen van *Ik (Ali)*, bij het verzamelen van materiaal voor zijn artikel 'Wallraff en de moord op termijn', ontdekte *Der Spiegel* dat

* Vogel heeft intussen bekend dat hij niet alleen voor de centrale in Würgassen maar ook regelmatig voor enige andere kerncentrales zoals Neckarwestheim heeft gewerkt.

** Iedereen die een bewijsje kan laten zien van deelname aan een cursus 'beveiliging tegen straling' van de kamer van koophandel, mag deze functie uitoefenen.

Wallraff und der „Mord auf Raten“

SPIEGEL-Report über Fremdarbeiter
in westdeutschen Atomkraftwerken

In den strahlungsbelasteten Gefahrenzonen von Atomkraftwerken werden Fremdarbeiter beschäftigt, um das Gesundheitsrisiko für die deutschen Stammbelegschaften zu verringern. Enthüllungsautor Günter Wallraff behauptet in seinem jüngsten Buch, die zum Teil kaum ausgebildeten und schlecnt ausgerüsteten Arbeiter würden systematisch „verheizt“ – nach Ansicht von Atom-Managern ein „Horrorbild“. Doch auch seriöse Experten bemängeln „erhebliche Schwachstellen“ bei den Arbeitsschutzvorkehrungen in Nuklearbetrieben.

Enthüllungsautor Wallraff als Türke Ali*: „Angst vorm Dahinsiechen“

Na eigen speurwerk kwam Der Spiegel *van* 30 *december* 1985 *tot dezelfde conclusie als Wallraff: kerncentrales maken zonder scrupules gebruik van de diensten van gewetenloze koppelbazen.*

de arbeiders van de onderaannemer 'Manpower' uit Frankfurt soms al na twee of drie dagen weigerden terug te keren naar hun werkplek – uit angst voor het 'onzichtbare gevaar', onder andere in het nucleaire bedrijf 'Alkem' te Hanau. Reeds eind 1984 kwam het hier tot een ernstig incident toen de veiligheidshandschoen van een ingehuurde arbeider openscheurde en de rechterkant van zijn lichaam aan radioactieve straling werd blootgesteld. Het voorval kreeg niet veel aandacht, vooral omdat de man (nog) niet de maximaal toegestane dosis straling had opgelopen. Intussen zijn er steeds meer mensen die dit maximum als 'onverantwoord' beschouwen en een drastische verlaging eisen – niet alleen in de Bondsrepubliek, maar ook elders.

Want volgens Amerikaanse onderzoeken is het voortdurende blootstaan ook aan een beperkte hoeveelheid straling veel schadelijker dan tot dusverre werd aangenomen. Juist door de straling veroorzaakte kanker zal vaak pas na twintig of dertig jaar waarneembaar worden – tegen die tijd zullen de snel geronselde 'stoottroepen' waarschijnlijk niet meer terugdenken aan hun werk in de kerncentrales. Voor de buitenlanders zijn de vooruitzichten nog somberder. Vroeg of laat teruggekeerd in hun land van herkomst, zullen zij van hun koppelbaas nauwelijks meer schadevergoeding kunnen eisen. Daar komt bij dat veel van deze heren ondernemers doelbewust speculeren op de onwetendheid van hun slachtoffers; zonder risico kunnen ze hen van hun bed lichten. In Baden-Württemberg is dit gruwelverhaal intussen werkelijkheid geworden: zonder scrupules worden daklozen en alcoholici naar de kerncentrale vervoerd om daar de vloeren schoon te boenen.

De Westduitse vakcentrale DGB heeft dan ook terecht de aandacht gevestigd op de hier en daar volkomen ontoereikende instructie van van buitenaf ingeschakelde werknemers in kerncentrales: 'De tot dusverre bestaande controles bieden in dit opzicht geen garantie voor de dringend noodzakelijke veiligheid op de werkvloer!' Zo wordt er met de koopwaar 'arbeidskracht' eindeloos gesjacherd. Volgens insiders zouden er in de 'hete sector' al meer dan 10.000 arbeiders van koppelbazen werken. Hun aantal groeit zelfs nog steeds; de stralingsbelasting voor het vaste personeel moet zo laag mogelijk worden gehouden, zodat men de voorkomende werkzaamheden zoveel mogelijk probeert te verdelen over hulpkrachten.

In welke mate 'uitzendkrachten en illegaal tewerkgestelden voor gevaarlijke reparatie- en onderhoudswerkzaamheden in kerncentrales worden ingeschakeld' en daarbij 'bijzondere risico's voor hun gezondheid lopen', daarover interpelleerde de SPD-afgevaardigde Rudolf Dressler op 11 juli 1986 de minister van (Milieu, Natuurbehoud en) Kernenergie. Van de kant van Wallmann kwamen de gebruikelijke ontkenningen. Zo ook op de vraag 'in welke mate een gebrekkige talenkennis en onvoldoende bekendheid met de veiligheidsvoorschriften bij buitenlandse arbeiders worden misbruikt om hen op onverantwoorde wijze bijvoorbeeld aan stralingsbelasting bloot te stellen.'

Reeds op 7 november 1985 bracht Franz Jakob, afgevaardigde van de Groenen in Hessen, het onderwerp hulpkrachten in het nucleaire bedrijf van Hanau ter sprake in een commissievergadering. De vraag hoe deze arbeiders geïnformeerd worden en welke gevaren hun gezondheid loopt werd door de betrokken minister van Economische Zaken ontweken. Hij beriep zich op de letter van de wet op de kernenergie. Wat niet bestaan mág, kán niet bestaan!

De film

*De filmversie van 'Ik (Ali)' is ontstaan uit stiekem vanuit Ali's werktas opgenomen videomateriaal. Zowel de onmenselijke arbeidsomstandigheden bij Thyssen als de misdadige praktijken van mensenhandelaar Vogel zijn hierop vastgelegd. Uit meer dan honderd zwart-wit-videobanden van 'Ali' (Wallraff) stelde regisseur Jörg Gfrörer een zelfstandige film samen. Ter aanvulling interviewde hij 'Ali' en zijn collega's direct na hun werk en maakte hij sfeerbeelden in de Duisburgse buurt waar 'Ali' woonde.**

Op 20 februari vindt op de Berlinale de eerste publieke vertoning plaats van de film 'Günter Wallraff - Ik (Ali)'. Nog diezelfde dag wordt de film in alle grote steden van de Bondsrepubliek geprogrammeerd; het filmverhuurkantoor Neue Constantin distribueert meer dan honderd kopieën. Radio Bremen, de kleinste maar misschien ook de moedigste zender, die geholpen heeft de film te maken, wil hem al op 1 mei uitzenden in de hele Bondsrepubliek. Kort na de première wordt de film in de Mercatorhalle te Duisburg voor meer dan tweeduizend Turkse en Duitse arbeiders vertoond. De eveneens aanwezige Thyssen-directeuren protesteren heftig, maar de in de film getoonde misstanden bij Thyssen worden door de arbeiders bevestigd. Velen verklaarden dat het op hun werkplaats nog erger is. Al in een veel eerder stadium hadden de Nederlandse en Zweedse televisie belangstelling getoond voor de met verborgen camera gemaakte opnamen. Zij boden aan een compilatie van 45 minuten uit te zenden. Dat was niet toevallig. Reeds de eerste gezamenlijke film van Wallraff en Gfrörer, opgenomen in 1977 toen Wallraff bij *Bild* werkte, was eveneens door de Nederlandse VARA en de Zweedse zender TV 2 uitgezonden, nadat de Westduitse omroep WDR, zelf

* Ook de andere hoofdstukken van het boek (zoals bijvoorbeeld De doop, en Eeuwige rust) heeft Wallraff uitgebreid met videomateriaal gedocumenteerd. Er bestaan plannen voor een tweede videofilm onder de titel 'De andere Ali', waarin de groteske, clowneske episoden aan bod komen.

Jörg Gfrörer (rechts) op bezoek in de achtertuin van Ali's woning in de Dieselstrasse te Duisburg. Regisseur Gfrörer is het gelukt veertien dagen lang als Duitse hulpkracht bij Thyssen te werken.

de opdrachtgever, de film onder druk van het Springer-concern enkele dagen vóór de aangekondigde uitzending van het programma had afgevoerd. Tot op de dag van vandaag heeft geen enkele televisierubriek toestemming gekregen zelfs maar fragmenten van deze film te laten zien. Deze gang van zaken met de 'Bild'-film zou zich nu herhalen.

De directeur televisie van de VARA kondigde de film 'Ik (Ali)' aan met de opmerking dat deze film eigenlijk op de Duitse televisie hoorde; hij zei te hopen dat de dag zou komen dat niet alleen de bewoners van de grensstreken hem op de televisie konden zien.

In maart 1986 wordt de film op verzoek van de Beierse omroep vertoond in een besloten kring van televisiedirecteuren te Saarbrücken. Vóór het voorstel de film weer van het programma van Duitsland 1 af te voeren, stemt de meerderheid der directeuren uit de

deelstaten waar de CDU respectievelijk de CSU de dienst uitmaken. De directeuren uit de SPD-deelstaten zijn voor uitzending.
In soortgelijke gevallen is het wel gebeurd dat de Beieren gewoon afzagen van uitzending van het gemeenschappelijke programma. Deze keer vinden ze dat niet genoeg. Later blijkt dat de chef van de Beierse omroep, Reinhold Vöth, een brief heeft gekregen van de voormalige secretaris-generaal van de CSU, Tandler. In die brief is sprake van *journalistieke eerlijkheid* en *criminele methoden*. Deze laatste formulering slaat niet op de praktijken van de hedendaagse slavenhandelaars, maar op degenen die met een verborgen camera het bestaan van deze toestanden bewijzen.
Ook nadien slaagt Hans-Werner Conrads, programmadirecteur van radio Bremen en persoonlijk betrokken bij de produktie van de film. er niet in de andere zenders zo ver te krijgen dat ze de film gezamenlijk op Duitsland 3 uitzenden. Het blijft bij een regionale uitzending in Bremen.
Intussen verleent de filmkeuring op 10 maart 1986 de film het predikaat 'bijzonder waardevol'.
Op 27 mei 1986 worden tegelijkertijd bij Wallraff in Keulen en bij Gfrörer in Berlijn huiszoekingen verricht (Gfrörer zelf is op dat moment bij Wallraff); zelfs de woning van de moeder van Gfrörer op Sylt wordt doorzocht. Alle verantwoordelijken voor de produktie van de film worden zonder gerechtelijke zitting door de Beierse justitie veroordeeld tot boetes van 25.000 tot 75.000 mark (subsidiair hechtenis oplopend tot 150 dagen) wegens het vastleggen en verspreiden van het 'vertrouwelijk gesproken' woord. Ook het filmdistributiekantoor krijgt een boete.*
Ofschoon tot op de dag van vandaag de vertoning van de film niet verboden is, onderwerpt het filmdistributiebedrijf zich aan het politieke oordeel, het trekt de film onmiddellijk uit alle bioscopen terug en schort de distributie ervan op. Drie maanden na de première is hij in de Bondsrepubliek niet meer te zien, hoewel hij nu al de meest bekeken bioscoopdocumentaire uit de geschiedenis van de

* Omdat de betrokkenen in beroep gingen zag de Beierse justitie zich gedwongen tot een openbare behandeling. Deze instantie stond vrijwel garant voor een definitieve criminalisering van Wallraffs werkwijze. Maar tot grote verrassing van iedereen en tot ontsteltenis van de rechtbank trok Vogel een paar dagen vóór het proces zijn aanklacht in.

Westduitse film is.*

Op 1 december 1986 begint in Düsseldorf het getuigenverhoor in de zaak Thyssen NV contra het boek *Ik (Ali)*. De rechtbank geeft toestemming voor de vertroning in de rechtszaal van enkele belangrijke video-opnamen als bewijsstuk. Enkele getuigen van de tegenpartij, die zich voor de rechtbank niets meer kunnen herinneren, worden nu door de video met hun eigen uitspraken geconfronteerd en vastgenageld.

Terwijl het in de Bondsrepubliek gelukt is de film uit de bioscoop en van het televisiescherm te weren door hem in de sfeer van de *criminele methoden* te trekken, krijgt hij in het buitenland steeds meer aandacht. 'Ik (Ali)' is onder meer uitgezonden door de Belgische, de Zweedse, de Deense, de Noorse, de Engelse, de Spaanse, de Russische, de Joegoslavische, de Bulgaarse, de Japanse en tenslotte de Jordaanse televisie. In Frankrijk kreeg hij van een internationale jury de hoogste Europese onderscheiding voor televisieprogramma's, de Grand Prix International 1986, hetgeen uitzending op het eerste Franse net inhoudt.

Op 20 maart 1988 krijgt 'Ik (Ali)', als eerste Duitse film, de prijs voor de beste buitenlandse filmproduktie van het jaar 1987 van de 'British Academy of Film and Television Arts'. De film wordt nu opnieuw door de Engelse televisie uitgezonden. Ook op de festivals van Leipzig en Valladolid wordt hij onderscheiden. Progressieve distributeurs zorgen voor de verspreiding in Frankrijk, Zwitserland, België, Denemarken en Turkije.

In São Paulo vormt zich bij de première voor de bioscoop een rij mensen van meer dan 200 meter. Onmiddellijk na de vertoning wordt een forumdiscussie gehouden waarin niet alleen gepraat wordt over de film, maar ook over de onderdrukking van de zwarten door grote Duitse bedrijven in Brazilië: ook daar opereren koppelbazen.

In Frankrijk wordt de film al maanden vertoond, vaak in samenwerking met antiracistische organisaties die hem als wapen hanteren tegen de toenemende vreemdelingenhaat en de racistische leuzen van Le Pens Front National. Ook vertoningen in Italië lopen telkens

* De filmdocumentaire 'Ik (Ali)' (Duitse titel: 'Ganz unten') is thans in een 106 minuten durende versie verkrijgbaar bij de videodistributeur Unidoc, Braunschweigerstr. 20, 4600 Dortmund 1.

uit op discussies over het racisme in eigen land, de arrogantie van het Noorden ten opzichte van het Zuiden én de vijandigheid van de Zuiditalianen jegens immigranten uit Afrika.
Alleen de Westduitse ARD volhardt in zijn censuur, want 'Ik (Ali)' schijnt niet te voldoen aan wat de Beieren verstaan onder eerlijke, evenwichtige beeldvorming.

Interview over de film

De film bestaat voor een groot deel uit opnamen die je met verborgen camera hebt gemaakt. Hoe heb je dat klaargespeeld?
G.W.: Een vriend van mij die videotechnicus is heeft een videocamera gebouwd die kleiner is dan normaal; die heeft hij vervolgens in een aktentas verstopt. De camera woog 7½ kilo en de lens zat met behulp van doorzichtige folie verborgen achter het naamplaatje op de tas. Ik had die tas altijd bij me. Om de aandacht af te leiden stak er een verroeste thermosfles uit waar koffie in zat. Vogel zei vaak: 'Heb je nou al weer die tas bij je? Laat dat ding in de auto!' Ik zei dan: 'Wij Turken altijd speciale koffie van lekkere, lichte bonen, branden we zelf, krijg je goeie koffie van; hier, proef!' Natuurlijk paste hij daarvoor. Zo heb ik er een draai aan gegeven dat ik die thermosfles bij me had. Voor het geval de bedrijfspolitie me zou controleren had ik voor de zekerheid een pornovideoband op de kop getikt. Dit zat er altijd bij, die had ik die kerel van de bedrijfspolitie dan laten zien: 'Hier, wij Turken altijd kijken.' Dat had de vooroordelen van die lui nog eens bevestigd.
Maar ik heb geluk gehad. Niemand heeft er iets van gemerkt — dat wil zeggen op één na, een jonge Turkse collega, die in het boek Yüksel heet. Die keek me altijd verbaasd aan en gaf me wel eens een knipoog. Het maakte me altijd heel zenuwachtig. Op zeker moment reden ze ons naar huis, hij zat naast me, zegt-ie opeens doodleuk: 'Met of zonder geluid?' Ik schrok me te pletter en dacht: nou loopt alles in de soep. Maar hij heeft zijn mond gehouden, hij heeft me zelfs op belangrijke zaken attent gemaakt. Hij zei: 'Dat moet naar buiten, dat moet iedereen weten.' En sommige stukken uit de film heeft hij eigenlijk mee geregisseerd.
Vogel lijkt in de film beslist geen kouwe kikker, hij komt vriendelijk over, wekt vertrouwen. Wat is het voor een type?

G.W.: Dat maakt hem zo gevaarlijk. Als je een roman over zo iemand zou schrijven, dan zou je er zeker een heel ander karakter van maken. Zulke ervaringen zorgen ervoor dat je eigen vooroordelen en clichés steeds weer op de werkelijkheid stukbreken. Zo iemand lijkt eerst heel gematigd; geen spoor van vreemdelingenhaat, integendeel, hij weet zijn Turken te *waarderen*. Hij zegt: 'De Duitsers, daar heb je niks aan. Bezorgen je alleen maar last. Lopen ook naar de rechtbank.' Heel wat mensen trappen erin. Ze laten zich maandenlang aan het lijntje houden. Naderhand hebben ze geen been om op te staan. Dan wordt hij ijskoud en zegt: 'Wie moeilijkheden maakt...' – hij heeft zijn vriendjes bij de vreemdelingenpolitie, dreigt met uitwijzing en zo. Het is een man met een verleden. Dat zegt hij ook altijd: 'Ik ben van huis uit sociaal-democraat.' Hij is zelfs bij de Juso's geweest, de jonge socialisten. Er bestaat een fraaie uitspraak van hem, een journalist van de WDR heeft die ontdekt. Als voorzitter van de Juso's heeft hij ooit in een toespraak gezegd: 'Het gaat in de politiek niet om rechts en links, het gaat in de politiek om boven en onder, en wij moeten sterker opkomen voor de onderkant.' Die leus brengt hij nu op zijn manier in praktijk, hij profiteert van de onderkant. In Emmerich heeft hij in de gemeenteraad gezeten en in de commissie voor de volkshuisvesting. Hij heeft geprobeerd voor de SPD een parlementszetel te bemachtigen. Maar kritische partijgenoten hebben daar een stokje voor gestoken. Op dit moment is hij door de SPD geroyeerd; maar hij had invloedrijke vrienden – misschien heeft hij die nóg – , een belangrijke burgemeester, een oud-minister, de vicepresident van het district Düsseldorf. Hij is een steunpilaar, een sieraad van deze, onze maatschappij.

Je hebt ooit gezegd dat een boek een tamelijk zwak middel is. Maak je daarom ook films naast je boeken, of zijn er nog andere redenen? Ik denk bijvoorbeeld aan de vele processen die tegen je zijn gevoerd. Hebben films en geluidsopnamen waarde als bewijsstuk?

G.W.: In hoeverre ze achteraf juridische bewijskracht hebben, zal nog blijken. Maar overtuigingskracht hébben ze. Vandaag kreeg ik verschillende telefoontjes van mensen die bestreden dat ik in levensgevaarlijke situaties heb gewerkt. Dat kan ik met video-opnamen bewijzen. Dat was in eerste instantie de reden waarom ik ze gemaakt

Ali met luchtdrukhamer bij Thyssen, uit de videofilm 'Ganz unten'

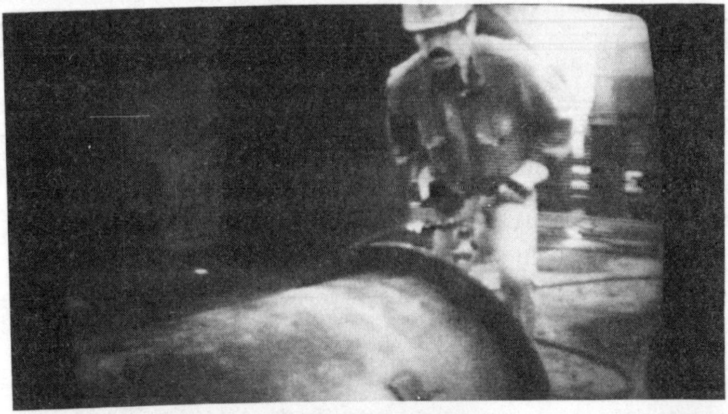

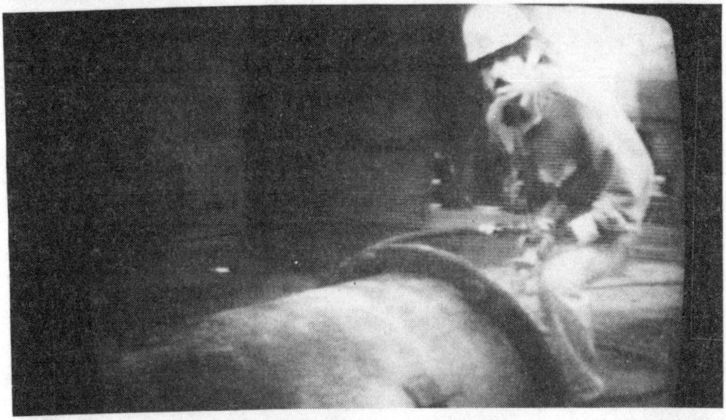

heb. Maar daar komt zeker bij dat ze van belang zijn voor mensen die het zich niet kunnen voorstellen, die het boek nooit zouden lezen en die dan via zo'n film misschien ook de weergave in het boek eerder als authentiek en indringend ervaren. Ik beschouw het boek als het belangrijkste – en ook als het meest doorleefde. De camera was er niet overal en altijd bij. Vaak was de batterij leeg of de band vol of de camera-instelling klopte niet. Wat je beleeft heeft de sterkste overtuigingskracht, maar de film is een heel belangrijk hulpmiddel en niet in de laatste plaats ook een bewijsstuk.
Welk publiek voelt zich volgens jou tot de film aangetrokken? Gaan bijvoorbeeld ook jongeren kijken? Het is natuurlijk geen spannende film in de gewone zin van het woord.
G.W.: Er komen juist heel veel jongeren naar de bioscoopversie; je zou bijna denken dat ze oververzadigd zijn van het soort films dat in een orgie van kleuren het ene knaleffect aan het andere rijgt. In deze zwart-wit-film, die hier en daar duidelijk de sporen van improvisatie draagt, ontdekken sommigen weer de ouderwetse cinema. Zo ging het ook in het begin, zie bijvoorbeeld de documentaires van Flaherty uit de jaren twintig. – Je moet zulke films zeker niet te vaak zien; maar af en toe kun je er best een brengen die tegen die moderne overdoses aan hevige prikkels in gaat. 'Ik (Ali)' is nooit bedoeld geweest voor de bioscoop. Ik had er alles om verwed dat zoiets nooit op het bioscoopdoek zou kunnen.

(Een interview van Hjalmar Jess uit maart 1986. *Uit: Begeleidingsboekje voor het onderwijs in het Duits op Deense scholen. Sprogforlaget, Denemarken* 1986*)*

Ik (Ali), Lowest of the Low, Tête de Turc, Cabeza de Turco...

Tegelijk met de Duitse uitgave verscheen *Ik (Ali)* in het Nederlands. In een jaar tijds werden meer dan 150.000 exemplaren verkocht, waarmee het boek in Nederland naar verhouding een bijna even grote verspreiding kreeg als in de Bondsrepubliek. Eveneens bij Van Gennep verscheen *Berichten uit Hollands gastenboek* van Rudie Kagie, met een voorwoord van Wallraff. Ook in landen als Denemarken en Zweden werd Wallraffs boek aanleiding de hand in eigen boezem te steken. Een officieel onderzoek van de arbeidsinspectie in Denemarken wees uit dat men ook in dit land het beroerdste en gevaarlijkste werk door 'gastarbeiders' laat doen. Niet alleen in de Deense krant *Politiken*, maar ook in het Noorse *Dagbladet* en de Zweedse *Dagens Nyheter* verschenen voorpublikaties uit *Ik (Ali)*. Vooral in Zweden vindt Wallraffs methode al lange tijd waardering; voor het in vermomming vergaren van informatie die anders buiten bereik blijft, kent het Zweeds nu het zelfstandig naamwoord 'wallrafferi' en het werkwoord 'wallraffa'. Op scholen in de Scandinavische landen werken de leraren Duits met speciale onderwijskaternen van *Ik (Ali)*. In het Engels verscheen het boek als *Lowest of the Low*; naast de gewone uitgave verscheen tevens een speciale tweetalige editie (Duits-Engels) voor studenten.

In Frankrijk stond Wallraff maanden lang bovenaan de lijst van meest verkochte boeken, ofschoon een kenner van het Franse publiek een uitgever had verzekerd: 'Het interesseert hier geen hond wat de Duitsers met hun Turken uithalen.' Meer dan een half miljoen exemplaren werden verkocht; *Tête de Turc* (letterlijk: Turkenkop; figuurlijk: zondebok) werd een van de meest gelezen boeken van het jaar. Het ging een rol spelen in de beweging tegen racisme en vreemdelingenhaat. Had de aandacht van de media zich aanvankelijk vooral geconcentreerd op de sensationele kant van Wallraffs onthullingen, weldra rees de vraag of de door hem gesignaleerde toestanden ook in Frankrijk bestonden. Zijn de twee à drie miljoen 'gastarbeiders' in dit land, voornamelijk afkomstig uit Afrika, beter

De verschillende buitenlandse uitgaven van Ik (Ali)

af dan de Turken in de Bondsrepubliek? Ook Wallraffs methode kreeg navolging: de journaliste Anne Tristan wist binnen te dringen in het rechts-extremistische Front National van Le Pen en publiceerde hierover haar boek *Aan het front,* Van Gennep/Kritak 1988.
Wallraffs boek werd in Frankrijk met diverse prijzen bekroond. De jammer genoeg niet bestaande prijs voor de grootste schijtbroek had naar de Franse staatstelevisiezender 'Antenne 2' kunnen gaan. Een 20 minuten durende reportage onder de titel 'Wallraff contra Thyssen' werd na interventie van Thyssen twee keer van het programma geschrapt. Televisiejournalisten waren er namelijk in geslaagd op het terrein van het bedrijf een en ander te verfilmen van hetgeen Wallraff in zijn boek beschrijft...
Ook in Japan werd *Ik (Ali)* een verkoopsucces. Ook dit land heeft zijn eigen Turken: arbeiders afkomstig uit Korea en de Filippijnen. Er leven naar schatting 50.000 tot 100.000 illegale buitenlanders in Japan. Een Japanse journalist volgde Wallraffs voorbeeld, leefde een week onder deze illegalen en publiceerde een opzienbarende reportage. Een Spaanse journaliste werd een poos zigeunerin en ervoer het alledaagse racisme van haar landgenoten aan den lijve.
In de Derde Wereld groeide 'Ali' hier en daar uit tot een symbool,

een religieuze figuur. Voor veel Turken was hij door Allah gezonden. Vertalingen zijn aangekondigd of verschenen in Pakistan, Brazilië, Cuba en Nicaragua. De Russische vertaling, verschenen in een klimaat van glasnost en perestrojka, heeft eveneens opmerkelijke gevolgen gehad. In een televisie-interview pleitte de schrijver Jevtoesjenko ervoor Wallraffs aanpak ook in de Sovjetunie te legaliseren en toe te passen. Hij wekte zijn collega's op juist in deze tijd van omwentelingen achter hun bureau vandaan te komen, de confrontatie met de werkelijkheid te zoeken en deze te helpen veranderen.
Na meer dan dertig vertalingen in Oost en West blijken er in één land nog steeds obstakels te zijn die publikatie verhinderen: de Verenigde Staten. Amerikaanse uitgevers roepen dat hun land 'geen Turkenprobleem' kent. Vraag je hoe het dan zit met de 'Latino's', de Mexicaanse en Puertoricaanse dagloners en seizoenarbeiders, dan reageren ze geprikkeld. De uitgeverij Little Brown wilde eerst wel, maar haakte af uit angst voor schadeclaims van Thyssen en vooral van McDonald's.
De complete Turkse vertaling van *Ik (Ali)* verscheen in Turkije pas in het voorjaar van 1986. Maar een voorpublikatie had al voor de nodige beroering gezorgd. Een Turkse auteur zou in de gemuilkorfde pers van zijn land nooit de ruimte hebben gekregen voor onthullingen van deze aard. Volgens insiders werden de Turkse autoriteiten alleen van ingrijpen weerhouden door de enorme populariteit van het boek in Europa én door het feit dat de voorpublikatie verscheen in de veelgelezen, als liberaal beschouwde krant *Milliyet*. Ofschoon een minister waarschuwde dat het boek de Turken omlaag haalde, viel aanvankelijk ook in rechtse kringen veel positiefs erover te horen. Er gingen zelfs geruchten dat Wallraff islamiet wilde worden. Geleidelijk aan kwamen er heel andere reacties. De fascistische voorman Türkes hield een zaal vol Grijze Wolven in Istanbul de Turkse uitgave van *Ik (Ali)* voor de neus en schreeuwde: 'Het nieuwste complot van de communisten?' Niet alleen rechts, ook de democratische oppositie had enige tijd nodig om Wallraffs activiteiten op hun juiste waarde te schatten. Het succes van de film droeg ertoe bij dat men uitvoerig ging discussiëren over 'onthullingsjournalistiek' en geëngageerde arbeidersliteratuur. *Ik (Ali)*, in het Turks *En Alttakiler*, werd met 13 drukken en in totaal meer dan 100.000 exemplaren een van de grootste successen uit de geschiedenis van het Turkse boek.

‘Samen-leven’

Het idee kwam voort uit de nood van ‘Ali’’s buitenlandse collega’s. Hun woonsituatie was meestal deprimerend. Voor kleine, donkere, vaak vochtige keldertjes moesten ze, per vierkante meter, tien mark of nog meer betalen. Zo wordt de woningnood geëxploiteerd. Nadat Wallraff via een ‘hulpfonds voor buitenlanders’, gefinancierd met zijn honoraria,meer dan 300.000 mark ter beschikking had gesteld voor individuele hulpverlening (woningen, juridische bijstand, maar ook auto’s en reizen naar Turkije om vakantie te kunnen houden en vrouw en kinderen op te zoeken), besloot hij een plan van langere adem te realiseren.
Het ging om een project voor ‘geïntegreerd wonen’, waarin Duitsers en buitenlanders onder dezelfde menswaardige omstandigheden samenleven en elkaar van hun beste kant kunnen leren kennen. Het idee kwam overigens niet van Wallraff, maar van zijn buitenlandse collega’s. Deze zochten zelf de Flurstrasse in Duisburg-Neudorf mee uit.* Het betrof een oud, aantrekkelijk gebouwd complex arbeiderswoningen: centraal gelegen, met veel groen, in de buurt van de universiteit. Overigens was het volslagen verwaarloosd en bouwvallig; in de schoorstenen zaten scheuren, de vensters waren kapot, centrale verwarming ontbrak, in de winter was het er koud en tochtig; en bovendien had het, als arbeidersbuurt met veel buitenlanders, een slechte naam gekregen. Kinderen uit de ‘betere’ straten in de omgeving mochten vaak niet spelen met die van de Flurstrasse. De eigenares, het gemeentelijk woningbouwbedrijf GEBAG, had al plannen klaar om de hele straat vanwege de slechte staat van de huizen te slopen en er kille nieuwbouw voor in de plaats te zetten. Maar de plannen zijn nu van tafel. De woningen worden gerenoveerd en daarna zullen er, ongeveer gelijk op, Duitse en buitenland-

* Een ander project mislukte doordat de katholieke kerk, eigenares van het al jaren leegstaande Bernardusgesticht aan de haven, terugkrabbelde. (Een architectenbureau had de plannen al tot in detail uitgewerkt.)

se woningzoekenden in worden gehuisvest. De volgende situatieschets dateert van voordat de renovatie begon; het is een reportage uit de *Volkszeitung* van 18 september 1987.

Willi T. (71), geboren en opgegroeid in de Flurstrasse: 'Het wonen hier was echt belabberd. De buurt was totaal verouderd, er was geen douche, geen elektriciteit, niks.' En daaraan is tot op de dag van vandaag weinig veranderd. Alleen kwam er in de tijd van de wederopbouw elektriciteit. Maar de huurders hebben de zaak zelf bewoonbaar moeten maken. Ook dat zou lang zo blijven.

Hans-Jürgen P. woont op de hoek van de Flurstrasse, hij kijkt uit op een kroeg en op de Finkenstrasse. Hij werkt bij bouw- en woningtoezicht en is ook daardoor goed op de hoogte. Hij weet bijvoorbeeld hoe vochtig de huizen in de straat nog altijd zijn, hoe het water uit sommige dakgoten pal voor de huisdeuren neerklettert, hoe keldermuren op instorten staan. De verhuurder, de gemeentelijke GEBAG, *maakte zich jarenlang ervan af met de dooddoener dat de huizen toch binnenkort gesloopt zouden worden.*

Op een zondagmiddag zitten we met Günter Wallraff in een café in de Mülheimer Strasse, dichtbij de bewuste buurt. Hans-Jürgen P. zit erop te wachten dat de Wallraff-stichting 'Samen-leven' hulp biedt en de GEBAG *onder druk van de publiciteit iets gaat doen. P. weet dat de renovatie van de straat ettelijke jaren zal duren. Hij weet ook dat er tegen het idee van 'geïntegreerd wonen' van Duitse en buitenlandse werknemers bezwaren bestaan. Maar hij gelooft niet in de 'twijfelachtige berichten' dat Wallraff alle Duitsers 'eruit wil werken' zodat er in de Flurstrasse meer ruimte voor de Turken komt. Hij weet uit eigen ervaring maar al te goed dat ook journalisten kunnen liegen: bijvoorbeeld toen ze beweerden dat er in de Flurstrasse al een uitstekende verstandhouding tussen Duitsers en buitenlanders bestond en dat men zich daar beter niet in kon mengen.*

Günter Wallraff praat vanmiddag over de enorme macht van de media, over de hetze, die hij al lang had zien aankomen, maar die toch nog veel feller was dan hij verwacht had. Hij wijst alle kritiek van de hand. Ingrijpen in bestaande structuren? Gedwongen integratie? 'Wat is er aan de hand? Er is een initiatief genomen om de buurt in stand te houden, om te zorgen dat mensen er menswaardig kunnen wonen, dat er een trefcentrum komt, dat er speelgelegenheid komt. Ik bied alleen maar iets aan. Ik zeg niet dat dit of dat hier moet verdwijnen. De huurders organiseren zich nu zelf.'

Deutsche und Ausländer: Von besten Seiten kennenlernen

Wallraffs Wohnprojekt: Idee ist wahr geworden

Von AXEL SCHAPPEI

„Was lange währt, wird endlich gut", meinten Günter Wallraff und Dietmar Cremer, Chef der städtischen Wohnungsgesellschaft Gebag, gestern zufrieden. Nach nur halbjähriger Bauzeit sind die ersten Wohnungen an der Neudorfer Flurstraße modernisiert und von den zum Teil neuen Mietern bezogen worden. Hier sieht „Ganz-unten"-Bestsellerautor Wallraff des Beginn seines Wohnprojektes für Deutsche und Ausländer verwirklicht.

Mit Mitteln seiner Stiftung, in die 1,7 Millionen Mark aus dem Buchhonorar flossen, wurden der Gebag die ersten Umbaukosten ersetzt. Bis Juli wird die Modernisierung dreier weiterer Häuser an der Flurstraße voll in Gang kommen, bestätigt Gebag-Bauleiter Wulf Overhoff.

Die erste Idee dazu kam Wallraff unmittelbar nach seinen schlimmen Erfahrungen als „Türke Ali" Levent Sinioglu. „Ich wollte beweisen, daß es unter Deutschen und Ausländern keine Vorurteile und Probleme gibt, wenn sie unter menschenwürdigen Wohnverhältnissen miteinander leben."

Böse Zungen zerredeten sein Wohnprojekt schon vor dem Beginn. Dies, bürokratische Hürden bei Gründung der Stiftung und persönlicher Kummer trafen Wallraff tief. „Das war die schlimmste Zeit meines Lebens", sagt er leise, und wirkt umso gelöster, wenn er von den jetzigen ersten Erfolgen spricht.

Anfängliche Sorgen der Mieter konnten bald ausgeräumt werden. „Jeder kann nach der Modernisierung seiner Wohnung in die Flurstraße zurückziehen, darauf haben wir eine Garantie gegeben", versichert

Günter Wallraff

Dietmar Cremer. Während der Modernisierung bietet die Gebag den Mietern gleichwertige Wohnungen an. „Ein ganz normales Verfahren beim Umbau. Wir haben hier mit Samthandschuhen nach Lösungen gesucht, um alle zufriedenzustellen."

Kosteten die zum Teil übel heruntergekommenen Wohnungen vor der Modernisierung im Schnitt 3,30 Mark pro Quadratmeter, so liegt der Quadratmeterpreis nach dem Umbau bei 5,50 Mark. Alle renovierten Wohnungen – die letzten sollen in etwa fünf Jahren fertig sein – haben dann moderne Bäder und Fenster und Fernheizung.

● **„Was die Mieter aus der neuen Struktur machen, liegt bei ihnen. Das wichtigste sind jetzt ihre Ideen. Ich komme hierher als Besucher, der Vorschläge macht und Anregungen bekommt. Deutsche und Ausländer sollen sich von ihren besten Seiten kennenlernen", meint Günter Wallraff zuversichtlich. Eine 100 Quadratmeter große Caféteria bietet Platz und Gemütlichkeit zum Einander-kennenlernen: Bei gemeinsamem Essen, Kulturprogrammen und Festen.**

Gebag-Chef Dietmar Cremer und Günter Wallraff (rechts) vor dem modernisierten ersten Bauabschnitt des „Wallraff-Wohnprojekts" an der Neudorfer Flurstraße. In ihrer Mitte steht die türkische Sozialarbeiterin Semra Arslan, die als Angestellte der Wallraff-Stiftung „Zusammenleben" das Programm der Caféteria betreut und den Flurstraßen-Mietern bei sozialen Problemen zur Seite steht.

Neue Ruhr Zeitung, 4.6.1988

In juni 1988 kan het trefcentrum van de stichting 'Samen-leven' zich officieel presenteren. Het centrum staat onder leiding van Semra Arslan, een Turkse opbouwwerkster. Haar doel is 'het samenleven van buitenlanders en Duitsers te bevorderen'. Daarvoor staan ruimtes ter beschikking die volgens de statuten van de stichting 'zowel het contact tussen de verschillende groepen, de onderlinge hulp en gezamenlijke actie, als het contact van de bewoners met burgers uit de naaste omgeving dienen te bevorderen en daarmee de culturele ontplooiing te stimuleren'. Deze doelstelling moet vooral verwezenlijkt worden door middel van werkgroepen, emancipatiewerk, huiswerkbegeleiding, cursussen, advieswerk in samenwerking met de dienst voor hulp aan arbeiders van de stad Duisburg. Bovendien kan men zich op werkdagen altijd tot mevrouw Arslan wenden om informatie en advies op maatschappelijk gebied.
In de zomer werden de eerste evenementen in de ruimtes van de stichting georganiseerd. Een Turkse arts gaf medische adviezen aan vrouwen. Er zijn plannen voor een tekenwedstrijd voor Turkse en Duitse kinderen. Onderwerp: hoe zien Turkse kinderen hun Duitse vriendjes, hun omgeving, hun land – en andersom.
De stichting kan en wil in deze beginfase van het geïntegreerd woonproject alleen maar stimuleren en ideeën leveren. Op den duur zullen de buitenlandse en Duitse bewoners van de Flurstrasse en omgeving het trefcentrum zelfstandig verder moeten ontwikkelen. Voor buurtfeesten en culturele avonden zijn alle voorzieningen aanwezig, van een compleet ingerichte keuken tot en met een videorecorder. Er wordt gewerkt aan een videotheek met Turkse en Duitse films. Turkse en Duitse boeken worden gratis uitgeleend. Het gaat bij dit 'geïntegreerd wonen' om een project van lange adem dat voorzichtig moet kunnen ingroeien in de bestaande structuren.*

* Stiftung 'Zusammen-Leben'
Flurstrasse 31
4100 Duisburg-Neudorf
Bank für Gemeinwirtschaft, Duisburg
BLZ: 35010111, Kto.Nr. 1028333300

Interview*

Meer dan drie miljoen boeken verkocht in heel Europa, Wallraff op alle TV-zenders en in alle kranten – had u op zoveel succes gerekend?
Absoluut niet, integendeel. Voordat het boek verscheen hadden kenners mij verzekerd dat het onderwerp helemaal 'uit' was; de mensen waren doodgegooid met verhalen over buitenlandse arbeiders en hun gezinnen. Zelfs in de vakbonden was de belangstelling ervoor wat ingezakt. Een kennis van me die een hoge functie in de vakbeweging heeft en volgens mij geen bureaucraat is maar echt betrokken, had ik over mijn plannen verteld; ik had hem originele documenten laten zien en gedeelten van het manuscript. Ik hoopte hem zo ver te krijgen dat hij zich zou inzetten voor een aparte uitgave in het Turks of dat hij het boek in de vakbonden zou verspreiden. Zijn reactie shockeerde me echt. Hij zei: 'Dat is geen onderwerp voor ons. De stemming in de bedrijven is zo, dat men de buitenlanders er zoveel mogelijk buiten houdt. Ze worden niet eens in voldoende mate naar scholingscursussen bijvoorbeeld voor ondernemingsraadswerk gestuurd. Hun Duitse collega's zijn er namelijk absoluut tegen.' Dat was niet zijn eigen standpunt, hij gaf alleen de stemming weer en concludeerde: 'Dat slaat niet aan. Als je het nou als *Duitse* arbeider had gedaan, dan zouden we erachter kunnen staan.'
Ik dacht toen: als zelfs zij het niet oppikken, waar kan ik dan met mijn verhaal nog wat bereiken? In deze moeilijke fase was het eigenlijk alleen de uitgeverij die mij stimuleerde om vol te houden. Het verdere verloop was voor iedereen een verrassing. De verkoop van *Ik (Ali)* heeft ons volkomen overdonderd. Daarom heb ik ook besloten een gedeelte van het honorarium weer terug te geven aan

* Samengesteld uit gesprekken met Wolfgang Michal *(Die Feder)*, Frank Berger *(Vorwärts)*, met *Der Spiegel, Züricher Tagesanzeiger, Stuttgarter Zeitung* en de schoolkrant *Sternschnuppe* (Göppingen).

degenen over wie het boek gaat.*

Het boek schijnt de mensen inderdaad wakker te hebben geschud. Meteen op de dag dat het uitkwam hebben autoriteiten en politici op uw onthullingen gereageerd. Is er een verandering in het denken te constateren?

Het lijkt er inderdaad op dat een zwijgende meerderheid is wakker geschud, terwijl we altijd dachten dat deze maatschappij geen geweten meer had. Veel mensen zijn beter gaan nadenken over de situatie van de buitenlanders. Ook mensen die vroeger riepen: 'Alle buitenlanders het land uit', zijn tot nader inzicht gekomen. Niet alleen 'grote' zaken zijn veranderd – bij Thyssen vinden controles plaats, de regels betreffende de werktijden worden nu nageleefd, er zijn betere voorzorgsmaatregelen om de veiligheid te waarborgen, er is veiligheidskleding, er worden nieuwe arbeidsplaatsen gecreëerd en zelfs zijn er opnieuw bedrijfsveiligheidsingenieurs aangesteld – maar er zijn ook heel positieve reacties van privépersonen. Eén voorbeeld uit vele: ik heb gehoord dat de eigenares van een grote kledingzaak in Bonn na lezing van het boek twee Turkse stagiaires in dienst heeft genomen, wat ze vroeger, met het oog op haar klanten, nooit zou hebben gedaan. In dit verband is het goed te beseffen dat er sinds de omslag door het herstel van de hoogconjuctuur weer een soort nationale arrogantie wordt gecultiveerd. Denk aan de slogan in *Bild*: 'Wij stellen weer wat voor!' Wat zoveel betekent als: 'Wat stellen jullie nou helemaal voor?' Voor velen zijn buitenlanders indringers. Dat ze hiernaartoe zijn gelokt, dat ze voor dit werk zijn geronseld, wordt verdoezeld. Verder wordt er geroepen dat de buitenlanders 'onze' arbeidsplaatsen inpikken. Maar de meeste mensen weten niet eens dat de financiering van de ziekenfondsen, de pensioen- en de werkloosheidsuitkeringen in elkaar zou storten als de buitenlanders vertrokken. De maatschappij zit te springen om het werk van de buitenlanders, maar zij die dat werk verrichten, moeten onzichtbaar blijven.

Duitsers, zowel critici en intellectuelen als politieke groeperingen, hebben mij verweten dat het boek medelijden opwekt. Wat is ertegen als in een maatschappij die anders alleen maar rationeel reageert, alleen maar intellectuele afweermechanismen kent, plotseling gevoelens ontstaan? Mensen hebben mij verteld dat ze bij het

* Zie het hoofdstuk 'Samen-leven'.

lezen van het boek gelachen en gehuild hebben en dat het hen heeft veranderd.

Het boek had een zo groot effect dat onze maatschappij het eigenlijk niet kon tolereren, want het heeft in een kille, louter op winst gerichte samenleving een morele dimensie gebracht. Hoe sterker de werking van het boek was, des te meer werd geprobeerd die te niet te doen. Zelfs hebben sommige lieden mij puur effectbejag in de schoenen geschoven. Ze moesten eens weten hoe het allemaal van improvisatie aan elkaar hing. De beste ideeën zijn ter plekke ontstaan. Spontaan reageren, dat stimuleert mijn creativiteit en fantasie het sterkst.

Belangrijk is dat Duitsers en buitenlanders met elkaar zijn gaan praten, dat gezinnen elkaar leren kennen en een deel van hun vrije tijd samen doorbrengen. Er zijn vriendschappen ontstaan. In de talloze brieven die ik na de publikatie van het boek gekregen heb, is me dat telkens weer verteld.

Voor een aantal mensen die in dit land macht uitoefenen, bent u heel lastig. Merkt u daar iets van?

Ik wil me niet beklagen. Wie dergelijke machtsconcentraties aanpakt, kan moeilijk anders verwachten. Maar er zijn ook positieve ontwikkelingen. Vroeger kreeg ik zelf officieren van Justitie en rechtbanken op mijn nek. Nu pakken die de eigenlijke schuldigen aan. Ze zijn ontvankelijker geworden. Rechters die het boek lezen, krijgen enig benul van hoe het in de maatschappij toegaat. Sinds het boek verscheen, zijn de boetes die gewetenloze mensenhandelaars moeten betalen tien keer zo hoog geworden. In de Bondsrepubliek als geheel zijn 13.000 zaken aangespannen. Zelfs de Bondsregering neemt kritisch stelling; al treedt ze zelf niet actief op, ze constateert in een pas gepubliceerd rapport wél, dat van de tien firma's die arbeiders verhuren, zes à acht – dat varieert per deelstaat – er criminele praktijken op na houden. Daarom is nu ook het moment gekomen een generaal pardon voor de illegalen te eisen en hen als getuigen te laten optreden tegen degenen die deze toestanden veroorzaken en van de slavenhandel profiteren.

Het geeft mij een gevoel van bevrijding dat ik mij nu eindelijk voor het eerst in mijn loopbaan niet meer hoef te verdedigen om mijn 'zo verwerpelijke methode'. Tot nu toe slaagde men er telkens in daar de nadruk op te leggen om zo de aandacht van de geschilderde toestanden af te leiden. Plotseling komt men nu ter zake.

Over de reactie van de Duitse lezers van 'Ik (Ali)' is veel geschreven, over die van de buitenlanders weinig. Hoe is het ontvangen door de in de Bondsrepubliek wonende Turken?
Ook daar was het effect groot. Mensen kwamen me opzoeken, ik kreeg duizenden brieven, waaronder verhalen die veel schrijnender waren dan wat ik zelf heb meegemaakt en alleen maar bij benadering kon beschrijven. Vaak zijn het kreten om hulp. Zo heb ik ook naderhand gehoord dat bij Thyssen jongens van 16 en 17 jaar, eigenlijk nog kinderen, zeer zware, voor hen verboden arbeid moesten verrichten; om niet op te vallen moesten ze zich ouder voordoen. Bij verschillenden van hen bracht dat nadelige gevolgen voor hun gezondheid met zich mee waar ze wellicht hun hele leven last van zullen hebben.
In hoeverre hebben de vakbonden bijgedragen tot het succes van 'Ik (Ali)'?
Mijn interessantste optredens waren die voor de vakbonden. Behalve van de vakbondsjongeren kreeg ik vooral uitnodigingen uit de metaalbond, maar ook van het spoorwegpersoneel, de PTT- en de bouwbond. Op deze bijeenkomsten bespeurde ik een duidelijke kentering in de stemming. Telkens weer waren er Duitsers die zeiden: 'Vroeger waren wij er ook voor dat de buitenlanders het land uit moesten, we vonden ze bedreigend. Maar nu, nu we kunnen navoelen wat zij in deze maatschappij moeten incasseren, is onze houding veranderd.'
Van buitenlanders kreeg ik steeds weer te horen dat het boek hen als het ware beschermde en hun zelfbewustzijn versterkte. Plotseling was er een basis voor discussie. Zij konden publiekelijk over hun toekomst vertellen en vonden gehoor, terwijl zij voordien vaak niet serieus genomen werden of nauwelijks hun mond durfden opendoen.
Tot nu toe werd het onderwerp geassocieerd met 'zwartwerkers' en dat werkte ongunstig. Maar nu is de aandacht verschoven naar de eigenlijke profiteurs: de koppelbazen. Daardoor veranderde ook de houding van de vakbeweging. Sedertdien spreken de media van 'mensenhandel' respectievelijk moderne 'slaven'. Het boek is ook via uitgaven in licentie in de vakbonden verspreid. Daar is het effect het grootst geweest. Ik ken gevallen waarin een exemplaar door 10 tot 20 mensen gelezen is en van hand tot hand ging om tenslotte helemaal verfomfaaid weer bij de eigenaar te belanden. Het werd

hét onderwerp van gesprek in de kantines en schaftlokalen, waar anders vaak grappen ten koste van de buitenlanders werden gemaakt. Er was opeens een barrière van schaamte, waar de lolbroeken met hun moppen over buitenlanders niet meer overheen durfden. Dat gaf dan weer anderen, die voordien maar liever zwegen om geen aanstoot te geven, een stimulans om met hun mening voor de dag te komen. De vakbonden zijn het nu als hun taak gaan zien de strijd tegen de koppelbazen te intensiveren en in de bedrijfspraktijk van alledag te integreren.

De DGB nam van de Franse organisatie SOS-RACISME de actie over 'Touche pas à mon pote' — 'Kom niet aan mijn makker'. De buttons en stickers met de gele hand werden het symbool van de beweging tegen vreemdelingenhaat en voor solidariteit met de buitenlandse arbeiders.

Was deze problematiek in bedrijven tot nog toe niet bespreekbaar, nu komt het tot gemeenschappelijke acties tegen discriminatie op de werkplek. In veel bedrijven worden racistische opschriften op muren spontaan verwijderd, onder andere bij Thyssen via vertrouwensmannen en de ondernemingsraad, en in de Volkswagenfabriek van Baunatal zelfs via inschakeling van de bedrijfsrecherche.

Uit het bijna een jaar durende proces dat het Thyssen-concern tegen u aanspande bent u eigenlijk als duidelijke winnaar te voorschijn gekomen. Het bedrijf moest bijna viervijfde van alle proceskosten betalen. Toch schijnt u over de uitspraak niet zo tevreden te zijn.

Laat ik vooropstellen dat de getuigenverklaringen van mijn voormalige collega's voor de rechtbank in veel opzichten een heel stuk verder gingen dan wat ik zelf heb beleefd en opgeschreven. Nu ik een beter overzicht heb, is het me duidelijk geworden dat ik in mijn beschrijving van veel zaken te terughoudend ben geweest. Men moet ook de schuld van het concern, zijn morele schuld veel duidelijker bij de naam noemen dan ik tot nu toe heb gedaan.

Wat betreft de anderhalve punt waarop ik in het ongelijk ben gesteld: dat heeft in de eerste plaats te maken met het gebrekkige voorstellingsvermogen van de rechters. Ze hebben niet de moeite genomen een gerechtelijk onderzoek ter plaatse te gelasten.

Uw rol als Ali bij Thyssen was eigenlijk in twee opzichten riskant: ten eerste met het oog op uw gezondheid en verder natuurlijk ook omdat u tegenover uw collega's niet open kaart kon spelen. Is een dergelijk conflict op den duur oplosbaar?

Vergeleken met vroegere rollen moest ik me deze keer steeds weer opnieuw vermommen en verstoppen; er waren nogal wat situaties waarin de hele zaak fout had kunnen lopen. Daardoor was het een gezenuwslopende rol. Enkele collega's had ik graag in vertrouwen genomen. Die hadden zeker hun mond gehouden, maar dan was het een heel andere rol geworden en waren zij zich tegenover mij anders gaan gedragen.
Ik stond in die rol ook helemaal alleen. Ik heb dingen gedaan die de anderen niet begrepen. Toen ik me plotseling liet bevorderen tot lakei, tot chauffeur, wilde Vogel mij ook tot controleur bombarderen. Daar ben ik voor de schijn op ingegaan. Enkele collega's hebben dat niet begrepen. 'Ach, kijk die Ali nou toch es! Altijd zo'n grote mond. En nou? Carrière!' Ik heb het sommigen met ironie proberen duidelijk te maken. 'Ik maak er iets van. Later horen jullie alles wat hier gebeurt.'
Maar ook daarvóór moest ik voor mijn collega's de schijn ophouden, om net zo te worden behandeld als zij. Daardoor kreeg ik meteen in het begin al problemen: hoe moest ik het met de taal aanpakken? Een stoomcursus Turks is finaal mislukt. Daarom begon ik eerst als doofstomme Turk op te treden samen met iemand die zich voor mijn broer uitgaf – maar dan krijg je niks te horen. Toen heb ik geprobeerd politieke motieven voor te wenden: deze taal kon niet meer de mijne zijn zolang daar dictatuur heerste en gemarteld werd. Toen keken heel veel Turken me scheef aan: dat vonden ze te fanatiek. In feite speelde het taalprobleem later nauwelijks meer, omdat veel jongeren onder de Turken slecht Turks en iets beter Duits spraken. Of er waren zoveel nationaliteiten bij elkaar dat gebroken Duits de voertaal werd. Zo werd de taal plotseling een probleem van minder belang. Je kunt dus niet alles tot in de finesses voorbereiden en je als een toneelspeler fixeren op een vantevoren bedachte rol.
Op de lijsten van bestsellers wordt uw boek ingedeeld bij de populair-wetenschappelijke werken. Maar de reportage is altijd ook een literaire vorm geweest. Bent u het eens met die rubricering 'populair-wetenschappelijk'?
'Ik (Ali)' is een doorleefd, doorvoeld, doorstreden boek. Tegelijk is het ook populair-wetenschappelijk. Want de feiten moeten kloppen en voor de rechtbank bewezen kunnen worden. Van de andere kant is het heel bewust subjectief geschreven. Het is non-fictie.

Maar de methode is die van een kunstenaar. Het boek moet ter plekke iets veranderen. Dat is de hoofdzaak.*

U gebruikt in uw boek de formulering 'Ik (Ali)'. Welke betekenis heeft de rol voor u gehad?

'Ali' is een stuk van mijzelf, van mijn eigenste ik. In cultureel opzicht is Ali eigenlijk geen Turk, maar staat hij in het spanningsveld tussen verschillende culturen: Turks, Duits, en zijn moeder is een Griekse. Ali opereert als droomfiguur, en zijn dromen anticiperen op de toenadering en verzoening tussen verschillende culturen en nationaliteiten en ook op het potentieel aan verzet tegen vreemde overheersing.

In mijn boek zeg ik weer 'ik', terwijl ik toegegroeid ben naar die figuur die Ali heet, daarom heb ik in het boek ook dat wat stuntelige 'ik (Ali)' geschreven, waarbij men 'ik' als voornaam en 'Ali' als achternaam moet lezen. Ik was het steeds allebei. En dat bedoel ik. Als je 'ik' zegt, moet dat altijd in verbinding staan met andere levens, existenties, identiteiten... 'Ik' is het doorlopen van veel anderen. 'Ik' is ook altijd toevallig. Je inleven in een rol is tegelijk spel, een heel bevrijdende ervaring, je leeft veel intensiever en authentieker. Het is voor mij telkens weer een zoeken naar identiteit, een mogelijkheid om me van mezelf bewust te worden, en het is ook mijn nieuwsgierigheid: naast alle engagement is er dus ook een egoïstisch uitgangspunt, dat ik ermee verbind.

De Ali-figuur heeft ook haar literaire dimensie. Omdat ik niet serieus werd genomen, omdat ik als een kind, als een gek werd behandeld, kon ik mij elke vraag permitteren. Dat wil zeggen dat je je als een kind de wereld weer opnieuw eigen kon maken. Het is iets fantastisch als je alles mag vragen. Als journalist, als schrijver, als

* Op dit punt dacht het Thyssen-concern de auteur te kunnen pakken. In een brief aan de plaatselijke kranten van de steden waar Günter Wallraff zou optreden, hekelde het bedrijf zijn verklaarde subjectiviteit: 'Kan men Thyssen Staalwerken NV verantwoordelijk stellen voor de gevoelens van een schrijver? Deze vraag klemt temeer, omdat de schrijver klaarblijkelijk een grote wrok koestert jegens de industriële werkelijkheid. Wie er zulke door emoties bepaalde voorstellingen op na houdt, ervaart onbegrepen techniek, industriële processen en economische noodzakelijkheden primair als bedreigend. Maar de industriële werkelijkheid is niet zo als Wallraff haar gevoeld heeft. Ook de meeste mensen die er werken zien haar niet zo als de schrijver zijn lezers suggereert.'

Günter Wallraff met zijn voormalige collega's voor het gebouw van de administratie van Thyssen in Duisburg-Hamborn na een door de auteur georganiseerde 'go-in' bij de directeur personeel, waar zij een vaste aanstelling eisten. Intussen is het merendeel van de collega's onder druk van processen en de openbaarheid in vaste dienst genomen.
Op de tweede rij links Günter Spahn, lid van de ondernemingsraad, die zich persoonlijk inzette voor de belangen van de uitzendkrachten en als gevolg daarvan slachtoffer werd van represailles door Thyssen.

serieus genomen staatsburger heb je met vragen die fatsoenlijk zijn, die nog mogen, toch al heel gauw de grens bereikt. Maar ik kon iedereen aan zijn kop zeuren met vragen. Ook op een niveau waarop je bij alles vraagtekens kunt zetten. Waar ik de bestaande norm als absoluut niet acceptabel kwalificeer. Dat is ook de bevrijdende kracht van het boek. Dat die figuur alles op losse schroeven zet, het er niet mee eens is en niet alles slikt. Ik denk dat dit voor een deel ook het geheim van het succes van het boek is. Ik incasseer niet alleen maar. Ik reageer ook. Dat is een potentieel aan verzet van de onderkant.
Er zijn er die beweren dat u met uw methode soms eerst de werkelijkheid ensceneert, die u vervolgens aan de kaak stelt. U zou reacties provoceren die er zonder u helemaal niet zouden zijn. Wat is het verschil tussen uw werkwijze en die van een agent-provocateur of een undercover-agent?

Het fundamentele verschil is dat de agent-provocateur een opdracht uitvoert, dat hij bij zijn werk over alle benodigde middelen beschikt en zich niet in die onderste regionen begeeft waar ik opereer. Zulke lui zouden ze maar eens naar Thyssen moeten sturen; die staan niet om vier uur op, die laten zich niet zien in die smeerboel; die storten zich liever in de wereld van pooiers, hoeren en drugs, waar ze aan de touwtjes trekken; en die doen hun werk in de regel ook niet uit naastenliefde of omwille van mensen, van collega's, maar meestal om het geld. Die leggen na gedane arbeid ook niet hun kaarten op tafel, maar dringen in het privéleven van mensen binnen – en daar ligt nu precies de grens van mijn rol. Waar het privéleven begint ligt voor mij een absolute grens. Ik zet mensen alleen in hun beroepsuitoefening te kijk, daar waar ze macht uitoefenen en anderen schade berokkenen en kapotmaken, waartegen die anderen geen verweer hebben. Daarom is mijn werk precies het omgekeerde van dat van een undercover-agent of een agent-provocateur. Die termen zijn tegen mij gebruikt door lui die zelf in hun beroep geen enkel maatschappelijk verantwoordelijkheidsbesef hebben en terwille van een grap alle moraal aan de kant schuiven.

Agent-provocateur – dat klopt niet eens als je dat begrip op zijn allerruimst uitlegt. Zelfs het laatste hoofdstuk van het boek, waarin een nachtmerrie wordt geënsceneerd om te zien hoe ver iemand gaat, was ontstaan uit bezorgdheid dat een ten dele afgestopte publieke opinie het niet zo tragisch zou opvatten als mensen werden uitgeleverd aan een onzichtbare dood-op-termijn. Als ze *alleen maar* hun gezondheid erbij inschoten, zou men zeggen: Nou ja, ze leven toch nog. In dit concrete geval was mij bekend dat Vogel in een kerncentrale, in Würgassen, arbeiders aan het werk had van wie een deel geen, en een ander deel wel een vervalste stralingspas had. Dat wist ik, maar ik kon het niet bewijzen. Mijn informant was bang, ik kon die informatie niet zonder meer gebruiken. De situatie was in grote lijnen bekend, en ik had mij langs de normale weg beschikbaar gesteld om in Würgassen te werken. Ik had gesolliciteerd, een andere naam opgegeven, maar ik werd niet in dienst genomen. Toen pas heb ik besloten een al bestaande werkelijkheid te ensceneren en na te spelen, om een verdenking die meer was dan zomaar een verdenking, hard te kunnen maken. Ik wist niet dat hij bereid was mensen de dood in te sturen. Het feit dat ik dat door die enscenering kon laten zien, heeft velen de ogen geopend.